# スポーツが愛するテクノロジー

## How does the technology work in sports?

柏原全孝
MASATAKA KASHIHARA

世界思想社

# 目　次

序　章　スポーツ、遊び、ゲーム、そしてルール　1
第1章　すべてのスポーツはゲームである？　11
はじめに　11
ルールから始める　12
ルールは禁止する　14
プレイは何を目指す？　17
パフォーマンスとゲーム　20
ルール、レフェリー、ジャッジ　22
ゲームとスキル　25
理想とスキル　26
まとめ　30

第2章　採点競技の地平――もしパフォーマンスがゲームであるなら　35
はじめに　35
パフォーマンスに構成的ルールはあるはず　37
パフォーマンスの前ゲーム的目標　40
飛込の前ゲーム的目標は？　41
難しさと美しさ、二つの基準　44
二つの目標到達　46
美しさが目標になる　50
パフォーマンスはゲームではないと考えざるを……　54
まとめ　56

第3章　新体操はスポーツである――イデオロギーとしての柔軟性　63
はじめに　63
新体操の概要　65
一九九〇年代までの採点規則　70
スポーツとしてあることと難度　74
新体操の大変革、採点規則［二〇〇一］　77
柔軟性偏重の時代　80

柔軟性批判論　83
イデオロギー化した柔軟性偏重　86
まとめ　90

第4章　新体操は何を競うのか――美をめぐるヘゲモニー闘争　95
はじめに　95
難度重視批判と芸術性　96
スポーツ化の先の非スポーツ化　98
柔軟性主義イデオロギーの罠　103
美の再定義　105
難度への翻訳　107
新体操の美は見る者に届く表現である　110
自己への問い　113
美しさありき　117
まとめ　119

第5章　テクノフィリアの襲来――ゴールを見守るテクノロジー　127
はじめに　127

スポーツのエートス 128
誤審とテクノロジー 132
プラティニとゴールラインテクノロジー 134
テクノフィリアの台頭 137
不在の審判 139
審判という標的 142
まとめ 145

第6章　サッカーは二度見する――ＶＡＲと誤審の可能性 151
はじめに 151
ＶＡＲと監視 152
従属する主体としてのプレイヤー 154
ＶＡＲとＰＫ 157
誤審の可能性 162
審判の二つの役割 165
ＶＡＲとＧＬＴ 167
まとめ 170

第7章　見るテクノロジーと誤審──大相撲という先駆者　179
はじめに　179
証拠としての写真──一九五六年初場所一一日目　吉葉山―若ノ花　180
一九五五年と一九五六年の距離──一九五五年初場所四日目　千代の山―北ノ洋　188
テレビと写真判定　191
写真判定と新聞──一九五九年春場所七日目　朝汐―北の洋、一一日目　若乃花―北の洋　194
一回性と取り直し──一九六七年名古屋場所初日　麒麟児―豊国　208
ビデオ判定一年前の熱量　214
写真判定への期待感　217
一九六九年三月写真判定採用決定報道　219
まとめ　221

第8章　テニスとフェティシズム──間違わないテクノロジーの降臨　229
はじめに　229
ホークアイとビデオ判定　230
ホークアイ・フェティシズムと無謬性　232
フェティシズム装置としての動画　236
ホークアイ動画の娯楽性　242

正確な判定を求める態度　245
倫理的態度とフェティシズムの共犯　248
決定不能であること　251
有限のゲームと無限のゲーム　254
まとめ　261

第9章　スポーツの彼岸――デスマッチから見る風景　267
はじめに　267
非スポーツとしてのプロレス　268
かつてのデスマッチ　271
有刺鉄線との出合い　274
痛さ、流血、凶器　276
流血のリアルとギミック　279
パロディという視点　281
自立するデスマッチアイテム　284
デスマッチからもう一つのプロレスへ　289
パロディと強さ　292
デスマッチが照らすスポーツ　295

まとめ 299

終　章　スポーツがテクノロジーを愛しても、
テクノロジーがスポーツを愛するわけではない 309

あとがき 315
文　献 323
初出一覧 324

# 序章　スポーツ、遊び、ゲーム、そしてルール

本書はスポーツについて考える。

スポーツはおよそ一九世紀にそれらしい形を整えた。身体競技そのものはそれよりずっと古い歴史を持っているし、スポーツという言葉自体も一九世紀よりも古くからあった。そのため、しばしば研究の世界では近代スポーツという言い方を用いて、いまわれわれがスポーツとして呼び習わしている一九世紀生まれのものを古い身体競技と区別することがある。本書ではスポーツとシンプルに呼ぶこととするが、それは近代スポーツのことである。

そのスポーツは二一世紀のわれわれの社会で大きな存在になった。世界的な規模の大産業となり、多くの関連する業界を抱えている。ウェアや用具類などはスポーツ業界で名前のよく知られた昔からの企業が並んでいる一方で、耳慣れない企業名も増えている。世界規模で選手がチーム間を移籍するようになると、新たに選手のスカウティング情報を売る会社が登場したし、試合の分析や日頃のトレーニングのためのテクノロジーを提供する会社もある。審判技術を売る会社もある。また、スポーツの技術の進歩がもたらす特有の病態に対処するための医療技術も生まれ、進歩している。トミー・ジョン手術は野

球なしには生まれなかったかもしれない。医療産業はドーピングという負の面も含めてスポーツに関連する産業の一つになっている。

スポーツの存在の大きさは経済的な面だけでは説明できない。スポーツは成長するにつれて、政治との関わりを深めてきた。「スポーツと政治は別」と言われ続けてきたが、ずっと政治的だったし、狭い意味でも政治に関わっていた。オリンピックが掲げたアマチュアリズムは階級社会を背景にした労働者差別を内包し、初期のオリンピックは女性の参加を拒むための理由を考え続けていた。独裁者たちはしばしばスポーツに積極的に関与した。ベニート・ムッソリーニはサッカーイタリア代表「アズーリ」をサポートし、フランシスコ・フランコはレアル・マドリードをサポートする一方、FCバルセロナのクラブ名称とエンブレムを変えさせた。東西冷戦の頃、スポーツと政治の関係は公然のものとなり、国際オリンピック委員会（IOC）はステート・アマなる概念を創出した。いまやオリンピックやワールドカップのようなメガスポーツイベントの成否には開催国の威信が賭けられるのが当たり前になり、開会式や閉会式には国家元首たちが臨席する。

もちろん、言うまでもなく、スポーツは娯楽としても大きな存在である。スポーツはしばしば人々から感情のコントロールを奪う。他ではそうそう得られないような高揚感、多幸感から喪失感、失望に至るまで、スポーツは人々に与えてしまう。それを味わうのは競技者だけではない。見ている者もいっしょに味わう。文学や映画、マンガなどのジャンルもわれわれにさまざまな感情を経験させてくれるが、スポーツの場合はその集合性と同時性に固有の特徴があるだろう。

このようにいまやスポーツは多くの領域にまたがる多様な現象を伴った巨大な事象である。それゆえ、スポーツをテーマにするといってもそれだけでは本当のところ何がテーマなのかよくわからないことになってしまうので、もう少し詳しく述べねばならない。本書が中心的に扱うのはスポーツにおけるルールのあり方とその適用についてである。

われわれは、自分の行為がいったいいかなるものなのかということをよくわかっていない。よくわかっていないから、人間の行為のあらゆることがらが研究対象となり、学問になる。たとえば、われわれは働く、消費する、生産する、売買する等のさまざまな経済活動を行っている。それらがいかなるものでどのような連関を持っているのか、なぜそのような活動が人間のなかで浸透しているのかをよく知らない。だから、経済学がある。経済学以外にも多くの人文系社会科学系の学問がある。それらはさまざまな人間の営みを探究する学問であるが、それだけ人間の営みが人間自身にとって謎だらけなのだ。

スポーツも例外ではない。われわれはスポーツという営みがどういうものかよくわかっていない。もちろん、ある水準では理解できる。勝ってうれしい、あのプレイはすごかった、次はこんなトレーニングをすればもっとうまくなるだろう等々。しかし、スポーツという営みについての謎はそれより少し奥にある。

たとえば、言葉としてはよく知られているフェアプレイとは何かというシンプルな問いですら答えは難しい。いくつかの競技は体重別で行われる。それは体重差がアンフェアだと考えられているからだが、なぜか身長差で行われる競技はない。走り高跳びは身長差を結果に反映させないが、そのことはフェアなのだろうか。スポーツとそうでないものの線引きも簡単そうでなかなか難しい。新体操をスポーツだと考えるわれわれはどうしてバレエコンクールをスポーツだと考えないのだろう。身体運動の激しいバレエコンクールをスポーツと考えないわれわれは、運動量の少ない射撃をスポーツだと考えている。ついでに言えば、暴力に反対し、開催期間中の停戦を呼びかける一方でオリンピックが射撃競技を実施し続けるのはどういうことだろうか。もっと素朴で深い謎もある。なぜ、われわれはスポーツの試合をするのだろう。試合に勝つとはどういうことなのだろう。試合を見るとはどういうことだろう。こうしたことに答えられる人がどれぐらいいるだろうか。われわれはスポーツを知っているが、よくわかってはいないのである。

もう少し詳しく、本書の方向性を説明しておこう。本書はスポーツという巨大な事象が抱える多くの謎の一端を、ルールを手がかりに考える試みである。スポーツにはルールを手がかりにすることではじめて切り開ける何かがあるはずなのだ。もちろん、ルールを手がかりにするというのは、ただの直感に導かれたわけではない。

『遊びの社会学』の著者井上俊は最初の章「ゲームの世界」において、ゲームを「ルールに支配される競争の遊び」とゆるやかにくくった（井上 1977: 4）。なるほど、たしかにルールと競争を含んだ遊びというのはゲームっぽい。もっとも、最近ではゲームというとコンピュータをベースにしたゲームがイメージされがちなのでこのくくり方では物足りなく思われるかもしれない。同書はNintendoがまだ任天堂だった頃に書かれたのでその点の時代的制約を言っても始まらない〈1〉。それよりも「ルールに支配される競争」とはほとんどそのままスポーツにも当てはまるという点に注目したい。「身体運動に基づく」という一言を添えればそのままスポーツのことを言い表せそうではないか。

一方で、ゲームというカテゴリーはコンピュータゲームの登場と普及によってその範囲を大きく拡大した。その結果、競争的ではないものもゲームと呼ばれるようになった。『SIMCITY』や最近では『MINECRAFT』などがよく知られる。ゲームはいまや広大な範囲のものを大きく名指す言葉になっている。そこで、次のように考えられるだろう。すなわち、まずはもっとも広い「遊び」というカテゴリーがある。遊びのうちに「ゲーム」というカテゴリーがあり、さらにそのなかに、「スポーツ」というカテゴリーがあるという具合である。「遊び／ゲーム／スポーツ」という順にカテゴリーは限定されていく。もし、この通りなら、スポーツはゲームであり遊びであるということになりそうだ。すると、遊びとは何かということについて少し考えておく必要があるだろう。

遊びについて何かしら定義めいたことを語るには、歴史家ヨハン・ホイジンガをまずは参照し、ついで、ホイジンガを批判的に継承したロジェ・カイヨワの定義や分類を見ていくのが定石であろう。すなわち、ホイジンガの遊びの三つの形式的特徴（自由な活動、日常から離脱した独自の虚構、時空間の限定）から、カイヨワの六つの定義（自由な活動、隔離された活動、未確定の活動、非生産的活動、規則のある活動、虚構の活動）と四分類（アゴン＝競争、アレア＝偶然、ミミクリ＝模倣、イリンクス＝めまい）に進むルートである。しかし、そうした定番のルートを通過する手間を省き、一点だけ確認するにとどめよう。それは、ホイジンガの議論が遊びの独自性を強調するあまり、遊びを限定的に捉える傾向や過度に実体的に捉える傾向があったという点である。

『ホモ・ルーデンス』の最終章にある「スポーツは遊びの領域から去っていく」と題された節でホイジンガは、競技を職業とするプロ選手はもはや遊びとしてのスポーツをしていないと批判的に書いている（ホイジンガ 1973: 399）。これはホイジンガがまさに遊びを限定的に捉えすぎたことによる誤解である。カイヨワはホイジンガのこうした点について「「過去を賛美する人」の目の錯覚」（カイヨワ 1990: 303）と批判している。カイヨワ自身は遊びを限定的に捉えたわけではなかったし、また実体的に考えたわけでもなかった。そのカイヨワを発展的に継承した井上は、他の学問分野の文献を渉猟しつつ遊びを分析視角として社会学に持ち込み、すでに知られた社会学の諸概念と遊びを関連付けたうえで、それが世界そのもののパースペクティブとなりうる可能性を論じた。その議論には遊びを限定的に捉えようとする傾向はもちろん、実体的に捉えようとする傾向も見られない。こうした井上の遊び論は、遊びを言語や神話のように「世界のうちに存在するモードの一種である」（シカール 2019: 16）とする二一世紀の気鋭のゲーム研究者ミゲル・シカールの見方を先取りしていただろう。シカールは「わたしは、遊びを、現実や仕事、儀式やスポーツと対置するつもりはない。というのも、遊びはそうしたもののすべてに見いだせるものだからだ」（シカール 2019: 16）と述べ、遊びを実体的に捉える傾向に批判的な姿勢を強調している。

井上がゲームを「ルールに支配される競争の遊び」とシンプルに表現したのと同様に、シカールも「遊びのミニマルな定義」を試みる。もっともシカールの場合はミニマルと言いながら、そこから七つもの定義が並んでいくことになるのだが。それはさておき、その七つのうち最初の定義としてシカールが挙げたのは「遊びは文脈に依存する（contextual）」というものであった（シカール 2019: 22）。

遊びと文脈の関係の深さはよく知られている。哲学者クルト・リーツラーが「ゲームは文脈であり、その文脈のなかにあってチェスのクイーンはクイーンそのものになる」と書いたのは一九四一年で『ホモ・ルーデンス』の三年後、一九五八年に出版されたカイヨワの『遊びと人間』より一七年前のことだった（Riezler 1941: 505）〈2〉。それだけ、遊びと文脈の関係の重要性は古くからずっと認識されてきたものだった。

遊びと文脈の関係について説明しておこう。遊びの文脈の外にあるとき、チェスや将棋の駒があっても何の意味もない。たまたま部屋に片付け忘れたキングや王将が落ちていてうっかり踏んでしまったら、その痛さに憎しみを覚え、手にとってどこかに投げ捨ててしまうかもしれない。しかし、遊びの文脈の中にあるときのキングや王将はきわめて重要なものであり、絶対に失ってはいけない大切なものになる。また別の例で、二人の人が殴ったり、取っ組み合ったりしていたとしよう。遊びの文脈の外であれば、これはケンカであり暴力沙汰であるが、遊びの文脈の中であれば、それは何かの格闘技のトレーニングか試合である。モノも行為も文脈の中にあるか外にあるかでまったく違ったモノになり、違った行為になる。「遊びは文脈に依存する」とはこういうことだ。

文脈は遊びを語るうえで基本用語の一つである。ただし、二一世紀のゲーム研究者が「遊びは文脈に依存する」と言うとき、それはもう少し詳しい中身を伴っている。「遊びの文脈は、人間、ルール、話し合い、場所、物からなる乱雑なネットワークである」（シカール 2019: 25）。シカールは遊びの文脈がどのようなもので、何から作られるのかを考えた。「乱雑な」という見立てがまさに遊びらしい。そして、その「乱雑なネットワーク」の鍵こそルールであった。「ルールは、遊びの文脈を作り上げるとともに、それが遊びの文脈であるという理解を共有することを可能にする形式的な道具である」「遊びはルールから生まれ、ルールによって媒介され、ルールを通して位置づけられる」（シカール 2019: 25）。

自らの分析を「ホイジンガ的な遊び論の系譜につらなるものではない」（シカール 2019：16）と強調するシカールにとっても、「どんな遊びにも、それに固有の規則がある」（ホイジンガ 1973：37）と書いたホイジンガと同じく、遊びを遊びにするのは、結局ルールなのである。

そもそもスポーツを内包するもっとも広いカテゴリーである遊びからして鍵はルールなのだ。ゲームもスポーツもその中心にはルールがある。あるとはいっても、そのあり方は多様である。「いないいないばあ」のルールはとてもぼんやりしているだろう。「大富豪（大貧民）」のようなゲームでは「8切り」「何それ？」というやりとりに見られるように、適用されるルールがプレイ中に事後確認されていくこともある。コンピュータゲームでは、そのゲームで可能なこと（設定）がルールになる。[3] そして、スポーツではじめからルールが明文化されて示されている。そして、ルールを正しく適用するための第三者（審判）も置かれている。

そういうわけで、スポーツをルールから考えるというのは、遊びとしてのスポーツに思いを馳せつつ、スポーツであることのうちでルールがいかなるあり方をし、それがスポーツに何をもたらしているのかを考えることである。本書では主に、二つの点でルールに注目する。一つはルールがどのようにスポーツを作るのかという点（第1、2、3、4章）。もう一つは、ルールがどのようにスポーツに適用されるのかという点（第5、6、7、8章）である。最後の章では、ルールが無効化した擬似的なスポーツであり、遊びとスポーツの間にあるようで、かといってゲームとも呼べないものを取り上げる（第9章）。最後のこの章は本書のそこまでの考察の裏面を支えるものとなるはずである。

ところで、ゲームとスポーツの関係は、二一世紀になってから面白いことになってきている。日本でもそれなりに知られるようになった「eスポーツ」の広がりである。ゲーム概念のいまや中心を占めようかというコンピュータゲームが、ゲームではなくスポーツを名乗っている。このことはゲームとスポーツの関係が単純な広い狭いという関係ではなく、経済的な価値、道徳的な価値などと絡み合ったものであることをかいま見せている。コンピュータゲームばかりではなく、囲碁やチェスのことをマインドスポーツと呼ぼうという流れもある。古典的な頭脳ゲームであるこれらがわざわざ近代的なスポーツの名前を借りようとするのも面白い現象であろう。スポーツの概念もゲームの概念も歴史の流れとともに伸縮変容するのであり、固定的に捉える必要はない。とはいうものの、ゲームのなかから多方面でスポーツという名前を求めるという、捻じれとも取れる動きが生じている現在だからこそあらためて、遊び、ゲーム、スポーツに共通するルールという手がかりから考える意味があるはずである。

注

〈1〉任天堂は二一世紀になってもずっと任天堂株式会社なので、Nintendo ではないことは承知している。

〈2〉リーツラーの論文については井上の『遊びの社会学』を通じて知った。同書にもこの部分の引用がある。

〈3〉可能ではあるが、一種のバグのようなものを利用したハメ技などは禁止される場合もある。

# 第1章　すべてのスポーツはゲームである?

## はじめに

スポーツと聞けば、普通は身体的な競技活動のことを思い浮かべるだろう。しかし、この言葉の意味するところは時代とともに大きく変化してきた。sport は気晴らしや楽しむことを意味するラテン語 deportare に由来するとされ、狩猟や賭けなどを含んだ余暇活動を広く意味する言葉であった。身体的な競技活動を第一義的に意味するようになったのはおよそ一九世紀頃からなので、まだ二〇〇年ほどである。だから、スポーツは近代生まれと言われるし、社会学ではそれを強調して「近代スポーツ」と呼んだりする。その近代スポーツが日本でそれなりに知られるようになってやっと一〇〇年あまり、長く見積もっても一三〇年ほどである。日本が最初にオリンピックに参加したのは一九一二年のストックホルム大会。二〇二〇年に予定されていた二度目（あるいは三度目）の東京大会から数えて一〇八年前、日本から派遣された選手はわずか二人だった。sport がスポーツになってからの時間はまだまだ短いのである。

歴史の短さを考えれば、スポーツそのものもいまだ成熟にはほど遠いのかもしれないし、語義にも変化の余地が大きいのかもしれない。実際、いまや、コンピュータゲームに由来するeスポーツにチェスや囲碁などのマインドスポーツなど、身体が副次的な関わりしかもたない活動もスポーツと呼ぼうという動きがあるし、それを主題にした学問的な議論も始まっている〈1〉。しかし、考えてみれば妙な話である。わざわざスポーツという言葉にまとめなくても、それらを包摂する言葉はもともとあるではないか。そう、ゲームである。チェスや囲碁やコンピュータゲームはゲームと見なされてきたし、そのことに疑問の余地はない。スポーツのこともきっと多くの人はゲームの一種と考えている。スポーツの概念を拡張してチェスや電子ゲームをわざわざスポーツと呼ぶことより、ゲームの概念にスポーツをまるごと含める方がずっと簡単そうである。というより、もともとスポーツはゲームにすっぽり収まっているようにも思える。序章もその前提を共有していた。だが、本当にスポーツはゲームなのか。スポーツはまるごとゲームに数えられるのか。まずはこの問いを考えてみたい。スポーツはいったいどこまでゲームなのだろうか。

## ルールから始める

何はともあれ、われわれの手がかりはルールである。改めて「ルールに支配される競争の遊び」(井上 1977: 4) というシンプルでゆるやかなゲームの定義を出発点としよう。

ルールがゲームを支配する。ルールはゲームを支配して、われわれプレイヤーを縛ろうとするが、それはゲームを楽しいものにするためである。ルールはゲームの楽しみを生むものであるし、そうでなければ誰もわざわざルールに縛られようなどと思わない。もし、プレイが深まって楽しみを奪うような戦術や攻略法が生まれたら、われわれはそうした戦術を禁止するようルールを作り変えるし、逆に、ゲームをもっと楽しくするルールを思いつけばそのルールを追加するだろう。

楽しみを生むと同時に、ルールは制約的である。それはわれわれの行為を制限する。たとえば、子どもはよく横断歩道を渡るときに、白いところだけを踏むというルールを思いつき、道路の横断をゲームに変える。ルールを決めて制約を課すことによって、そこにゲームが生まれ、楽しみが生まれることを子どもはすでに知っている。

このシンプルな例はゲームのもう一つの特徴もよく捉えている。白いところだけ踏むというルールを決めた子どもは自然と進むのが遅くなるだろう。親は信号が点滅しないうちに早く渡らせたいので、ついつい子どもの手を引っ張ってしまう。たまに実際に見かけるこの場面が教えてくれるように、ルールによる制約は行為を遅延させる。ここにゲームの楽しみの源泉がある。ルールのおかげで、たどり着きたいゴールにはたどり着きにくくなる。だが、それゆえに楽しく、面白い。

したがって、次のように言える。ゲームをプレイするとき、プレイヤーは目的に向かおうとしつつ、同時に遅延を経験する。プレイヤーは早く目的を達成しようと力を傾けるのに、なかなかうまくいかず、遅延してしまうのである。なぜなら、ルールが制限をしてくるからだ。ボールを前に運びたいのに前に投げられずに後ろに投げる他ない。早くカードを捨てたいのに新たなカードを取らないといけない。プレイヤーにとって、これらの遠回りなやり方はルールに従って仕方なくしていることなので、自ら望んでこれをしているとは思わないかもしれない。しかし、実際には、われわれはゲームのために自らルールに服従することにより、進んで遅延状態に入りこむ。

はじめにルールありき。ゲームの世界は遅延をもたらすルールの降臨から始まる。ルールから始まるゲームの話を詳しく論じたスポーツ哲学者がいる。バーナード・スーツである。ルールを出発点にスポーツを考えようという本書にぴったりの人物である。スーツの議論を道しるべに、考察を進めていくとしよう。

## ルールは禁止する

スーツのゲーム論は一九七八年に書かれた主著『キリギリスの哲学』（翻訳は二〇一五年）にまとめられている。『キリギリスの哲学』というのはいかにも妙なタイトルの本だが、これはもちろんキリギリスについての本ではない。主人公キリギリスが弟子と対話する形で議論が進行するという設定なのでこのようなタイトルなのだ。まあ風変わりな設定ではある。このキリギリスはイソップの『アリとキリギリス』に出てくるあのキリギリスである。

働かず享楽的に生きたキリギリスは冬を前に死期を悟る。そのキリギリスがゲームとはどういうものかを弟子に語り、弟子の疑問に答える。この本の発刊当時はファミコンが登場する以前であり、電子ゲームの人気も限定的だった。そのせいか、本の中で取り上げられたゲームの例はチェスやスポーツだった。それもあって『キリギリスの哲学』はスポーツ哲学の分野ではもっとも言及される文献の一つになっている。また、コンピュータゲームの隆盛とともに、ゲーム研究が盛んになるにつれて、そちらの分野でも先駆的な文献の一つとしてしばしば参照されている。〈2〉

スーツがこの本で達成したもっとも大きな功績は、ヴィトゲンシュタインのゲームについての哲学的常識を覆した点にある（Hurka 2019: 13）。日常言語を言語ゲームと表現したウィトゲンシュタインは、個々のゲーム同士には似たところもあるが、総体としてのゲームを明確に定義することはできないし共通の本質があるわけでもないのに、どこかしら似ていてゲームと呼べてしまうことを「家族的類似」と表現した。この「家族的類似」という概念がじつにうまい表現であったこともあって、ゲームについて統一的な定義を作ることは難しいことだと考えられてきた。そこにスーツは挑み、『キリギリスの哲学』によって非常に簡潔な形でゲームを定義してみせたのである。〈3〉このようにして、ゲームについて語ることに一つの道筋が付けられた。

スーツはゲームを次のように表現する。すなわち、ゲームとは「非効率的な手段が意図的に選ばれる目的追求型活動」（スーツ 2015: 15）である。われわれの出発点、「ルールに支配される競争の遊び」に比べて哲学者らしく固い表現であるが、さほど違うことを述べているわけではない。先程の横断歩道の例で考えてみよう。そこでは道を渡ること、横断することが目的である。つまり、それは目的追求型の活動である。そして、踏んでいいのは白い部分だけ。これが非効率的な手段である。そのことを子どもは自ら決めている。つまり、子どもは意図的に非効率的手段を選んでいる。横断歩道の例はスーツの定義で完全に説明できる。「ルールに支配される」を言い換えれば、「非効率的な手段が意図的に選ばれる」になるわけだ。この言い換え方にスーツの慧眼がある。とりわけ「非効率的」という部分である。ルールは行為を制約する。しかし、その制約はただ手順を決めるような意味で制約するのではない。スーツから見て、ルールが制約するのは目的達成のための手段である。ルールとは効率的な手段を禁止し、非効率的な手段を選ばせるものでなければならない。ゲームを支配するルールはそういうルールである。そして、スーツは次のように言う、「この種のルールは当のゲームを構成していると言えよう」（スーツ 2015: 33)。ルールは禁止することを通じて、ゲームそのものを構成するのだという。ここはスーツの議論の要なのでじっくり説明しよう。

ラグビーはボールを前方に運んでいくことを目的にした競技であるが、前にボールを投げることが禁止されており、前にボールを運ぶ方法は二つしかない。一つはボールを前方に蹴ること、もう一つは自分でボールを持って前に走ることである。ボールを持って走ったとしよう。ボールを持たない他の味方選手はルールによってボールを持った選手より前にいてもパスはもらえない。したがって、後ろからついていくことになる。すると、相手側にとってみれば、こちらに向かって攻めてくる相手チームの一番前の選手はいつでもボールを持っている。相手の前進を食い止めるためには先頭でボールを持って走る選手そのものを止めればいい。そこで、走ってくる選手を止めるためのタックルがラグビーならではのプレイになる。攻める側にとってはタックルされてボールが相手に奪われることを避けるために、後ろからついてくる味方にパスしてボールを移動させなければならない。後方へパスする技術もまたラグビーならではのプレイになる。こうして、ボールを前に投げることを禁止するルールは、いくつものラグビー的なプレイを生み出し、ラグビーというゲームとラグビー的なプレイを合わせて作り出す。つまり、禁止のルールがラグビーという競技全体を構成することになる。スーツがわざわざ構成的ルールと呼ぶのはこういうことである。

## プレイは何を目指す？

ところで、スーツの「非効率的な手段が意図的に選ばれる」のうち非効率的な手段が選ばれるについては以上の通りだが、もう一つ「意図的に」が残っている。これはわれわれが先に述べたゲームのなかで自ら進んで自分を遅延状態に置くのと同じことである。ただし、スーツはここをもう少し深く踏み込んで読み解く。スーツはルールに服従する選手やプレイヤーの態度をゲーム内的態度 lusory attitude と名付けた。この言葉が含むところに注意しなければならない。

じつは、lusory という単語は遊びやゲームを意味するラテン語 ludus に由来するスーツ独自の用語である。スーツは『キリギリスの哲学』のなかでもう一つ、lusory に「前」の意味を持つ接頭辞 pre- を付けた prelusory という用語も用いており、この二つは対をなしている。lusory の方はゲームに参加するプレイヤーたちの態度に使われ、もう一つの prelusory はゲームの目的に関して使われる。

prelusory は接頭辞 pre が付されることによって、「ludus に先立って」や「ludus の前に」という意味になる。だから、ルールに服従してゲームに参加している状態が lusory（ゲーム内的）であるのに対し、その前の段階が prelusory（前ゲーム的）の状態である。またもや横断歩道の例を持ち出すことにしよう。横断歩道を渡るのに白いところしか踏んではいけないという「構成的ルール」を受け入れた子どもは、白いところだけを踏むために下ばかり見て、ぐずぐずしながら進んでいく。この子どもの振る舞いがゲーム内的態度である。一方、子どもの手を引く親はゲームに参加していない。親にとっての関心事は安全にさっさと横断歩道を渡ることである。ゲームに参加していない親はゲーム以前の状態、白いところしか踏んではいけないというルールを受け入れる前の状態である。そうすると、親の視線からすれば、ルールは受け入れられていないが、目的は見えているだろう。この状態にある目的が、prelusory な目標、つまり、前ゲーム的目標である。〈4〉

スーツのゲーム論のポイントは構成的ルールと前ゲーム的目標という二つの概念にある。禁止がゲームそのものを創造するという視点をもたらしたのが構成的ルールの肝であった。それに比べると、前ゲーム的目標がなぜ重要なのかはわかりにくいかもしれない。

少し前に「ラグビーはボールを前方に運んでいくことを目的にした競技」と書いた。じつは、この「ボールを前方に運んでいくこと」がラグビーの前ゲーム的目標である。他のスポーツやゲームで前ゲーム的目標を考えてみれば、ゴルフなら穴にボールを入れること、オセロなら黒だらけ（白だらけ）にすること、バレーボールならボールを相手に返すこと、などとなるだろう。これらは普通の言葉で記述されているので、そのゲームや競技を知らない人々に、プレイヤーたちが何を目指しているのかを説明するものになっている。なぜなら、これらの言葉はゲームが成立する前の段階のものだからである。そこにはその競技特有の言葉はない。ゲーム内的目標は前ゲーム的目標とは違ってくる。ラグビーなら相手より多くの点を取ることがゲーム内的目標になるが、点の取り方が複数あるので、点を取るだけでは目標を十分に語ることはできない。トライ、ドロップゴールなど、ラグビー特有の言葉の理解が必要で、それらの言葉を使って説明されるのがラグビーのゲーム内的目標になる。ゴルフであれば、クラブを使い分けながらより少ない打数でボールを穴に入れることがゲーム内的目標で、オセロのゲーム内的目標は相手の石を挟んで裏返して自分の色を多くすることになる。バレーボールならボールを相手コートに落として得点を重ねてセットを奪うことがゲーム内的目標である。いずれも、ルールに従った形で目標が記述される。問題はゲーム内的目標がルールに従ったものであるということだ。すなわち、ルールが設定した目標にすぎず、その目標を目指すのはゲーム内的態度の一部にすぎないことになる。だから、目的を言う場合、スーツのようにルールよりも先に目的がなければいけない。それを明確に述べた点がスーツの慧眼である。

加えて、前ゲーム的目標がゲーム内的目標よりもシンプルに記述可能であるということが重要である。ゲームは何を目指すべきかを誰でもわかるように記述できるということだ。このことの重要性はこれまでのゲーム論のなかであまり顧みられていない。〈5〉しかし、前ゲーム的目標という概念はゲームが日常と地続きであることを示唆している点で重要である。

われわれは遊びやゲームの独自性に注意を向けるあまり、それが日常と隔絶したものであることを強調しがちである。たとえば、ゲームの中の行為や出来事は一歩その外に出るとたんに無意味になるようなものであり、ゲームの中だけで意味を持っているのだなどと言う場合がそれだ。それは間違いではない。しかし、それらが日常と地続きでなければ人はゲームに簡単に参加できなくなるだろうし、ゲームを理解することも難しくなるだろう。なすべき目的がすぐに理解できるから、ゲームに参加することやゲームを理解することが簡単になる。麻雀のような複雑なゲームは覚えるまで時間を要するし、そのゲーム内的目標の記述は難しいが、前ゲーム的目標なら「柄を揃える」と簡単に記述できる。それによって麻雀を知らない人の麻雀というゲームへのアクセスが容易になる。前ゲーム的目標が簡単に記述できることはゲームへのアクセス可能性が開かれていることを示している。ゲームが日常つまり「俗」との連続性を持った「遊」であることを改めて教えてくれるのが前ゲーム的目標という概念である。

さて、ここまでのところ、われわれはゲームとスポーツをとくに区別することなく話を進めてきた。ゲームの中には、チェスや将棋のような知的な卓上ゲーム、駆け引きと運が左右するトランプのカードゲームなどと並んで、スポーツも含まれているかのように議論を進めてきた。しかし、次にこの先に一歩踏み出してみることにしたい。すなわち、次の一歩は、スポーツはまるごとゲームなのか、スポーツはどこまでゲームなのか、という問題である。

## パフォーマンスとゲーム

スーツは『キリギリスの哲学』のなかで、ゲームの例として多くの競技を登場させた。それらを頻度順で索引から拾い上げると、競争（レース）、ゴルフ、ホッケー、テニス、フットボール、ボクシング、クリケット、フェンシング、レスリングと続く。球技、格闘技、レースなど多様な競技が含まれている。この頃のスーツはスポーツ全般をゲームと考えていた。ところが、『キリギリスの哲学』から一〇年後の一九八八年、スーツは「巧妙な三つ巴――ゲーム、プレイ、スポーツ」（以下、「三つ巴」論文）という論文を発表する。そのなかで、スーツは次のように書いた。

オリンピックには異なる二種類の競争的イベントが含まれている。（略）一つはパフォーマンスするもので、ジャッジが必要になるようなもの、もう一つはパフォーマンスではなく、ルールに支配された rule-governed、参加者同士の相互作用 interplay であるものだ。（Suits 1988 : 2）

パフォーマンスとされた競争的イベントというのはいわゆる採点競技のことである。〈6〉『キリギリスの哲学』に例として含まれていなかったのがこの採点競技である。それらは普通、一人またはペア、チームごとにパフォーマンスを見せ、そのパフォーマンスが採点されることで順位付けされる。典型的な採点競技と言えば、体操やフィギュアスケート、飛込、アーティスティックスイミング（シンクロナイズドスイミング）などだ。〈7〉

一つ、確認しておこう。スーツはこの論文で『キリギリスの哲学』の基本的な枠組みを放棄したのではない。それは堅持されている。スーツにとって「三つ巴」論文は『キリギリスの哲学』の考えをさらに推し進めたものであり、議論を精緻化した先に出てきたものである。それが『キリギリスの哲学』にはなかったゲームとパフォーマンスの分別だったということである。

ゲームの定義の仕方によるところは大きいが、とくにスーツの定義（構成的ルールや前ゲーム的目標など）を知らなくても、球技はゲームっぽいが採点競技はあまりゲームっぽくないという印象はある程度共有されやすいだろう。おそらく、その違いは勝ち負けを客観的な尺度によって示す程度というところにある。ゲームはこうなったら勝ち、こうなったら負けというのがはっきりしているからだ。とはいえ、スーツは、そのようなことでゲームとパフォーマンスとを分けているのではない。ゲームとパフォーマンスを分ける鍵は二つある。一つは、やはりここでもルールである。そしてもう一つは、ルールと関わりの深い審判である。

## ルール、レフェリー、ジャッジ

ゲームのルールは効率的手段を禁止する構成的ルールだったが、パフォーマンスのルールは構成的ルールではなく、まったく違うあり方をしている。「ルールはパフォーマンスの核心でないのみならず、通常、競技場の外で選手たちに適用されるという形を取るものである」(Suits 1988 : 5)。「競技場の外」と言われるとわかりにくいが、ようするに、着用するウェアが違反していないか、使用する用具類が定められた通りのものかといったような形で競技が行われる前の段階で機能するルールなのだ。そのルールはパフォーマンスの何かを禁止する形で機能するものではない。このような競技環境や用具、ウェアについての決まりごとは、ゲームに分類される競技、たとえばサッカーにもある。コートの大きさ、ゴールの大きさ、レガースの着用などがルールによって決められている。これらは「競技場の外」で機能する。しかし、それをもってサッカーがパフォーマンスであるということにはならない。サッカーには手の使用を禁止する構成的ルールがあるからだ。パフォーマンスにはこれがない。パフォーマンスには効率的手段を禁止するルールがないのである。

これがゲームとパフォーマンスの第一の違いである。このルールのあり方の違いは、ルールを適用する者のあり方、すなわち、審判のあり方の違いにおいて、決定的に現れる。

スーツは先の「二種類の競争的イベント」に関する引用部分のなかで、パフォーマンスにはジャッジが必要だと書いている。そして、その引用に続けて次のように付け加える。「後者（＝ゲームのこと―引用者注）はジャッジではなく、法の執行者すなわちレフェリーを必要とする」（Suits 1988: 2）。ジャッジとレフェリー、日本語ではどちらも審判と呼んでしまうので区別が曖昧になるが、英語ではこれらは機能の異なる審判である。ジャッジは裁判官という意味で、スポーツ以外の場面でもよく使われる言葉である。一方のレフェリーは主にスポーツで使用される限定的な言葉である。〈8〉それを踏まえて違いを考える必要がある。

裁判官が行うのは有罪無罪の判断だけではない。有罪だとすればどの程度の有罪であるかを判断し、量刑を決める。程度の判断が含まれるのがジャッジの特徴である。フィギュアスケートや体操競技の審判＝ジャッジは、ある技ができたかどうかということを判断するだけではない。その技をどの程度できたかを判断し、点数を決める。パフォーマンスのジャッジは裁判官と同じように、量的な判断をするのである。

それに対して、レフェリーは、そのプレイが合法か違法かだけを判断する。違法であれば、あらかじめ決められたペナルティを与える。そこに量的な判断はない。レフェリーは交通違反を取り締まる警察官のようなものである。交通違反には明確な基準があり、その基準に従ってあらかじめ決められたペナルティが科される。信号無視には信号無視の、駐車違反には駐車違反の、速度違反には超過速度ごとのペナルティがある。この違反の場合なら減点数はこれだけ、反則金の額はこれだけ、免許の停止期間はこれだけと、すべてあらかじめ決められている。同じように、レフェリーは反則行為に対してあらかじめルールで決められたペナルティを科す。サッカーであれば、オフサイドには間接フリーキック、ハンドリングには直接フリーキックといった具合である。さらに、イエローカードやレッドカードが出されることもあるが、それもあらかじめ何がそれぞれのカードに値する行為なのかが明文化されている。だから、レフェリーにはジャッジのような量的判断の余地はない。

もう一つ、レフェリーの重要な点は、レフェリーにはプレイを止める力があることだ。ジャッジがパフォーマンスを止めるようなことはない。裁判がいつでも事後に開かれるように、ジャッジの仕事はパフォーマンスの後である。対して、レフェリーは反則だと見ればプレイに介入し、試合を止める。警察官が交通違反と見れば車を停止させたり、職務質問で足を止めさせたりするのと同じことである。だから、レフェリーは「法の執行者」なのである。

レフェリーのこのようなあり方は、ゲームにだけ「ルールに支配された」という形容が付された意味を明らかにする。これはルールに基づいてプレイがなされるということではない。それならゲームとパフォーマンスに違いはないからだ。そうではなくて、法の執行者たるレフェリーがプレイの場にいる、つまり、プレイに内在的に関与するということである。レフェリーは法の執行者として、プレイに介入する力を持ち、進行中のプレイを止めることができる。これが「ルールに支配された」の意味するところである。

以上のように、ゲームとパフォーマンスを分ける境界をなしているのはルールの違いであり、審判の違いである。こうして、ゲームとパフォーマンスは、それぞれ異なる特徴を持つものとして現れる。そして、その違いはそれぞれの競技に特有のスキルのあり方にも反映する。

## ゲームとスキル

各スポーツ競技には、その競技特有のスキルがある。そのスキルはその競技内でのみ意味を持つスキルであり、他の競技やスポーツではない場面では単に無意味であるか、または有害でさえあるようなものである。まれに似たスキルもあるが、それはあくまで似ているだけで同じスキルではない。バドミントンもテニスもラケットを持ってフォアハンドやバックハンドのスキルを使うわけだが、その中身はまったく違う。バドミントンのスキルはテニスではまったく役に立たないだろうし、逆もまた同じだろう。先にラグビーにおけるタックルというスキルや後方へのパスのスキルのことを書いたが、それは前方へのパスを禁止するという構成的ルールゆえに生まれたスキルであった。「ルールこそがそのゲームにふさわしいスキルを生み出す」(Suits 1988: 5)。異なるルールを持った競技同士でたまたま似たようなスキルがあっても、それはただ外見が似ているだけにすぎない。たとえば、体を寝かせながら足を先に目標物へと近づけるスキルにスライディングというのがある。このスキルは野球にもサッカーにもある。サッカーのスライディングは相手ボールを奪う、または、相手ボールのパスを阻止するための守備者の技術である。これはボールを手で扱うことを禁止するサッカーの構成的ルールによって、足で相手ボールにアプローチするしかないなかで生まれたスキルである。他方、ホームベースに到達することが目的の野球の構成的ルールは、打者が目の前のホームベースに触れることを禁止し、遠回りを強制する。打者はランナーとなり進塁へと駆り立てられる。「攻撃側は、(略)ランナーとなれば進塁して得点することに努める」（公認野球規則1・02）。そして、「守備側は、（略）その進塁を最小限に留めるよう努める」（公認野球規則1・03）というルールに従って、守備者たちはランナーに立ちはだかる。その守備をかいくぐるためのランナーのスキルが野球のスライディングである。サッカーのスライディングも野球のスライディングも、外見上は似たスキルではあるが、それを生んだのはそれぞれのルールなのである。

ゲームにおいてルールとスキルの密接な関係がなぜ生まれるかというと、それはレフェリーが法の執行者としてフィールド内のプレイを見つめ続けているからである。レフェリーによって違反が発見されれば即座にプレイは停止され、ペナルティが科されてしまうので、ルール上不適切なスキルはすぐに淘汰される。逆に、ルール上で認められ、その有効性が確認されたスキルは広く定着していくことになる。レフェリーを媒介としたルールとプレイの絶え間ない参照関係がゲームの特徴であり、スキルはそうした参照関係のなかで生成し、発達ないし淘汰される。では、ルールのあり方がゲームと違っているパフォーマンスでは、スキルはどのような形でありうるのだろうか。

## 理想とスキル

スキルはパフォーマンスにももちろんある。スポーツでスキルと無縁な競技など一つもない。しかし、パフォーマンスのスキルはゲームのようにルールによる制約によってプレイの中から生まれてくるというわけにはいかない。パフォーマンスのルールは構成的ルールではないからだ。ルールがスキルを生まないとすれば、パフォーマンスのスキルはいったいどこから生まれるのだろう。それは理想だとスーツは言う。「パフォーマンスにおいて、理想が核心である。スキルを生むのはまさに理想だけなのだ」(Suits 1988: 6)。パフォーマンスでは理想こそがスキルの親である。つまり、こういうことだ。フィギュアスケートの多彩なジャンプのスキルは、もっと高く、もっと速く、といった理想のジャンプを追うことで生まれてきた。回転数の多いジャンプも、連続するコンビネーションジャンプも、理想を追う選手たちによって開発され、実現されて、フィギュアスケートならではのスキルとして定着したのである。

これには次のような反論が考えられるだろう。すなわち、ルールなしに競技がない以上、ルールがあるから理想も生まれるはずであり、パフォーマンスのスキルもルールから生まれていると言えるのではないか、という反論である。たとえば、フィギュアスケートの場合、一回で終わるジャンプよりも連続ジャンプの方が難しいということで、連続ジャンプを高く評価するルールがあるからこそ、二連続や三連続のジャンプのスキルが生まれて磨かれてきたのではないか、というわけだ。たしかに、ルールは選手がどのようなパフォーマンスをするべきかに深く関わっているし、その意味で、理想を作り、スキルを生むのはルールだと言えそうな気もする。しかし、この反論には否と答えることができる。なぜなら、ルールが理想を生むのではなく、理想がルールを生んでいるからである。パフォーマンスでは先に理想がある。ルールはそれに追従しているのであって逆ではない。スピンやジャンプの理想があって技が生まれ、その技を評価するためにルールが作られる。ルールは後からついていくのである〈9〉。

パフォーマンスにおいて、理想は競技の場面に先立ってあるものだ。競技が始まったときに焦点になるのは、その選手がどの程度理想に近いパフォーマンスをするかである。そのパフォーマンスの実践そのものにルールが関与するわけではない。加えて、極端なことを言えば、あらかじめ行うパフォーマンスが決まっているその選手にとって可能な点数の上限というのは、前もって、すなわち「競技場の外」でわかっている。実際に上限の点数を出せるか、そこからどれだけ下回るかはやってみないとわからない。わからないが、力量差のある選手間で逆転が起きることは難しい。それは力量の劣る選手の出来のよいパフォーマンスによってではなく、力量の優る選手の著しい失敗によってのみ起こるものである。パフォーマンスのこのような特徴を含め、理想とスキルの関係の議論は、ボクシングの例と比較することでよりクリアになる。

ボクシングは相手を殴り倒すことを前ゲーム的目標とする競技である。かつては本当に殴り倒しきるまでラウンド無制限で行われることもあったが、そんな荒々しい形での試合が行われなくなってすでに久しい。現在、行われるボクシングの試合はラウンドの上限が決まっており、ノックアウト以外、すなわち判定で試合が決着することも多い。基本的にはレフェリーとは別に置かれたジャッジが採点をして、その点数で判定される。〈10〉プロとアマで採点基準に違いはあるが、基準そのものがあらかじめ決められている点は共通している。ダウンがあれば優劣はわかりやすいが、ない場合でも基本的には選手間の有効打（クオリティブロー）の多少の差が採点を分ける。いずれの選手がより多くの有効打を放つことができたのかでそのラウンドの採点が決まる。重要なのは、あくまでも試合をしている選手間の相対的な差が採点されるという点である。「ジャッジたちは理想のボクシングなるもの（仮にそのようなものがあるとしての話だが）に照らして評価を下しているのではなく、たとえ両選手がボクシングの理想的なパフォーマンスからかけ離れた戦いをしていようとも、一方の選手を相手選手に照らして評価を下しているのである」（Suits 1988: 6）。理想のボクシングなるものはあるかもしれないが、パフォーマンスと違って、ルールがあらかじめそれを明示しているわけではない。ストレートパンチを決めれば○点加算、コンビネーションからのパンチやカウンターなら○点加算などとは決まっていない。選手間の相対的な優劣だけが採点されるのである。[11]

もしかすると、こんな反論があるかもしれない。すなわち、かつてフィギュアスケートは相対評価で採点されており、スーツが「三つ巴」論文を書いた一九八八年もまだ相対評価の頃だった。相対的な差として点数が与えられて順位付けされるという点ではボクシングもかつてのフィギュアスケートも同じはずではないか、と。こういう反論には、ボクシングの相対評価は、相互作用における相対評価だが、フィギュアスケートはそうした相互作用のない相対評価であるという答えが考えられよう。[12] スーツが「参加者同士の相互作用 interplay」と書いていたことに注意したい。これは一方のプレイが直接相手のプレイに影響を与える関係を示唆している。一方のディフェンスがよく効いているときは他方は攻めあぐねていることになるし、一方のチャンスの場面はそのまま他方のピンチの場面であることを意味する。こうした相対的関係がボクシングでは成り立つが、フィギュアスケートでは成り立たない。ボクシングの相対評価は直接の相互作用関係の上で評価される相対評価なのである。ボクシングでは理想のボクシングをしようとしてもそれを邪魔する相手が目の前にいるが、パフォーマンスには、そのパフォーマンスを邪魔する者はいない。

## まとめ

スポーツはゲームなのか、スポーツはどの程度ゲームなのかがわれわれの疑問であった。ルールを手がかりにするわれわれの考察は哲学者スーツのゲーム論を道しるべとした。彼はゲームの概念をルールから考える人だったからである。彼によれば、ゲームとは、目的（前ゲーム的目標）を達成するための効率的手段を禁止するルール（構成的ルール）によって生まれるものだった。スポーツもそういうゲームの一種であるが、スポーツについてはゲーム的とは言えない競技の存在が見えてきた。採点競技とも呼ばれるそれらをゲームと区別してスーツはパフォーマンスと呼んだ。

スーツによるゲームとパフォーマンスの分類の重要な点は、採点競技を採点による順位付けという外形的特徴でゲームと区別するのではなく、採点競技の何たるかをゲームとの対比によって積極的に明示したところにある。すなわち、それぞれのルールのあり方の違い（構成的ルールかそうでないか）、審判の違い（レフェリーかジャッジか）、そして、競技のスキルのあり方（ルールから生まれるか理想から生まれるか）といった違いである。この分類はさらに、ゲームとはどういうものかをより明確にすることになった。井上がゲームを「ルールに支配される競争の遊び」と表現したのと同じく、パフォーマンスとの対比でスーツが用いたのも同じ「ルールに支配された」という表現である。スーツを経由する前は、井上の文言の意味するところはゆるやかなものだった。それがいまやそのルールが構成的ルールであること、その支配はレフェリー的な法の執行者を媒介とすることで実現することが明らかとなった。[13]

スーツのゲームとパフォーマンスの対比は鮮やかである。たしかに、そうだ。だが、ゲームとパフォーマンスは本当にそこまで異なるものなのだろうか。ゲームとパフォーマンスの境界線はこのように引かれるべきなのだろうか。スポーツについての考察を進めるにあたって、われわれはスーツの議論をもう少し吟味しなければならない。

## 注

〈1〉 たとえば、哲学者のフィリップ・コビエラは伝統的な芸術概念に当てはまらないコンセプチュアルアートが芸術概念そのものの変容によっていまや芸術活動と見なされているのと同様に、スポーツ概念の変容によってマインドスポーツも将来的にスポーツと見なされるだろうという見通しを示している（Kobiela 2018）。

〈2〉 たとえば、イェスパー・ユール（2016）、ケイティ・サレンとエリック・ジマーマン（2011）などである。

〈3〉 そうした試みは何もスーツだけのものではない。他にも多くの試みがなされてきた。そうした試みについては、ケイティ・サレンとエリック・ジマーマン『ルールズ・オブ・プレイ――ゲームデザインの基礎（上）』（2011）が整理している。

〈4〉 スーツはこれをもう少し厳密に、「いかなるゲームにも先立って、それから独立に記述しうる」のが前ゲーム的目標であると書いている。（スーツ 2015: 32）。

〈5〉 たとえば、ユールは『ハーフリアル』（2016）第2章の表2・2において、各論者のゲームの定義の分類表を提示している。スーツについてはそこでルール、目標、効率のよくない手段の三項目で名前が挙げられている。そして、目標の項を見ると「ある事態をもたらすこと（スーツ）」と書かれているだけで、前ゲーム的かゲーム内的かの区別に注意は向けられていない。ユールが主に念頭に置くのはコンピュータゲームであり、コンピュータゲームの場合は、前ゲーム的な状態が何かははっきりしない。

〈6〉採点競技という分類名はローカルな慣習にすぎない。日本語ではある程度通用するが、英語にはとくに決まった言い方はない。それゆえ、採点競技という言葉の指示内容は曖昧である。本書では採点競技という語を、あらかじめ決められた採点の基準（採点規則）に基づいて、審判が選手のプレイやパフォーマンスを点数化することによってのみ順位付けされる競技のみを指すものとして使用する。具体的には、体操、新体操、フィギュアスケート、アーティスティックスイミング、飛込、スノーボードハーフパイプなどがこれにあたる。ところで、日本語のウィキペディアの「スポーツ」の項には採点競技を「相手とは同時に対戦はせず、優劣が決まるスポーツのこと」とあるが、これに基づいて陸上競技の高跳び、幅跳びや重量挙げなどが採点競技とされている。しかし、これらは採点ではなく測定された記録に基づいて順位付けされるものであり、本書の言う採点競技にあたらない。（https://ja.wikipedia.org/wiki/ スポーツ#採点競技　二〇二〇年七月一日閲覧）。

〈7〉本章と続く第2章では、スーツの言葉遣いに従って、採点競技とその採点競技内で選手が行うことの両方をパフォーマンスと呼ぶことにする。

〈8〉研究者にとって身近なレフェリーは査読者のことであるが、これもまた限定的な使われ方であろう。だが、この後すぐ見るように、査読者は基本的に掲載の可否という二元論的な判断をする立場なので、裁判官＝ジャッジというよりレフェリーと呼ばれるのがふさわしい。また、査読者がレフェリーと呼ばれる背景には、フェアな査読という暗黙の規範への期待が込められているとも思う。

〈9〉本文で書いた他に、もう一つ反論を否定する理由がある。それは、パフォーマンスのルールが構成的ルールではないという点である。この点は次章で議論することになるので、本文では触れず、注として書いておくが、パフォーマンスのルールは何も効率的手段を禁止していない。たとえば、フィギュアスケートは宙返りを禁止していると言われるが、そのことがジャンプやスピンなどの代表的なスキルを生んだわけではない。ジャンプやスピンはフィギュアスケートの起源となったバレエのスキルが氷上へと移されたものであり、それがフィギュアスケートの歴史の中で磨かれて進化してきたものである。バレエにはないスピードを出せる氷上だからこそ高いジャンプも可能になったし、多彩な高速スピンも可能になった。それらのスキルは宙返りが禁止されたこととは関係がないし、そもそも宙返りは厳密に言うと禁止すらされていない。大きな減点になるだけであり、宙返りをしたければしていいのである。その意味で、フィギュアスケートの宙返りは、ゴール前でのプレイこそサッカーの理想だと考えてオフサイドポジションにとどまり続けるサッカー選手とはまったく違う。宙返りがフィギュアスケートから排除されていないのに対し、オフサイドポジションにとどまり続けるプレイはサッカーから排除されているからだ。選手がオフサイドポジションにとどまり続ける限り、サッカーのプレイは止まる。オフサイド無視のゴール前での待ち伏せプレイを実現するのはサッカーではなく、別のルールで行われる別のゲーム（たとえばフットサル）である。

〈10〉 審判が不足している場合など、大会や試合の規模により、レフェリーがジャッジも兼ねる場合もある。

〈11〉 この点からすれば、スーツにとって、スキージャンプは間違いなくパフォーマンスということになるだろう。なぜなら、スキージャンプの採点はボクシングと違って、理想のジャンプ、すなわち、理想の飛型や着地に照らしての採点だからである。

〈12〉 「三つ巴」論文のなかでスーツが interplay という単語を使用しているのは先の引用の箇所だけ、たった一回である。

〈13〉 もちろん、われわれが遊びで行うゲームにいちいちレフェリーはいない。ほとんどすべてのババ抜きはレフェリーなしで行われるが、具体的な個人としてのレフェリーがいないだけであって、レフェリー的振る舞いは必要に応じてプレイヤーの間に生じる。取る順番を間違えたプレイヤーには他のプレイヤーたちが注意するだろう。

# 第2章　採点競技の地平――もしパフォーマンスがゲームであるなら

## はじめに

スポーツはゲームだと思っていたら、どうやらゲームには収まりきらない競技（採点競技）があるということがわかってきた。哲学者バーナード・スーツはそれらをパフォーマンスと呼んでゲームと区別した。そして、前章で見た「三つ巴」論文のなかで彼がオリンピックにはゲームとパフォーマンスという二種類の競争イベントがあると言ったとき、パフォーマンスについて次のように書き添えていた。

> 飛込や体操がもはやゲームではないのは、ビューティコンテストやパイ焼き競争のような採点イベントがゲームではないのと同じことである。（Suits 1988：2）

スーツに言わせれば、飛込や体操は、優劣の基準が曖昧な競争もどき（ビューティコンテスト）や、勝つことを目標に参加しているとは思えないお祭り的イベント（パイ焼き競争）のようなものらしい。読みようによっては、暗にスポーツとしてふさわしいのはゲームであってパフォーマンスではないというようなニュアンスさえ感じてしまう。飛込や体操の関係者がこれを読めばさぞ気分の悪いことだろう。この一文が火を点けたのかどうかはわからないが、スーツの「三つ巴」論文に対しては反論がいくつも向けられることになった。

スーツに寄せられた反論はいずれも、ゲームとパフォーマンスを分けられないと主張した。それはつまり、パフォーマンスもまたゲームであると主張するものである。ここで反論者たちが言うゲームとは、スーツが定義したゲームである。すなわち、前ゲーム的目標があり、それを達成する効率的手段を禁止する構成的ルールがゲームを作るという、前章で見たあれである。

この反論は、スーツの「三つ巴」論文が発表されて以来三〇年ほど経ったいまもまだ続いている。このテーマは反論者たちにとってはまだ係争中なのだ。係争中であるということは、言い換えれば、決定的な反論がいまだなされていないということでもある。それだけに反論者たちは手を変え品を変えしながらスーツの分類に挑んだ。結果的に、反論はパフォーマンスと呼ばれる競技の特徴を浮かび上がらせることになった。本章では、そうした反論の代表的なものをいくつか追いかけながら、スーツの分類の妥当性からパフォーマンスの特徴について検討していく。この考察は、パフォーマンスが本質的にスポーツの外部としての美的なものとの関わりを持つこと、そして、そのことがパフォーマンスに与える深みがいかほどかを教えてくれるはずである。

## パフォーマンスに構成的ルールはあるはず

スーツの「三つ巴」論文に即座に反論したのがスポーツ哲学者クラウス・V・マイヤーであった。その反論は、「即座に」という表現を追い越すほど早い登場だった。じつは、マイヤーの反論論文「三つ巴の策略――スポーツとゲームで遊ぶ」は、スーツの「三つ巴」論文が掲載された『スポーツ哲学雑誌』の同じ号に掲載されており、掲載順もスーツの直後である。スーツ論文がマイヤー論文を踏まえずに書かれているのに対し、マイヤーはスーツ論文を引用して直接的な批判を加えているので、その点からも、マイヤー論文は最初の反論ということになるだろう。

もともと「三つ巴」論文はゲーム game、遊び play、スポーツ sport の三概念の関係を問うものであった。この三概念のなかで、遊びの概念に関してスーツとマイヤーの間には齟齬はない。問題はゲームとスポーツの関係だけだ。ゲームとスポーツは、スポーツがゲームとパフォーマンスに分かれるために一部分だけが重なるとするスーツに対して、その分類を認めないマイヤーはスポーツはまるごとゲームの一部であり、部分集合であると考える。それを主張するために、パフォーマンスの構成的ルールと前ゲーム的目標を示すのがマイヤーが目指すところとなる。

マイヤーの反論はルールについての議論から始まる。パフォーマンスのルールが構成的ルールではないというスーツの見解については前章で見たが、これにマイヤーは『キリギリスの哲学』を使って反論する。「イヴァンとアブドゥル」と題された同書第6章は、ルールなきゲームをプレイしようとする二人の将軍、イヴァンとアブドゥルの物語である。

彼らは言う、「われわれはゲームのルールなんかに縛られないのだから、勝者たりうるのは最終的に状況を征服したものだけなのだ」（スーッ 2015: 53）。そんな彼らが行うチェスはこんな具合である。「あの晩、わしはルールを公然と無視して駒をすばやく並べ替え、貴様のキングをチェックメイト状態にした。あのとき一般市民ならこう言ったはずだ――イヴァンはそのゲームに本当に勝ったわけではない、ルールに従ってその事態を達成したわけではないからだと」（スーッ 2015: 54）。ルールも何もあったものではない。二人の将軍はチェスをしたというより、チェスの駒を使ったチェスのようなゲームらしきことをした。だから、普通に考えれば、たしかにイヴァンはチェスに勝ったとは言えないのだが、イヴァンもアブドゥルもルールのないゲームをプレイすることを目指している。「貴様とわしは、ルールが支配するゲームはプレイできないんだぞ」。そんな彼らにとってゲームに勝つということの意味も普通ではない。「最終的に状況を征服したもの」だけが勝者になりうる。二度とゲームが行われないような、完全にゲームが終了した状況において勝つということが二人にとっての勝利である。

さて、二人がプレイできるとすればどんなゲームになるだろうか。未来にわたって制圧することが勝利の条件となるルールのないゲームとはどういうものだろうか。イヴァンが言う、「それは唯一、死ぬまで戦うことだ」（スーッ 2015: 56）。これにアブドゥルも同意する。二人はこのゲームをすることに決める。そして、二人は「明日の夜明けに開始」ということを確認してその日は別れた（スーッ 2015: 57）。はたして、このゲームを二人はプレイできるだろうか。このゲームは開始時間だけが決まっている。もし、このゲームにルールがあるとすれば「明日の夜明け」という開始時間だけだ。はたして開始時間はルールと言えるだろうか。

スーツの答えはイエスである。開始時間の設定は、「合意された一定の時点より前にゲーム内の手を指すことを禁じるルール」である（スーツ 2015: 58）。そう、「禁止」するルールだ。だから、この開始時間のルールは構成的ルールである。「開始時間がなくなってしまうと、ゲームの存在可能性も全然なくなってしまうからな」（スーツ 2015: 59）。

イヴァンとアブドゥルの話は、どんなに最小限であってもゲームが少なくとも一つの構成的ルールを持つことを論証するものだった。これがマイヤーの反論の土台になる。開始時間が構成的ルールになるのなら、パフォーマンスの開始時間も構成的ルールになるはずだ。開始時間のような「制限事項を厳命するルールによって、最小限にではあるが、指針を与えられている以上、体操競技や飛込競技は、競争的なゲームと正しく見なされるだけの資格を満たしているように思われる」（Meier 1988: 19）。開始時間のようなものは、前章の話だと「競技場の外」で機能するルールのようなものにも思えるが、イヴァンとアブドゥルの話からすればたしかにこれは構成的ルールと見なすことができるかもしれない。

結論から言ってしまおう。マイヤーの主張は残念ながら的外れである。構成的ルールは前ゲーム的目標を達成するための効率的手段を禁止するものだった。イヴァンとアブドゥルの場合は、前ゲーム的目標は相手を殺すことである。その効率的手段とは相手が準備していないうちに、つまり、「死ぬまで戦う」と同意した瞬間に撃ち殺すことである。開始時間の設定はそれを禁止している。だから、この開始時間は構成的ルールになる。そうしてみると、体操や飛込の開始時間はいったいどのような前ゲーム的目標を達成するどのような効率的手段を禁止していることになるだろうか。開始時間が構成的ルールだと言うには、まず体操や飛込の前ゲーム的目標が何かをはっきりさせねばならない。それがはっきりしないと何が効率的手段なのかもはっきりせず、禁止すべきものがわからない。したがって、マイヤーは議論の順番からまったく間違っていたことになる。話は構成的ルールからではなく、前ゲーム的目標から始めないといけなかったのだ。

## パフォーマンスの前ゲーム的目標

たとえば、体操の前ゲーム的目標とは何だろうか。順番こそ前後したものの、マイヤーも前ゲーム的目標を論じている。マイヤーの説明はこうだ。「できるだけ滑らかかつリズミカルに、要求された義務的な動きを、一定の回数、相互に関連する連続した形で演技すること」(Meier 1988: 21)。この前ゲーム的目標を達成するための効率的な手段が制限されることになるわけだが、マイヤーに言わせると、それがすなわち、狭い一本の木の上(平均台)だったり、二本の平行に並んだ同じ高さの棒の上(平行棒)や違う高さの棒の上(段違い平行棒)などの演技しにくい場所や用具の指定があることだ。この制限が前ゲーム的目標達成の効率的手段を妨げるものとしてルールによって課されている。開始時間ではなく、使用する用具の指定が構成的ルールである。開始時間と違い、これはちゃんと順番通りになっている。

なるほどこれはたしかにゲームの定義を満たしているように見える。しかし、そう簡単ではない。マイヤーの示した体操の前ゲーム的目標には「要求された義務的な動き」という文言がある。この要求の主体は何だろうか。何が義務的な動きを要求してくるのだろう。それはルールである。要求も義務もルールに由来する。とすれば、前ゲーム的目標よりも前にルールがあることになる。やはり順番が逆だ。前ゲーム的目標は何よりも先になければいけない。

体操はうまくいかなかったが、マイヤーは、もう一つ、飛込を詳しく論じている。ここまでの反論ではかなり分の悪いマイヤーだが、飛込に関する議論は少し違っている。

マイヤーによれば、飛込の前ゲーム的目標は「できるだけ垂直の姿勢で、そしてできるだけ水しぶきをあげずに着水すること」(Meier 1988: 21) である。ここには要求も義務もないし、前ゲーム的目標らしい簡単な表現が並んでいる。この目標の効率的達成を妨げるのが飛び板や高飛込台の使用であり、それゆえ、飛込のルールは構成的ルールになる。マイヤーはざっとこのように飛込を整理して、ゲームであると主張する。さらに言えば、こうしたルールを選手たちが受け入れていることは、競技のための高いところまで階段を登っていくことに見ることができ、そこにゲーム内的態度が表れているとマイヤーは言う。

この飛込の議論はなかなか説得的である。説得的であるから、スーツも応答論文を発表することになった。

## 飛込の前ゲーム的目標は?

マイヤーに対するスーツの応答は翌年(一九八九年)の『スポーツ哲学雑誌』に掲載された。この論争におけるスーツ自身による唯一の反論である。〈1〉「消えるゴールのトリック」と題されたその論文の大半はパフォーマンスの前ゲーム的目標の検討、具体的には飛込の前ゲーム的目標に費やされており、構成的ルールの論点にはあまり触れられていない。〈2〉論文タイトルのゴールが前ゲーム的目標としての"goal"を示唆していることからもわかるように、スーツは飛込の前ゲーム的目標に関する点だけ論じさえすれば十分だと考えていた。

スーツは、マイヤーの示した飛込の前ゲーム的目標について、「前ゲーム的目標についてよく考えられたものとは言いがたい」(Suits 1989: 12) と一蹴する。マイヤーの体操の前ゲーム的目標に比べればかなりまともに思えるが、それでも、スーツから見ると、少々説明的すぎるものだった。スーツは自ら飛込競技の前ゲーム的目標について三つの候補を挙げて、それを順番に検討していった。三つの候補というのは、全身の水没、垂直の着水、飛込全体である (cf. Suits 1989: 2-7)。これらは後で見るように、以降の論争とも関わる論点になる。

全身の水没は、飛込選手の体がすべて水に潜る状態になることで、陸上のトラック競技のゴールに近い捉え方だと考えればいい。トラック競技では、自分の体をゴールに運ぶことが前ゲーム的目標である。陸上選手の場合は胴体部分がゴールラインに届くまでを競うが、飛込は全身を水面下に潜らせるところまでを競う。そこで、飛込の前ゲーム的目標を全身を水没させることとするわけだ。しかし、飛込と陸上では決定的な違いがある。陸上競技では選手は目標達成のために自らの力で走らねばならないのに対し、飛込競技では選手が意志も努力も技量も必要とすることなく、飛込板や飛込台から体が離れさえすれば、後は重力が選手の体を水面下へ運んでくれる。自然の摂理によって到達可能なものを目標と呼ぶのはおかしい。というわけで、最初の候補、全身の水没は却下される。

次の候補には、達成にあたって選手の意志なり技量なりが介在するものを考えなければならない。そこで、垂直の着水である。飛込競技ではなるべく水しぶきのない静かな着水が求められる。だから、ただ水面に達するのではなく、垂直に着水することという条件を追加するのはいいアイデアに思える。マイヤーの考えた前ゲーム的目標もこれだった。しかし、これにも難がある。選手は着水するまでにいくつかのパフォーマンスを連続的に行う。垂直の着水はその一連のパフォーマンスの締めくくりである。着水までがパフォーマンスなのだ。つまり、垂直の着水は選手にとって、体をひねったり、前方や後方に回転させたりすることと同じ水準にあるもので、それだけを取り出して目指すべき目標と言うべきものではない。というわけで、第二の候補、垂直の着水もまた却下せざるをえない。

垂直の着水がパフォーマンスの締めくくりなのであればそれを拡大してみればどうだろう。つまり、締めくくりに至るまでのすべて、パフォーマンスの始めから終わりまで全体を前ゲーム的目標としてみればどうだろう。それが最後の候補、飛込全体である。これはなかなか大胆な提案だ。飛込競技の前ゲーム的目標がパフォーマンスの全体ということになれば、他のパフォーマンス、たとえば、体操競技もフィギュアスケートもアーティスティックスイミングもすべてそのパフォーマンスそのものが前ゲーム的目標ということになるだろう。さて、これでそれらパフォーマンスの前ゲーム的目標を説明できることになるだろうか。残念だが、やはりうまくはいかない。スーツは次のように言う。「前ゲーム的目標は、構成的ルールとともに、評価のための必要条件となるものであって、評価の主題ではない」(Suits 1989: 7)。前ゲーム的目標はその定義からそれに到達したかしていないか、○か×か、中間状態のない、いわばデジタルな結果として見えるものである。ボールが穴やエリアに入ったかどうかは、どの程度入ったかで評価されたりしない。前ゲーム的目標はそういう性質のものなのである。だから、それがどの程度達成できたかを評価されるとすれば、それはもはや前ゲーム的目標ではないということになる。定義から外れてしまうのだ。というわけで、これも却下である。

以上のように、飛込競技の前ゲーム的目標の三つの候補はすべて、却下されてしまった。マイヤーの反論のなかでもっとも見込みのある議論だった飛込競技だが、その前ゲーム的目標が見つからないのである。ゲームに分類される競技では、前ゲーム的目標を見つけるのは難しいことではない。しかし、パフォーマンスの前ゲーム的目標となるそれらしいものがなかなか見つからない。そもそも前ゲーム的目標がわからなければ、何がそれを達成する効率的手段になるのかもわからないので、それを禁止する構成的ルールもない。パフォーマンスもゲームだと主張する人々はそれゆえ、パフォーマンスの前ゲーム的目標を見つけることにエネルギーを注ぐことになる。

## 難しさと美しさ、二つの基準

スーツの応答論文「消えるゴールのトリック」が掲載された同じ号では、新たに運動学者で哲学者のR・スコット・クレッチマーも「美しいゲームについて」と題された論文でこの論争に参戦した[3]。クレッチマーは「飛込競技をゲームと解釈する際の特有のジレンマ」があることを指摘し、そこから新たな形で議論を開始する（Kretchmar 1989: 34）。

スーツが導入したゲームとパフォーマンスの二つの概念、これは互いに排他的な関係にある。ゲームであればパフォーマンスではないし、パフォーマンスであればゲームではないという関係だ。これがジレンマの根にある。そこで、クレッチマーは新しい分類基準を提案する。ゲームとパフォーマンスの二分法であることには変わりないのだが、ゲームをさらに二つに分けるのである。二つに分けたゲームの一方には、スーツがゲームとした競技がある。そして、もう一方にはスーツがパフォーマンスとした競技がある。しかし、これもクレッチマーに言わせればゲームである。飛込はここに位置付けられる。そして、スーツがパフォーマンスとしたものは、スポーツではないものとしてのパフォーマンスである。つまり、ゲーム的なゲーム、ゲーム的なパフォーマンス、ここまでがスポーツで、その他に、非スポーツ的なパフォーマンスがあるというのがクレッチマーの新たな分類である。たとえば、バレエコンクールなどが非スポーツ的なパフォーマンスにあたる。バレエコンクールは競争的でパフォーマンスを評価して順位付けされるが、スポーツでもゲームでもないからだ。

クレッチマーのこの新しい分類の基準は何だろう。それを説明するため、クレッチマーは飛込にまつわる物語、一種の創造神話を語る。

クレッチマーの物語の主人公は、ベリー摘みを日課としていた。しかし、ベリーを摘む場所にはクマが住んでいる。主人公はクマに見つかるといつも川に飛び込んで逃げていた。そのうち主人公は、飛込そのものを工夫するようになる。そうなると、その飛込はもはやクマから逃げるための飛込ではなくなる。主人公は回転やひねりを加えたより難しい飛び込み方を試みるようになる。そこでは簡単に飛び込むことは許されない。効率的手段の禁止である。こうして、主人公の活動はゲームになる。主人公は次に、美しく飛び込むことをし始める。美しさの規範の導入である。主人公は難しい飛び込み方をする一方で、美しい飛び込み方もしようとする。しかし、それは飛込をゲームから別のものへと変質させることになった。なぜなら、美しさの規範は、簡単に飛び込むことを禁止するルールと両立しないからだ。難しい飛び込み方だが美しくない飛び込み方があれば、美しさの規範が優先されてその飛び込み方は悪しき飛び込み方になる。しかし、ゲームとしての飛込であれば、難しい飛び込み方こそ追求されることだろう。だから、美しさの規範を導入すると、飛込はゲームではなくなり、パフォーマンスになる。

こうしてクレッチマーの飛込創造神話の物語はスーツとは別の形でゲームとパフォーマンスの境界線を引き直す。[4] バレエのコンクールは難しさより美しさの規範が優先されるパフォーマンスであり、飛込は美しさより難しさが追求されるゲームになる。

クレッチマーによるこの分類の一番の課題は、ゲームとパフォーマンスをどう区別するかではなく、ゲームの中で、ゲーム的なパフォーマンスとゲーム的なゲームの二つを区別しつつも共存させるロジックとはどんなものかという点にある。つまり、ゲームとパフォーマンスの境界線を、スーツとは別の形で根拠付けることがクレッチマーの課題になる。クレッチマーはそのために新しい提案をするのだが、それが前ゲーム的目標がどういうものかに関係してくることになる。

## 二つの目標到達

さて、クレッチマーの提案は、少々驚くことに、飛込競技の前ゲーム的目標を全身の水没だとすることから始まる。これは先程のスーツの三つの候補の一番最初にあったものだ。一番最初の候補だったということは、真っ先に却下された候補でもある。それをクレッチマーは再び議論の場に引き戻してくる。スーツが全身の水没を否定した理由を思い出そう。それは選手の意志、努力、技量などと何の関係もなく達せられるものにすぎないからだった。そんなものを「目標」と言うのはおかしいということだった。ここにクレッチマーは切り込むのだが、その切り込み方はなかなかユニークである。すなわち、目標到達の形は一つとは限らないというわけだ。どういうことだろうか。

クレッチマーは目標の到達 reach には二つの形がありうるのではないかと言う。一つは成功 success としての到達である。これは到達できるかどうかわからないというタイプの目標で、到達しないことも起こりうる。それだけに到達することは喜びを伴う。たとえば、サッカーはそうしたゲームの典型例だ。スコアレスドローがしばしば起きるサッカーでは両チームとも到達に至らないことさえ珍しくない。バスケットボールはこうした到達が試合中に何度も訪れる競技だが、それでも一つ一つの到達は喜びを伴うものである。また、バレーボールや卓球のように到達回数に上限が設定されている競技もあるが、いずれの場合であっても目標到達は成功として経験される〈5〉。

その一方で、もう一つのタイプの到達がある。そのゲームの中で目標到達が基本的には一回しかないタイプのものだ。そして、クレッチマーが注目するのはこの場合である。そうした競技では目標＝ゴールは、「ある目的地点に（困難なしに）到着 arrival」するという形を取る（Kretchmar 1989 : 38)。いったん競技が始まるとそれほどの困難なしにたどり着いてしまうような目標である。到着という形がありうるのなら、全身の水没は前ゲーム的目標になるとクレッチマーは言う。到着はそれそのものが必ずしも喜びをもたらさない。当たり前のように到着するのだからそれにさほどの価値はない。この場合、到着が意味するのはたんに競技の終わりである。到着すると、もはやそれ以上、競技において何事かをすることはできなくなる。だから、まだ終わってほしくないのに終わってしまった、ないしは、終わるべきではないのに終わってしまった、という形で到着することもありうる。その場合、到着は残念なものとして経験される。成功とは正反対である。

こういうものを目標と呼ぶべきではないとスーツが却下したのはすでに見た通りであるが、クレッチマーはこの第二の到着タイプはスーツがゲームの例としてしばしば言及してきたレース形式のゲームの目標とほとんど同じだと言う。「たいていのトラック競技においてフィニッシュラインという想像上の平面を突き抜けるという形でゴールに到着することは難しいことではない」(Kretchmar 1989: 36)。たしかに、トラック競技でゴールラインを越えることは故障などのアクシデントがない限り、難しいことではないだろう。クレッチマーが目標到達の形を二つに分けた狙いはここにある。

スーツは『キリギリスの哲学』においてトラック競技に代表されるレースをゲームの例として頻繁に用いていた。前章でも触れたように、『キリギリスの哲学』で例示される競技のうちもっとも多いのが競争(レース)だったほどで、ゲームの定義を考える最初の場面で例示されるのがまさにトラック競技だったのである(スーツ 2015: 15)。トラック競技をゲームの典型例とするその姿勢は「奇妙な三つ巴」論文の前後でも変わらず、一貫している。[6] たしかに、トラック競技で目標=ゴールにたどり着くことはそこまで難しいことではないし、歓喜をもたらすとも限らない。飛込と違ってがんばって走ることや走る技量は必要になるが、アクシデントがない限りゴールに到着してしまうトラック競技と飛込とはスーツが言うほどの大きな違いはないと見なせるだろう。[7]

到達を成功と到着に分けて考えるというクレッチマーのアイデアは、なかなかトリッキーではあるが、十分に説得的かというと、『キリギリスの哲学』と矛盾しない可能性を示している点で興味深い。しかし、十分に説得的かというとそうではない。引っかかるのは、そもそも本当に飛込の前ゲーム的目標は全身の水没でいいだろうかということと、仮にこれを認めたとしても、到着という目標達成の形にぴったり当てはまる競技は飛込に限られることだ。成功と到着の区別がパフォーマンス全般にも有効かとなると微妙である。体操の前ゲーム的目標の到達は、成功の方だろうか到着の方だろうか。もし、到着なのであれば、体操競技の前ゲーム的目標は着地かもしれない。だが、体操の着地は乱れると減点になるので、着地には成功の側面が含まれていることになる。これは矛盾しないのだろうか。さらに、新体操やフィギュアスケート、アーティスティックスイミングにおいては着地に相当するものが見当たらないが、いったいこれらの競技の前ゲーム的目標は成功の方だろうか到着の方だろうか。目標到達を成功と到着に分けて考えるのはアイデアとしては面白いが、それ以上のものにはなっていない〈8〉。

クレッチマーの新しい分類の仕方が、もう一つの点でかなり問題含みなのは、難しさの尺度に従うスポーツのパフォーマンスと美しさの尺度に従う非スポーツ的なパフォーマンスを分けたことで、スポーツのパフォーマンスから美的な側面を取り去ってしまったことである。これは明らかにわれわれの経験とずれている。たとえば、体操（器械体操）の英語表記は artistic gymnastics だし、以前シンクロナイズドスイミングと呼ばれた競技はアーティスティックスイミングに名前を変えた。名前が artistic だからといってその競技が美しさを競っているわけではないが、フィギュアスケートにせよ、新体操にせよ、これらパフォーマンスは美的な面とともにあるというのは動かしがたいわれわれの経験である。たとえば、フィギュアスケートの採点規則にはスポーツ的とは思えない「音楽の解釈」という項目があるが、これなどはフィギュアスケートが「美的な」パフォーマンスとして経験されていることを示しているだろう。にもかかわらずスポーツから美的な側面を取り去るというのは、いかにも考えがたいことではないか。

クレッチマーの問題点を乗り越え、なおかつ、パフォーマンスがゲームであると主張する論文が二一世紀になって書かれた。倫理学者のトーマス・ハーカによる「採点競技について」である。

## 美しさが目標になる

ハーカは次のように言う。「フィギュアスケートや飛込などの競技は美的なものとして採点可能な、美に特化した目標をもったスーツ的ゲームである」(Hurka 2015: 318)。ハーカの鍵は「美的」という語にある。

クレッチマーが美をスポーツとは別の規範だとして切り離したのに対し、ハーカはパフォーマンスの前ゲーム的目標に美しさを含める。「消えるゴールのトリック」のなかでスーツが飛込の前ゲーム的目標として挙げた三つの候補、全身の水没、垂直の着水、飛込全体をもう一度思い出そう。その三つのうちクレッチマーは最初の候補を再考したが、ハーカは最後の候補を再考する。つまり、パフォーマンス全体を前ゲーム的目標として選択する。これにアレンジを加えて、飛込競技の前ゲーム的目標を次のように言い換える。「全体としてエレガントな、または、美しい飛込をすること」(Hurka 2015: 322)。パフォーマンスの全体を目標とするのはおかしいというのがスーツの却下理由だったが、美しさを目標に含めさえすればパフォーマンスの全体を通してその目標にチャレンジすることになるので、スーツの却下理由はあたらないというわけである。そしてまた、そのための効率的な手段は構成的ルールによって禁じられていると考えることもできる。つまり、長く空中に浮いて美しいパフォーマンスをするために補助具を身につけることや、着水を美しくするために手足に何か尖ったものを装着することなどが禁じられる。前ゲーム的目標に美しさを含めればパフォーマンスのルールを構成的ルールと理解することができるだろう。こうして、シンプルに記述された前ゲーム的目標が設定され、その効率的実現を妨げる構成的ルールが備わることで、パフォーマンスはスーツの言うゲームになるとハーカは言う。

前ゲーム的目標に美しさを含めれば、たしかにスーツ的なゲームとしてパフォーマンスを理解できるかもしれない。ただし、本当に前ゲーム的目標に美しさを含めることができるなら、である。

前ゲーム的目標は「達成可能なある特定の事態と記述」できるものである（スーツ 2015: 32)。もし、それが抽象的に記述されていたとすればどうだろう。たとえば、「よく到達すること」と記述される前ゲーム的目標があったとしよう。はたしてそれはどのような事態を表しているだろうか。「早く到達すること」という記述なら理解できるが、「よく到達すること」は理解できないので前ゲーム的目標にはなりえない。では、「美しく到達すること」はどうだろう。何が「美しく」なのだろうか。やはり、よくわからない。前ゲーム的目標に美しさを含めるというのは、このように曖昧ではっきりしない事態を目標にすることになる。

ハーカもこのような反論は予想していた。「一般に、絵画、詩、音楽演奏などについて、より美しいかそうでないかをわれわれはランク付けしているのであり、同じことを飛込競技やフィギュアスケートで行うのは完全に自然なことである」(Hurka 2015: 322)。芸術的なものの美しさを判断してその優劣を決めることができているのだから、飛込競技やフィギュアスケートにおいても同じことができるというわけだ。たしかに、絵画や詩で入選作品もあれば選に漏れる作品もあるし、入選作品のなかでも順位付けがなされることはよく知られている。音楽コンクールも同じで審査員たちが順位付けする。フィギュアスケートの起源、バレエも同じだ。たしかに、これらでは美しさの優劣が決定され順位付けがなされているように見える。しかし、この説明は間違っている。

われわれは美しさの優劣を容易に決定できない。極端な例を出してみよう。モネとフェルメールとダ・ヴィンチの作品を並べて、その美しさの優劣をわれわれは決定できるだろうか。時代が異なるため、使用できる画材や道具の差異があるのは当然だが、それぞれの作品は存在するので比較は可能であるはずだ。しかし、われわれはそれらの間に美しさの優劣を決定できない。それぞれの好みを投票して決めることならできるが、それは単なる好き嫌いであって、美しさの優劣を決定することではない。彼らの作品はそれぞれに美しいのであって、それぞれの美しさを語ることはできる。しかし、それはあくまでもその画家、ないしその作品固有のものである。その固有の美しさを定量化して比較評価などできない。

こんな反論もあるかもしれない。ハーカが美しさを比較しようとするのは歴史的な美の巨人たちではなく、コンクールレベルのものであって、そのレベルなら比較するのは可能であり優劣も決定できるのだ、と。なるほど、コンクールであれば、似たような条件のもとでの比較になるので優劣は決められるように思えるだろう。実際にいろいろな芸術分野においてコンクールが開催され、優劣や順位も付けられているのだから。しかし、これも間違っている。芸術活動のコンクールの多くは若手や無名作家の登竜門であるうえに、コンクールの審査員たちの基準は単純な美しさにはないからだ。一例を挙げれば、二〇一〇年のショパン国際ピアノコンクールの審査員を務めた小山実稚恵はそのコンクールを振り返る対談において次のように発言している。

小山　第一次予選で最初に聴いたときには、こんな凄い演奏をして驚かされるのです。けれども二回目、三回目と聴くと、この人はもうできあがっている、つまりこれから頂点を迎えるのではなく、もしかしたら今の段階で頂点に近いのかもしれない、と感じてしまいます。それならコンクールに出るのではなくプロとして活動したほうがよいのではないか、ショパン・コンクールという、いかに世界トップのコンクールであっても、はたしてこれでよいのだろうか、と考えさせられました。ただ、コンクールという場で完成されたものと未完成のものがあったときに……。（中央公論 二〇一一年二月号）

小山の逡巡からわかるように、将来性を考慮せざるをえないコンクールにおいて審査されるのはそのときの演奏の美しさだけではないし、その美しさにしても一元的に決定できない。〈9〉さらに、スポーツは全世代にわたって同じルールで実施されるので、コンクールのような世代の限定されたものとはまったく違う。ジュニア世代の大会のように登竜門的な色合いを持つ大会はあるが、それにしてもその優劣に「将来性」や「完成度」などは関係ない。世界トップレベルの選手たちが集まるオリンピックや世界選手権になると、世に出る前の人たちを主たる対象とするコンクールとはまったく別のものである。羽生結弦やネイサン・チェンは、当代を代表する音楽家たちや過去の偉大な音楽家たちに相当するような選手たちである。偉大な音楽家たちの優劣は決められないが、フィギュアスケートをする羽生とチェンなら優劣を決められる。この違いは、コンクールとスポーツ競技の決定的な違いである。

ハーカがこのような議論をしてしまうのは、彼が美についての理解なり判断なりの共有を前提してしまっているからである。そのようなものが共有できるのであれば、誰もが納得できる「画家ランキング」や「演奏ランキング」を作ることは可能なはずだが、そのようなものはどこにも存在しない。ハーカが前提とする美の共通理解があるとは思えない。

結局のところ、ゴルフの前ゲーム的目標「ボールを穴に入れる」ということを理解するのと同じ程度に美しいとはどういうことかを理解することはできない。ハーカによる「全体としてエレガントな、またば、美しい飛込をする」は「ボールを穴に入れる」とはまったく違うのである。

## パフォーマンスはゲームではないと考えざるを……

以上、スーツの「三つ巴」論文に対する代表的な反論を見てきたわけだが、採点競技をゲームと見なそうという試みはこれまでのところうまくいっていない。が、熱量だけは高い。最初の反論者マイヤーとスーツの応酬は、とりわけマイヤーの側に相当な熱量があったように思われる。〈10〉面白いことに、反論する側には新たな参入者が現れたが、スーツを支持する論者からの参入はほとんど見当たらないし、スーツ自身も反論は一度きりだった。論争は採点競技もゲームであるという立場からのみ続けられたのである。論争がこのような形になったのは、ようするに、反論者たちが誰一人パフォーマンスもゲームであると論証できなかったからであるし、スーツのパフォーマンスとゲームは別という主張が多くの人を納得させたからである。われわれもまた、パフォーマンスとゲームは違うということを受け入れるべきである。

パフォーマンスが他の競技と異なる点としてここでは二点を指摘しておきたい。一つは内容と結果の関係である。パフォーマンスはその全体を通じて優劣が決まるのに対し、ゲームの場合、優劣の決定が基本的に一つの要素に限られていることである。点数を争う競技は点数だけが勝負を決めるし、時間や距離の記録を争う競技ではその記録だけが勝負を決める。野球で何本ヒットを打とうが、サッカーでシュートを何本打ちまくろうが、点数が取れなければ勝てない。つまり、プレイの内容が必ずしも結果と一致しないのがゲームである。逆に、パフォーマンスは内容が結果と一致する。

もう一つは、競技者以外の存在である。ゲームの勝ち負けはプレイヤーだけで決めることができる。勝ち負けは点数を数えていればわかるし、記録も実際に競争すればわかる。他の誰もいらない。密かな二人の決闘のようにゲームをすることが可能だ。他方、パフォーマンスはそれができない。それははじめから第三者として観る者、鑑賞し判定する者を必要とする。その者だけが優劣を決められるからだ。パフォーマンスは観る視線なしに競争できない。つまり、パフォーマンスという競技は観る視線の先にしか存在しない[11]。このことがパフォーマンスをスポーツの外に連れ出す。つまり、すでに何度か触れたように美や芸術と呼ばれているものとの接点を作り出す。

パフォーマンスは程度の差はあれ、美や芸術的なものとして観られることをそのうちに含んでいる。

そのことは、ときにスポーツであることとの間に齟齬をきたす。クレッチマーが指摘していたように、難しさの尺度が美しさの尺度とは別だからだ。別だからといって、美しさそのものを競うことはできない。競うことができるのは難しさだけだが、美しさの尺度を放棄するわけにもいかない。これがパフォーマンスの各競技が大なり小なり抱える課題である。ときに難しさと美しさが一致する幸福な場所を見つけられるかもしれないが、それが安住の地となる保証はない。本質的に異なる二つのものが重なることに根拠はないからであり、重なったとしても、その場所はほんの偶然が開いた場所にすぎないからである。その幸福な場所をいずれ難しさと美しさの不一致という必然が閉じにやってくる。

## まとめ

スポーツにはゲームとパフォーマンスがあると言うスーツに反論しようと試みる論者たちの失敗が示したのは、まず何より、パフォーマンスには前ゲーム的目標がないということである。これは、パフォーマンスのアイデンティティがゲームほど安定的ではない可能性を示唆している。つまり、パフォーマンスは何を競えばいいのかが根本的なところで曖昧なのだ。ゲームなら、ボールを前に運べ、相手にボールを返せ、遠くへ行け、早く着け等々という目的に向かってスキルもトレーニングも戦術も組織される。ルール改正があっても、ルールが改正するのは効率的手段の禁止に関わる部分であり、これら前ゲーム的目標は揺るがない。ところが、何が前ゲーム的目標かがはっきりしないパフォーマンスは、そういうわけにはいかない。

パフォーマンスに目標が何もないわけではない。それぞれに何かしらの難しさを競っている。ただし、その難しさは鑑賞する第三者の視線の先にあるもので、多少の差はあれ、その視線には必ず美しさの尺度が紛れ込む。その結果、パフォーマンスには難しさと美しさの不一致という課題がのしかかる。その課題の重みは競技によって多様である。たとえば、スキーのモーグルやスノーボードのハーフパイプのような競技とアーティスティックスイミングのような競技では、同じパフォーマンスでも難しさと美しさのバランスが大きく違っている。前者は難しさに傾斜しており、たとえば高い跳躍、回転の多さなどの難しさの一部が美しさにコード変換される。同じ技なら高く跳んだ方が美しいし、回転は多い方が美しい。そこで求められる美しさは技に変換できる範囲に収まった美しさである。これらの競技では難しさと美しさが重なる幸福な場所にとどまることができる。しかし、アーティスティックスイミングのような競技だとそうはいかない。揃った動きや高いリフトのような難しさはある程度美しさにコード変換できるだろう。しかし、競技前から独特の所作とメイクでプールサイドに登場することが慣習化しているアーティスティックスイミングの美しさへの訴求はすでに競技をはみ出している。このような競技にとって、難しさと美しさが重なる幸福な場所は狭すぎる。

われわれの考察はルールを手がかりに始まった。本章でわれわれが見たのは、どう探しても前ゲーム的目標がなく、それゆえ構成的ルールがないのに、競争が成り立つパフォーマンスの世界だった。そこではルールはゲームとは違う形で存在する。パフォーマンスにおけるルールと構成的ルールの大きな違いは、前者が目標を作り出すことである。構成的ルールは「構成的」だが、目標から作り出すわけではない。目標はすでにあるからだ。他方、パフォーマンスではルールが目標を創造かつ設定し、それに関連するすべてを組織する。このルールによる目標設定にハーカが考えたような美しさが入り込むわけである。すなわち、どういう美しさを競うのかをルールが決める。〈12〉ハーカはそれを前ゲーム的目標と考えたところに間違いがあった。ルールの前にそれがあるのではなく、ルールがその目標を作るのである。

以上の議論から、ルールについて次のことがらが導かれる。すなわち、ゲームにおけるルールの改変が禁止の仕方を変えることであるのに対し、パフォーマンスにおけるルールの改変は目標自体を再設定することである。ゲームにおけるルールの改変はオフサイドの解釈であったり、用具類の材質の規制などを思い浮かべればよい。これらは戦術レベルでの変更をもたらすかもしれないが、戦術の変更や新戦術の創出はルールの改変がなくとも行われてきたものであり、それらは競技の根本を変えるようなものではない。一方、パフォーマンスのルール改変は、目標そのものの再設定を含むため、この競技は何をどう競うのかということから作り直されることになる。それゆえ、パフォーマンスのルール改変は競技を根底から変える可能性をはらんでいる。〈13〉

本章の議論を通じて、われわれはパフォーマンスについて、二つの知見を得た。一つはパフォーマンスには難しさと美しさの不一致という問題があること、もう一つはルールの改変が競技を根底から作り直すことである。この二つはスポーツにおいてパフォーマンスにゲームとは違う独特の個性を与えるが、同時にその個性はパフォーマンスにとっての苦難にもなる。ゲームに分類されるような競技に訪れることのない苦難がパフォーマンスにはある。とりわけ、難しさと美しさの不一致が大きい競技においてその苦難は顕著となる。なぜなら、難しさと美しさの乖離はルールの改変を動機づけ、ルールの改変は競技を不安定にしかねないからである。次章からはパフォーマンスのなかでも典型的にその苦難を生きる競技として新体操を取り上げて考えてみたい。この考察はスポーツの何たるかについて、新たな理解をもたらすだろう。

注

〈1〉スーツはこの論文でマイヤーの多岐にわたる反論をほとんど相手にしていない。いくつかの論点については、論じるに値しないとさえ書かれている。スーツにとってゲームとパフォーマンスの議論はもう十分に分析できているという判断だったのだろう。それゆえ、応答もこの一度きりで終わることになり、後から出てくる反論に答えることもなかった。

〈2〉マイヤーの論文は多くの論点を示して、パフォーマンスがゲームであることを論じていたが、本文で見るように、その多くは簡単に反論できる程度のものが多く、十分に練られたものとは言いがたかった。それで、スーツも飛込の前ゲーム的目標以外の論点をことごとく軽く扱っている。

〈3〉マイヤーの再反論論文は、スーツの「消えるゴールのトリック」がマイヤーの反論を正しく理解していないという内容が中心であり、マイヤーの主張に変更はないので、ここでは取り上げない。

〈4〉この創造神話の議論は、ゲームとパフォーマンスの両立不可能性を示唆しているだけであって、それ以上ではない。

〈5〉バレーボールや卓球の前ゲーム的目標は相手の陣地にボールを打ち込むことである。バレーボールでは打ち込んだボールが床に落ちればポイントになり、卓球では落ちただけではポイントにならないという違いはあるにせよ、バレーボール的行為、卓球的行為の目的は相手陣地にボールを打ち込むことである点は変わりないだろう。

〈6〉一九七八年に出版された『キリギリスの哲学』では、短距離走がゲームを説明する際の例としてしばしば引き合いに出されている。同書は二〇〇五年に付論の付いた増補版が出版されているのだが、追加された付論でスーツはトラック競技がゲームであること、詳しく言えば、必ずしも一般的にゲームという名称で呼ばれておらず、レース race やダッシュ dash という表現のものをゲームと認めていることについて論じている。スーツにとってトラック競技は、ずっと変わることなくゲームと見なされるべきものだったことがわかる。

〈7〉完走を目指してマラソンやトライアスロンに出場するアマチュア選手たちにとってゴールは到着できるかどうかわからないものであるため、到着は歓喜をもたらすものではあるが、彼らはそもそも勝ち負けとは無縁にそのレースに参加している。加えて、それらは「トラック」競技ではない。これらエンデュランススポーツに参加することがここでのゲームやパフォーマンスの議論にどう馴染むのか、または馴染まないのかということについては興味深い点ではあるが、いまのところ筆者にはそれについて考察する用意がない。

〈8〉じつは、クレッチマーはこの論文から三〇年後に、そもそも前ゲーム的目標そのものがゲームの定義としておかしいのではないかと疑問を向け、『キリギリスの哲学』の「改訂」を提案している（Kretchmar 2019）。そして、この「改訂」志向は一九八九年の論文ですでに始まっていたと書いている。「（一九八九年の「美しいゲームについて」は―引用者補足）パフォーマンスとゲームの間に無用の区別をつけようとする方向へスーツを導くことになった前ゲーム的目標という概念の問題を詳述した」（Kretchmar 2019：288）。たしかに、クレッチマーの議論は前ゲーム的目標到達を成功と到着に分けることで書き換えを試みており、『キリギリスの哲学』の哲学そのものを再検討するという意図があったのだろう。その意味で、マイヤーとは異なる水準でスーツ批判を行っていることになる。それと合わせて面白いのは三〇年後も相変わらず採点競技をゲームと区別することに批判的な点である。

〈9〉たとえば、ピアノ演奏一つとっても音の美しさから曲全体の表現までさまざまな水準での美しさがあるだろう。これが指揮者コンクールとなると直接演奏しないぶんだけ、審査されるべきことがらはいっそう複雑になる。

〈10〉 マイヤーとスーツのやりとりを「ケンカ」と表現する論文もある（Carlson 2013: 107）。

〈11〉 鑑賞としたが、興行としてもいいだろう。パフォーマンスにはしばしば競技ではないイベントがある。フィギュアスケートのエキシビションやアイスショー、体操のガーラなどから、パフォーマンスの競技者たちがしばしば登場するシルク・ドゥ・ソレイユの公演まで、パフォーマンスは観られることの広がりを持っている。スポーツは競技そのものが興行であるわけだが、パフォーマンスは競技だけにとどまらないのである。

〈12〉 ただし、ルールが美しさを明確に定義できるわけではない。それはつねに曖昧さを残してしまう。以下の二つの章で見るように新体操はある時期、美しさをかなり明確に定義していたが、後にその定義は放棄された。定義しきれない美しさの残余が、必ず定義を覆し、ルールの再設定を迫ってくるのである。

〈13〉 第1章で見たように、スーツは構成的ルールとパフォーマンスのルールの作用の仕方の違いを指摘していたが、本書が注目するのは、いわば両者におけるルールのあり方、立ち位置の違い、すなわち、競技の実際のプレイやパフォーマンスにルールの改変が影響する仕方の違いである。改変の程度にもよるが、パフォーマンスのルール改変は選手のパフォーマンスの仕方そのものを根底から変えるものになりうるが、そうしたことはゲームでは起こりえない。

# 第3章　新体操はスポーツである——イデオロギーとしての柔軟性

## はじめに

バーナード・スーツは、スポーツにはゲームとパフォーマンスの二つがあると言った。この二分法に対して反論がいくつも出されたが、どれも成功しなかった。この論争の過程で浮かんできたのが、第2章の最後で見たパフォーマンスにおけるルールの問題であり、難しさと美しさの不一致の問題である。

パフォーマンス、すなわち採点競技は、あらかじめ決められた点数化の規則に基づいて、選手のプレイが点数化されて順位付けがなされる。が、実際に見ていくと採点競技もなかなか多様である。スキーのジャンプやモーグルなどは飛距離やタイムなどが測定される一方、順位付けは距離やタイムではなく、採点による。

スキージャンプの場合、点数のおよそ五〇パーセントは飛距離が点数化されたものである。飛距離は自動的に点数化される。残りのおよそ五〇パーセントにあたる飛型点が審判による採点の対象になる。

それでも飛型の美しさの尺度はシンプルである。空中姿勢はあらかじめ理想の形が示されており、それに近ければよい。着地時のテレマークも決まった形があり、それに近ければよい。空中姿勢にしてもテレマークにしても独自に技を繰り出すようなものではない。それゆえ新しい技が生まれて飛型点の採点が更新されるということも基本的にはない。

そんなジャンプにも二〇世紀の終わり頃に飛型点の採点に大きな変更があった。それはV字ジャンプが登場したときである。変更理由はV字という美しい飛び方が生まれたからではない。板を平行にして飛ぶ空中姿勢が美しかったジャンプにおいて、V字ジャンプは美しくない飛び方だった。しかし、それはより遠くに飛べる飛び方だった。飛ぶ競技であるジャンプは、より遠くに飛ぶ技術を評価する難しさの尺度を美しさの尺度より優先させたのである。ジャンプがゲーム的な色合いの強いパフォーマンスだからこそできた変更である。[1] では、他方でパフォーマンスらしい採点競技というのはどういうものになるだろう。それは競技中の選手のすべての挙動が採点規則に基づいて点数化される競技である。なかでも、その採点要素に「芸術的」という観点からの評価が含まれている競技である。それらは、ときに芸術スポーツ artistic sport とも呼ばれる。[2]

芸術スポーツとされるのは、フィギュアスケート、新体操、アーティスティックスイミングなどで、これらに共通するのは音楽とともにパフォーマンスする競技であることだ。これらの競技にはダンス的ないしバレエ的な要素が多分に含まれている。競技名にアーティスティック（芸術的）という形容詞が付く競技はアーティスティックスイミング以外にも、体操競技（器械体操）artistic gymnastics がある。新体操 rhythmic gymnastics がその名の通り音楽（リズム）なしでは成立しないのに対し、体操競技では音楽は使われない。唯一使われるのは女子のゆかだけである。それもあってか、体操競技を芸術スポーツと呼ぶことはあまりない〈3〉。音楽の使用不使用が芸術スポーツかどうかの大きな要素である。体操競技の名称と分類のねじれは興味深いが、本書の課題ではないので措くとしよう。

芸術スポーツと呼ばれる競技群はパフォーマンスのなかでももっともゲームから遠いところにある。スーツの反論者たちは飛込競技を好んで例に用いていたが、技の難しさの基準が明確にあり、一瞬で競技時間が終わる飛込競技はパフォーマンスのなかでもシンプルな競技である。飛込の技の難しさも明快である。一回転よりは二回転の方が難しいから高得点になる。しかし、芸術スポーツと呼ばれるような競技になると、事態はそれほど容易ではない。それは美しさが占める度合いが大きく、難しさと美しさの不一致がどうしても生じてしまうからだ。なかでも、本書が注目するのは新体操である。新体操を取り上げる理由は、以下の議論から明らかになるように、パフォーマンスのなかでももっとも極北の、ほとんど並ぶもののない位置にある競技だからであり、それゆえパフォーマンスの特徴がもっともよく表れている競技だからである。さて、新体操のルールは、難しさと美しさの不一致に対してどのような答えを出してきたのだろうか。

## 新体操の概要

新体操という名称は日本的な名称である。新体操のかつての英語名は modern gymnastics だったが、それを日本語に訳すにあたって新体操と表記したことに由来する。いまでは、英語名はすでに変更されているが、日本では慣習的に新体操と呼ばれ続けている。また、鉄棒や跳馬など器具（器械）を使う器械体操を体操競技として呼び習わしてきたこともあって、体操競技以外の体操を徒手体操も手具体操も含めてざっくりと新体操と呼び始めたという事情もあったようだ（松村・朝倉 1995: 151）。いまでは世界的に rhythmic gymnastics という場合、女子の手具体操を表すが、日本には男子の新体操もあり、それには手具体操とともに徒手体操も含まれている。比較的日本で認知されている男子の新体操と言えば団体徒手体操であろう〈4〉。とはいえ、本章で取り上げるのはオリンピックの正式種目となっている新体操、すなわち、女子の手具体操としての新体操である。

新体操の成立史を一つの単線的な歴史として示すことは難しい。バレーボールやバスケットボールのように考案者がいれば話は早いが、新体操の誕生に影響を与えたとされる人物を探せばじつに多くの人物名が挙がる。たとえば、リトミックの発案者として知られるスイスのジャック・ダルクローズやダルクローズのもとで体操を学び『表現体操（表出体操）』を著したドイツのルドルフ・ボーデ、新しいダンス表現を目指してダンス学校をベルリン、パリ、モスクワなど各地に設立したイサドラ・ダンカンなどである。こうした人々の活動は新体操の誕生に影響を与えるものではあったが、彼・彼女らに新体操を創ろうという意図があったわけではない。また、手具体操ということで言えばボーデに学んだヒンリッヒ・メダウの体操はボールやこん棒などの手具を使うもので「これと運動技能や芸術性の追求が結び付けられ」ていた点で新体操に近いもののように思える（菅井 2006: 102）。ただし、彼もまたわれわれの知るような新体操の創出を意図したわけではなかった。ドイツでは二〇世紀の初め頃に体操改革運動が盛んになり、ボーデやメダウもそれに関わった重要人物であるが、その運動の成果としてドイツの教育者フランツ・ヒルカーの著した『ドイツ体操』（一九三五）にも手具を使った動きについての記述がある。しかし、これもまた新体操を意図するものではなかった。一方、ソ連には芸術体操と呼ばれた体操があり、おおよそ現在の新体操につながるのはこの芸術体操であったと考えられるが、はっきり遡れるとしてもそこまでである。

一九三〇年代から一九四〇年代にかけてソ連（モスクワ）で女子体操の諸問題が討議されて、「女子体操の簡単なシステムを設置し、芸術体操は女子体操の大切な一部分を構成することに」なった（フェルロヴァー 1984: 9）。だからおおまかに、音楽と手具と体操が結び付いたものがドイツで生まれ、それがソ連に広がっていったと見ていいだろう。そして、二〇世紀後半、東西冷戦下のソ連を中心にした東欧圏で新体操の競技化が進んだ。最初の世界選手権が開かれたのも東欧ハンガリーのブダペスト（一九六三年）であった。

新体操が生まれたのはソ連だったと言えそうだが、「競技」と呼ぶにはまだまだ心もとないものであった。というのも、新体操がどのような競技であるかということについて、つまり、何を争って勝ち負けを決めるのかがまったくはっきりしていなかったからである。一九六三年にはじめての世界選手権が開かれた新体操だが、じつは採点規則がはじめて明文化されたのは一九七〇年だった。採点規則が定められたのがようやく一九七〇年だったというのは、シンプルに驚くべきことである。一九七〇年以前はいったいどうやって国際大会や世界選手権を実施していたのだろうと思ってしまうが、その頃は競技会ごとに採点規則が通知されていたのだった。つまり、一時的なルールしかなかったわけである。一時的でもルールがあるのでその競技会は成立するが、別の競技会にも同じルールが適用される保証はない。

スポーツの共通の特徴として「明文化されたルール」はよく言及される項目だが、それはルールの普遍性がスポーツの競技性の基礎になるからである。それからすれば一九七〇年以前の新体操は、スポーツではなかったとまでは言えないにせよ、少なくとも近代的な競技スポーツとは呼びにくい状態であったとは言えるだろう。

一九八四年のロサンゼルス大会から新体操がオリンピック種目になった。一九七〇年にようやく採点規則が明文化されたことを考えると、そこから一〇年あまりで正式種目化までたどり着いたのはかなり早いと言えるだろう。当初は個人総合のみだった。団体総合も行われるようになるのは一九九六年アトランタ大会からである。それ以降は現在までこの二種目が行われている。

一九八〇年代は名コーチ、ネシュカ・ロベバに率いられたブルガリアが新体操をリードしていた。世界選手権の成績を見ると、一九八〇年代に五回開催された大会のうち、団体総合でブルガリアは四度優勝し、個人総合でもすべての大会で表彰台には二人以上のブルガリア選手が上がっている。しかもそのうち三度は表彰台独占である。この頃のブルガリアはまさに圧倒的だった。しかし、冷戦終結を経て、東欧の政治経済状況が大きく変わるなかで一九九〇年代に新体操は微妙な時期を迎える。母国とも言えるロシアを中心に旧ソ連各国が新体操界の主流に躍り出て、勢力図が大きく変わり始めたのである。一九九九年に開催された大阪での世界選手権の結果を伝える記事にはこの間の勢力変化が紹介されている。「パノパが完全優勝を達成したころ、新体操は「芸術」だった。芸術性一辺倒を改めるルール改正によって台頭した旧ソ連の代表格がビトリチェンコ。さらにカバエワの出現で次は「新・新体操」の時代が始まろう」としている（朝日 一九九九年一〇月四日）。ビアンカ・パノバは一九八七年の世界選手権で個人総合、種目別のすべてに優勝したブルガリアの選手で、エレーナ・ビトリチェンコは一九九七年の世界選手権個人総合で優勝したウクライナの選手である。そしてこの大会で個人総合優勝を果たしたロシアのアリーナ・カバエワ。選手の名前と国籍は八〇年代から九〇年代の変化を示している。また、この記事では「演技を終えて得点が出ると、振りまくような笑顔が一変する。多くは自分を守るような無表情に徹する。そうすることで、選手は自分の出来と得点の違いに折り合いをつけていく」（朝日　同）と、アンフェアな採点の問題に言及する。前日の個人総合では五位だったビトリチェンコが種目別二種目で優勝した理由を「審判が昨日と違ったから」と答えたことについてこの記事は「正直だ」と評している。このように、新体操の採点は決して客観的でフェアな採点というわけではなかったのである。

アンフェアな採点の問題は新体操についてまわっていた。〈5〉一九九二年バルセロナオリンピックでは二位になった地元スペイン選手への採点が不当に高かったとして三位になったウクライナの選手が表彰式での握手を拒否した。この種の問題は新体操に限らず採点競技ではいつでも起こりうることである。二〇〇二年ソルトレイクオリンピックでフィギュアスケートが見舞われたスキャンダルはその種のもののなかでももっとも有名な事件として記憶されているだろう。当初の結果はロシアペアが一位、カナダペアが二位だった。しかし、採点に不正があったとされ、不正に関わったフランスの審判を除いた採点結果の再集計により、両ペアが一位という結果に変更された。国際スケート連盟が審判の不正を認めた形になったことに加え、いったん確定した結果までも改変するという大スキャンダルだった。フィギュアスケートはこれをきっかけに採点方式を抜本的に改めることになったのである。

オリンピックを最重要大会と位置づける競技ではしばしば見られることであるが、そうした競技団体ではルール改正をオリンピックのサイクルに合わせて行うことがある。新体操もその一つで、オリンピック後になされた大きなルール改正とその改正の方針は少なくとも次のオリンピックまで継続される。そして、次のオリンピックが終わるとまた大きなルール改正がなされ、その次のオリンピックまで続くことになる。とはいうものの、大きなルール改正がなされた後にもさまざまな理由から大なり小なり改正が行われる。たとえば、もし何ごともなかったとすれば二〇二〇年東京オリンピックは二〇一七年に作られた採点規則のもとで競技が行われることになっていた。ただし、二〇一八年に改正がなされており、同じ採点規則でも二〇一七年版と二〇一八年版には相違がある。これらを細かく区別して表記すると煩雑になるため、本書では二〇一七年に始まりオリンピックまで続く採点規則を、改正初年の二〇一七年を基準に採点規則［二〇一七］と表記し、それ以前の採点規則も同様に、改正初年のみを表記して区別するものとする。

第2章で見たように、採点競技は採点規則によって競技そのものが左右されるわけだが、難しさの尺度と美しさの尺度の乖離が大きい新体操はその振れ幅の著しい大きさに特徴のある競技である。ここではその変遷を追うことで新体操の動向を見つつ、採点競技におけるルールが向き合う困難について考察する。〈6〉

## 一九九〇年代までの採点規則〈7〉

最初の採点規則［一九七〇］はすぐ翌年に採点規則［一九七一］になり、さらに二年後、採点規則［一九七三］になった。安定的な四年サイクルが始まるのはこの採点規則［一九七三］からである。ここではまず採点規則［一九七三］を確認しよう。採点規則［一九七三］では合計一〇点満点で採点されていた。その内訳を見ると、構成点七点、実施点三点に分かれており、さらに構成点は、難度要素（五・〇）、独創性および技術価値（一・〇）、伴奏と演技の関係（一・〇）という三つの項目に、実施点は、演技の正確性と安定性（一・五）、および一般印象（一・五）という二つの項目に分かれていた。構成点と実施点という大きな区分はその後も長く続いた区分で、新体操の採点にあたってベーシックなものであった。つまり、採点規則は長きにわたってこの大区分を維持しながらそのなかでさまざまな改正がなされてきたのである。

内訳に注目すると、構成点のなかの難度要素が五・〇ともっとも高い割合になっており、これは一〇点満点の半分を占めるものだった。スポーツ競技として考えれば、技や難度を評価する難度要素に比重があるのはごく当然のことと思われる〈8〉。その一方で、実施点に含まれる一般印象というのははっきりしない項目である。エリートレベルの新体操選手だった研究者の村田由香里はこれを「大変曖昧で審判の主観によって大きく左右される内容」と批判的に評価している（村田 2011: 16）。こうした評価基準のはっきりしない項目は新体操の競技の発展とともに消えることになる。

続いて、オリンピックを経験した後、採点規則はどうなっただろうか。二度のオリンピックを経て、ちょうど東西冷戦終結からソ連解体期にあたる一九九〇年代の新体操を方向づけた採点規則［一九八九］を見てみよう。まず、指摘すべきは実施点にあった一般印象という項目がなくなっていることである。審判の主観が入りやすい項目がなくなったということは、新体操が客観的な採点を目指す方向を明確にしたと考えていいだろう。それを裏付ける変更点としてもう一つ大きく変わったのは、七点だった構成点が六・四点になり、浮いた〇・六点分が実施のボーナス点（独創性、熟練度、リスクといった要素に関する加点）として設けられたことである。このボーナス点の設定は技術面に関わるもので、技術向上や新難度開発など新体操の技術面での進化を促すものであった。実際にボーナス点の設定は一九九〇年代を通じた新体操という競技の高度化につながったと評価されている（高橋 2000: 65・村田 2011: 14）。その一方で、採点規則［一九八九］で行われたオリンピックバルセロナ大会（一九九二年）では先に述べたように握手拒否が発生するなど、採点への不満はくすぶり続けており、採点のフェアネスという課題は残されていた。

次に採点規則［一九九七］を見てみよう。このときかつてない大きな変更がなされている。構成点と実施点がそれぞれ一〇点になり、実施点の配分が構成点と同等となった。それまで二倍程度の割合差で配分されていた構成点と実施点はこの改正により同じ配分となったわけである。最終得点は、構成点（一〇点満点）と実施点（一〇点満点）の合計を二で割った一〇点満点となる。それぞれの中身を見ると、変更の方向性がはっきり浮かび上がってくる。

実施点の内容は手具操作の難度や徒手の難度、そして音楽と動きの調和といった実際のパフォーマンスでの出来を評価するもので、その中身は採点規則［一九八九］とそれほど変わるものではないが、比率が増えたぶんだけ、技術面の評価が大きくなっている。その一方で、採点規則［一九八九］で設けられたボーナス加点〇・六点はなくなり、実施点の中に新たなボーナス加点〇・三点として表現度、熟練度が設けられた。以前のボーナス加点から独創性とリスクは消えて、熟練度が残り、表現度という項目が新たに付け加わった。採点規則［一九八九］において構成点を削って独立させたボーナス加点が採点規則［一九九七］では実施点の中に組み込まれた。加えて、計算方法も変更されたためにボーナス加点の比重は小さくなっている。

構成点では技術的価値と芸術的価値という項目が登場している。採点規則［一九八九］においても、構成点のなかに「構成の技術的価値」という項目はあったのだが、芸術的価値はなかった。それゆえ、一見すると、芸術的なパフォーマンスを評価する方向が打ち出されたように思えるが、そう単純な見方はできない。芸術的価値の中身をみると、演技の統一性、左右の手の使用と均衡、手具要素の選択と多様性、身体要素の選択と多様性、アクロバット要素、構成の多様性、演技面の使用などが並んでいる。芸術的価値というわりには手具要素、身体要素、アクロバット要素など技術的なものと受け取れる項目が多く含まれている。これについては、「手具操作の多様性、徒手要素の多様性が構成に変化をもたらし、芸術的価値を高めるうえで重要な要因であるといえる」（高橋 2000: 78）という肯定的な評価がある一方で、「表現や芸術の評価は実施の中のボーナス加点（〇・三）しかなかった」（村田 2011: 17）として、芸術的価値というのは名ばかりだったという否定的な評価もある。このような評価の違いは、採点規則［一九九七］が使用されていた時期に書かれた高橋（2000）とそのおよそ一〇年後に書かれた村田（2011）という時間的な差に由来するが、この時間差は二〇世紀から二一世紀にかけてのおよそ一〇年の間に新体操が経験したものの差である。これについては二〇〇一年以降の採点規則の検討を通じて考察することにするが、ここでは、手具操作の難度や徒手の難度を評価する実施点の引き上げと合わせて考えれば、採点規則［一九九七］がはっきりと難度重視（技術重視）を強めたものだったということを確認しておきたい。

この難度重視という方向性の背景にはオリンピック正式種目化によって競技性が向上したことがある。手具操作そのものは新体操ならではの身体動作であり、その評価を高めるのは妥当な方向であるし、それとともに向上した徒手の技術の評価を高めるのもスポーツとしてまったく自然なことである。実際、この間の新体操における技術の向上や開発は顕著であったのだから、採点規則がより高い技術を評価する方向に変化していくのも当然のことだった。村田（2011）の批判は、だから、たんに技術を評価する流れを批判したのではない。批判の矛先は手具操作や徒手の技術の評価を高める一方で、その技術に支えられてあったはずの新体操ならではの芸術性の評価が軽んじられ、芸術性の評価が技術の評価によって代替されてしまう傾向に向けられていたのである。〈9〉そして、採点規則［一九九七］に続く採点規則［二〇〇一］の改正でその傾向は決定的なものになった。

## スポーツとしてあることと難度

難度重視の方向に沿った採点規則［一九九七］は、しかし、著しく向上した新体操の技術レベルに追いつけなかった。その弊害は、とりわけ上位の選手たちの点数が僅差になりすぎるという形で表れた。たとえば、一九九九年世界選手権の個人総合で優勝したアリーナ・カバエワは四種目合計で三九・九二四点で、五位のエレーナ・ビトリチェンコが三九・六三一点である。一位と五位ですらその差は〇・二九三点しかない。さらに、二位と三位の差は〇・〇五一点、四位と五位の差に至っては〇・〇〇一点の差である。これが一種目での差ならわからなくもないが、四種目を終えてなおこのわずかの差しか生まれなかった。団体でも同じようなことが起きていた。しかもそれはオリンピックの優勝争いでのことだった。ロシアとベラルーシが同点で並び、同点時の順位付けについてあらかじめ決まっていた規則に基づいてロシアが一位でベラルーシが二位となった。

採点競技における〇・〇〇一点の僅差は、たとえば、競泳や陸上トラック競技の〇・〇一秒という僅差とはまったく質が違う。レースタイムの計測された〇・〇一秒差には疑問の余地はない。[10] 写真と時計が冷徹に〇・〇一秒差を突きつける。だが、採点競技の僅差は疑問の余地だらけだ。もともと採点のフェアネスへの不満がくすぶりがちな競技である。本当にその僅差の順位は選手のパフォーマンスに対する正当な結果なのか、もし別の審判が採点していたなら結果が逆転していたのではないかといった疑念が呼び起こされてしまう。新体操も含めた採点競技が悩まされてきた採点結果の正当性や採点者たちのフェアネスに対する疑念は僅差であればあるほど湧き上がるのだ。[11] スポーツ倫理学者の川谷茂樹（2012）によると、スポーツにおいて試合をする目的は、勝ち負けを決定し、それによって強さ（卓越）を決定することである。[12] 新体操であれ何であれ、およそスポーツの勝ち負けとは、それによってその競技的強さを測るものであり、それが正しく測れなければ試合そのものの意味がなくなる。採点に対する疑念がたびたび喚起される環境では勝敗決定に対する不信が蔓延し、新体操が競技であることの意味が問われることになりかねない。

新体操における技術レベルの目覚ましい向上は、採点規則［一九九七］では勝ち負けの決定が困難になるところまで達していた。一九七〇年にようやく採点規則を持つようになった歴史の浅い新体操にとって、そして、オリンピック正式種目としての経験もようやく二〇〇〇年でやっと五回目という新体操にとって、これはじつに頭の痛い状況であった。だから、二〇〇一年の改正に際して新体操が直面したのは、いかにして勝敗決定を可能にするかという課題、言い換えれば、これからも新体操がスポーツであり続けるかどうかということだったのである。ただし、それは簡単ではない。ゲームのようにはっきりした前ゲーム的目標があるわけでもないパフォーマンスは何を目指し、どう評価するかというところから考えなければ規則改正ができない。スポーツであるという前提を外すわけにはいかない新体操にとって、それは重い課題だった。

ここで注意しなければいけないことがある。それは採点規則［一九九七］が技術の向上を考慮していなかったわけではないという点である。いやむしろ、採点規則［一九九七］は技術の向上という現実とかつてなく真正面から向き合った採点規則だった。たとえば、長らく構成点の半分程度の割合でしかなかった実施点を構成点と同等に引き上げたのがその表れである。それは選手の演技において発揮される技術を評価できる採点規則であったのだ。トレドとアントゥアルパ（Toledo and Antualpa 2016）は採点規則の歴史的変遷を検討するにあたって、採点規則を歴史的に二つの時期に分けて議論しているが、彼らが時期を分ける基準としたのは事前に演技構成を審判に提出するようになったときである。そして、それが採点規則［一九九七］からであった。事前の提出が必要になったのは選手たちの技量向上により、「試合において一度演技を見ただけでは、動きを正確に見るということが不可能になったため」（渡部 2009: 68）である。〈13〉この点からも、採点規則［一九九七］がそれだけの技量向上とその技量を採点する難しさを承知したうえで作られたものだったことがわかるだろう。その採点規則［一九九七］をもってしても勝敗の決定が困難になるほどに新体操は進化していたわけで、採点規則を抜本的に改正しなければ競技として危うくなるところに新体操が立っていたのである。この課題にどう応えるかが採点規則［二〇〇一］に課せられていた。では、その規則の中身を見ていこう。

## 新体操の大変革、採点規則［二〇〇一］

採点規則［二〇〇一］では構成点が二〇点（技術的価値一〇点と芸術性一〇点）と二倍になる一方で、実施点は一〇点のままに据え置かれた。構成点と実施点の比率が採点規則［一九九七］以前の二対一に戻ったわけである。ただし、後退ではない。最終得点はそれまでの一〇点満点から三〇点満点へと拡大された。得点全体の幅を大きくすることにより、点数の差がよりはっきり出るように改正された。そのための比率変更であった。しかし、このことは採点規則［二〇〇一］における最大の変更ではなかった。大きな変更はもっと別のところにあったのである。

採点規則［二〇〇一］でなされた大変更は、徒手難度のそれまで以上の重視と、パフォーマンスの中に含めることのできる難度の激増である。それまで実施難度数は二つの条件のもとでそれぞれ四個と八個（上限）の合わせて最大一二個であった。この改正でも表記上は一二個のままだったが、コンビネーション難度として技を三つまでつないで一つとすることが可能になったため、九〇秒（個人）という演技時間のうちに「実質的には約三〇個の難度を実施」（村田 2011: 17）ということになったのである。こうしてプログラムのなかにこれまでとは段違いに多くの難度が盛り込まれるようになり、新体操は限ら

表1　採点規則［2001］までの変化

| 改正年度 | 構成点 | 実施点 | 最終得点 | 備考 |
|---|---|---|---|---|
| 1973 | 7.0 | 3.0 | 10.00 | |
| 1989 | 6.4 | 3.0 | 10.00 | ボーナス加点0.6点設定。1990年代の技術的発展を方向づけた。 |
| 1997 | 10.00 | 10.00 | 10.00<br>（合計して2で割る） | ボーナス加点0.3点は実施点に含む。技術向上を踏まえ難度重視の方へシフト。 |
| 2001 | 10.00<br>（技術的価値）<br>10.00<br>（芸術的価値） | 10.00 | 30.00 | 実施難度上限12個。ただしコンビネーションとして3つまで認める。<br>柔軟性の難度評価の細分化と全面化。 |

（村田（2011）の表を参考に筆者作成）

れた演技時間のなかで次々と技を見せる競技へと変貌した。

加えて、芸術的価値についてもより客観的な採点が可能になるように細分化が進められた。たとえば、足でのキャッチなど手以外による手具操作にそれぞれ加点ポイントが設定されたことである。こうした細分化は採点の客観性を担保することに適している。難度の評価だけではなく、芸術という一見主観的に思える領域においても、客観的に記述できる採点を目指す方向で採点規則［二〇〇一］は作られた。しかし、芸術的価値の名のもとに手具操作が細かくポイント化されたため、「芸術ポイントを稼ぐために表現力や個性を重視するよりも、明確にポイントが獲得できる巧みな手具操作に走る傾向が強くなった」（村田 2011: 17）という批判が生じることにもなった。

採点規則［二〇〇一］によって生じた実施難度の激増についての研究がある。その研究では、採点規則［二〇〇二］のもとではじめて行われた世界選手権（二〇〇一年）の個人総合上位三選手の演技が、その前回大会の上位三選手の演技と比較分析され（金ら 2001）、次のようにまとめられている。「演技の時間は一分三〇秒と一九九九年度と二〇〇一年度で変わっていないが、同じ時間の中、難度の数とコンビネーションを増やしていることによって難度ばかりが目立つ傾向である。また音楽との表現や動作の表現においても一九九九年度の演技に比べて欠けていると言える」（金ら 2001: 38）。勝負のためには難度の数を増やさなければならないという圧力が選手に対して生じる一方、それと反比例する形で、音楽を伴う競技であるという側面が薄められていったのだ。

ここで簡単に整理しておこう。新体操は第一義的にスポーツである。競技スポーツとしてのスポーツである。試合をして勝ち負け＝順位を決める。勝ち負け＝順位という結果は離散的であり、勝ち負けを決める数字も離散的である。このことが新体操の採点に客観性を要求する。そこで、新体操のスポーツ性に関する一つの解釈が浮上する。理想的には誰が採点しても同じ数字になるように採点規則が作られねばならないし、そのように採点できなければならないという解釈である。新体操においてスポーツ的であるためには、採点規則の要求する難度を実施できたかどうか、できれば加点、できなければ加点なし（または減点）ということとの積み重ねで点数が出ることが望ましい。すると、客観的に見てわかる難度の評価に基づく採点システムが新体操の一つの理想的な採点のあり方ということになる。理想的な採点システムが作り上げられていると誰もが思えるなら、たとえ、〇・〇〇一点の差であっても疑念を呼ばないだろう。採点規則［二〇〇二］における難度重視の背景には、このようなスポーツとしての新体操に対する解釈が見て取れるし、採点規則［一九九七］の時点ですでにこの解釈を前提にしていた〈14〉。その採点規則［一九九七］でも足りなかったという事実によって、採点規則［二〇〇一］はいっそうこの解釈を推し進め、一つの演技に三〇もの難度が次々に消化されていく新体操を作ったのである。

そしてもう一つ、難度重視のためにほとんど演技全体を覆い尽くしてしまうほど全面化した要素があった。それが柔軟性である。

## 柔軟性偏重の時代

新体操では長らく「ジャンプ」「ピボット（ローテーション）」「バランス」そして「柔軟性」が徒手難度の四本柱であったが、一九九〇年代になって驚異的な柔軟性を持ったロシア選手たちが登場する。このロシア選手たちの柔軟性を尺度に数値化して評価する方向を採点規則［二〇〇一］は採用した（金ら 2001: 35・松浦 2008: 140–141）。

この方向を推進したのがロシアナショナルチームのヘッドコーチで一九九六年から国際体操連盟（FIG）の技術委員会メンバーになったイリーナ・ヴィネルである（水野 2007: 40・村田 2011: 19）。ロシア語通訳者の水野祐子によれば、ヴィネルは採点規則を「自身の選手に有利となる身体的能力やピルエット（片脚軸の回転系の技）が高く評価される仕組みに変えていった」（水野 2007: 40）。その結果、二〇〇一年以降ロシア選手の優位は顕著になり、国際大会ではロシア選手のミスによってしか他の国の選手が表彰台の中心に立つことはできないほどにまでなった。実際のところ、二〇〇〇年代に開催された世界選手権五大会のうち、団体総合でロシアが一位になれなかったのは二〇〇九年の一度だけ（三位）である。個人総合ではアリーナ・カバエワらがドーピングで失格となった二〇〇一年大会を除いた四大会のうち、ロシア選手以外で表彰台に上がったのはウクライナのアンナ・ベッソノワただ一人だった。四度も大会が開かれたのに、である。また、オリンピックも二〇〇四年アテネ大会、二〇〇八年北京大会のいずれも個人総合、団体総合ともロシア勢が制した。

このように王国と呼ばれるにふさわしい圧倒的な成績を二〇〇〇年代のロシア勢は残している。採点規則改正は四年サイクルなので二〇〇五年、二〇〇九年に新しくなっているのだが、それを勘案してもこの成績は驚異的である。このことは一九九〇年代の世界選手権の結果と比べるといっそう明確になる。団体総合を見ると開催された七回のうち優勝国は、ロシア三回、ブルガリア二回、スペインとベラルーシ各一回と、ロシアも強いが上位は拮抗していた。個人総合の金メダルの回数ではロシア二回に対して、ブルガリア三回（マリア・ペトロヴァの三連覇）、ウクライナ二回であり、団体でも個人でも、ロシアも強国だが、ライバルたちも強く、二〇〇〇年代のような圧倒的な強国というわけではなかった。[15]

このような結果を見ると採点規則［二〇〇二］によって導入された柔軟性の全面化は、水野のようにロシアのためのものだったと言いたくもなるが、そのような批判は一面的である。たしかに、結果的に個人でも団体でもロシアの優位は採点規則［二〇〇二］によって強まった。しかし、それはルールがアンフェアに適用された結果ではない。むしろ、まったく逆である。ルールがフェアに適用された結果、ロシアの成績が優位になったのである。このルールをめぐって、カバエワの固有名が取り沙汰されるのも、彼女がルールの要求する柔軟性をもっともはっきりやって見せたからである。

つまり、柔軟性はきわめてわかりやすくフェアな採点をもたらす魔法の尺度であった。過度な後屈や

アリーナ・カバエワ（ロシア）（写真提供：共同通信社）

極端な開脚は誰にとっても見ればわかる。そのわかりやすさは、オリンピックのときしか新体操を見ないという人々にもはっきり伝わる。それに、採点規則［二〇〇二］は後屈の角度や開脚の角度に従って細かく得点を設定していた。これこそスポーツとしての新体操の採点規則にもっとも期待されていたことであった。だから、柔軟性偏重をロシアのためのものだと見なしていては、事態を見誤ることになる。それはスポーツとしての新体操のためのものだったと見なければならない。

採点規則［二〇〇二］の背景には一九九〇年代を通じた新体操の競技レベルの向上、選手の技術レベルの向上があったことを思い出そう。採点規則［一九九七］のもとで、満点近くの点数を出す選手たちが現れるようになり、上位選手に関して優劣のつけがたい状況、きわめて僅差でしか勝負がつかないような状況が生じていた。選手たちの技術水準の向上はそれ以上の速さで進んでいたのだった。そうしたなかで、柔軟性は誰が見てもはっきりわかり、公正な採点という目的に適している。このように考えるならば、難度を重視するにあたって柔軟性が大きく採用されたことは、十分に合理性も必然性もあったわけだ。

## 柔軟性批判論

スポーツ的な客観的尺度を新体操にもたらすという明確な利点があった柔軟性だが、同時に非常に深刻な問題を新体操にもたらすことになった。その問題の深刻さはそれが引き起こした二つの事態によって説明される。一つは要求される柔軟性のレベルが高くなりすぎ、トレーニングによって獲得可能なレベルではなく先天的資質に大きく依存するようになってしまったことである。それにより、生来的な柔軟性を持たない多くの選手が柔軟性を獲得するためのトレーニングに費やす時間と労力が増えてしまい、選手の体に過度の負担がかかってしまうことになった。それは過度の柔軟性トレーニングにより故障する選手や、エリートレベルで戦えるだけの柔軟性を持たないせいで途中で競技を去る選手を増やすことになってしまった。新体操選手の故障経験について調査に基づいて村田は「あまりにも人間離れした柔軟性や高難度志向のルールは、（略）選手たちの体を壊す事態を招いた」（村田 2017：152）と指摘している。

そして、もう一つの事態は、極端な柔軟性を見せる高難度の技を重ねて繰り出すだけの演技が主流となったことである。[16] 高難度の技はもちろんポイントが高いので、効果的にポイントを稼ぐには柔軟性を見せる技をとにかく多くプログラムに入れることが重要になる。その結果、新体操は柔軟性に基づく技の連続ばかりになり、単調で見るべきもののないものへと変容し、観客から飽きられやすくなってしまった（松浦 2008：141–143 参照）。金ら（2001）が早々に分析していたように、試合でよい成績を得るためには難度を追求する他なく、実際のパフォーマンスは「表現」と呼べるものから遠ざかってしまったのである。

これらの問題は新体操という競技そのものにとって新たに深刻な事態を生み出した。競技人口の衰退はダイレクトにその競技の存亡に影響する。エリートレベル、またはそれに準ずるレベルにまで到達できるか否かは当人の先天的な柔軟性次第ということになれば、早々に競技を離れる選手が増えてしまうだろう。そうなると習い事として競技を開始する幼少期に新体操を選択するインセンティブも低下し、競技の裾野も狭まってしまう。

また、単調なパフォーマンスばかりになり、観客の関心を惹かないものになれば、テレビ中継の減少、放映権料の低下を招き、ひいてはオリンピック競技としての地位さえ脅かされかねない。国際体操連盟（ＦＩＧ）が統括する他の競技と比較してみると、たとえば、歴史の古い体操は男女ともあり、個人総合、団体総合に加えて、種目別にもそれぞれのメダリストがいる。しかし、新体操は女子だけの競技であり、オリンピックでは個人総合と団体総合だけしか行われない。世界選手権には種目別もあるがオリンピックにはない。オリンピックにおけるプレゼンスという点で、新体操は体操に大きく劣っている。

その新体操が見る魅力さえ失うのは放映権と広告によって支えられている現代のスポーツとして非常にまずい。

柔軟性偏重の採点規則を改善すれば、故障する選手を減らせるし、競技をあきらめる選手も減ることが期待できるだろう。さらに、柔軟性ばかりを強調した単調なプログラムもそれなりに多様なものに改善されるだろう。採点規則［二〇〇二］はメリットもあったが、弊害も明らかだった。だから、過度の柔軟性が評価されすぎてしまう柔軟性偏重の方向は採点規則［二〇〇五］、採点規則［二〇〇九］で修正されていった。修正されていったはずだった。しかし、現実には柔軟性偏重は残存してしまった。[17] エリートレベルの元新体操選手で体育学研究者の浦谷郁子によれば、「柔軟として正しく記載されている要素が存在しようとも実際に行われている動作は、採点規則を超越した過度な形で表現され、実施されるとともに、「採点規則を超越した形の動作が理想的な難度として捉えられ」、そのため、「規則で定められているはずの難度が格下げされた状態で評価されているという問題が起こっている」（浦谷 2012: 121）。

この浦谷の指摘は採点規則［二〇〇五］のさらに後に改正された採点規則［二〇〇九］に対する指摘である。この指摘通りであるとすれば、この時期の新体操は審判たちが理想化された過度の柔軟性を持った身体を幻視しながら、現実の選手の演技を評価するということが起きていたことになる。これはほとんど構造的な誤審と言うべき状況だったであろう。なぜ二度の規則改正を経てもなお柔軟性偏重は消えなかったのだろう。

## イデオロギー化した柔軟性偏重

柔軟性偏重残存の背景にロシアを設定すれば簡単にそれらしく説明することができてしまう。ロシアは採点規則を改正しても実際の採点において柔軟性が重視されるよう政治力を駆使して審判たちに圧力をかけていたのだ、だから、採点規則［二〇〇五］以降もロシアは勝ちまくったのだ、と。しかし、これはまったく的外れで空想的な陰謀論的解釈にすぎない。[18] 新体操におけるロシアの存在はたしかに大きいが、それは新体操がソ連で育まれて競技化したという歴史的経緯や実際にロシアに優れた指導者がおり優れた選手を次々に発掘し育成するシステムが整っていることによるものである。歴史的経緯は変えられないし、ロシアの指導者や選手、そして環境が優れているのは否定しようのない事実である。

実際のところ、日本の新体操のトップ選手たちがロシアで長期合宿してトレーニングし、それによる成果が出ているという事実は、端的にロシアの新体操環境の優秀さを示している。[19] ときに一年の大半を過ごすほどのロシア長期合宿が日本の新体操の「強化」なのだ。それゆえ、ロシアが残してきた好成績は競技力とは別の政治力によって作られたものと考えるべきではない。日本を含めて世界中から選手がトレーニングに訪れるロシアの優れた練習環境はロシア以外に世界のどこにもないものである。そうである以上、規則改正後も続いた柔軟性の呪縛の要因をロシアの政治力に求めることはできない。

では、なぜ柔軟性偏重は二度の規則改正を超えてなお亡霊のように生き延び、現実の新体操に影響を及ぼし続けたのか。それは柔軟性偏重が、単なる採点尺度ではなかったからである。柔軟性偏重はそれ以上のもの、いわば思想的なものとして柔軟性主義とでも呼ぶべきものだったのである。

採点規則［二〇〇一］の課題は、前述のように、採点の客観性を担保し、得点の差を明確にすることであった。もしかすると、この規則改正に関わった人々は柔軟性を採点尺度としての有用性という点からのみ考えていたかもしれない。しかし、柔軟性の特別なところは、たとえば、「ジャンプ＋後屈」のように他の徒手難度と組み合わせることができたり、一八〇度以上の開脚を伴う手具操作といったような組み合わせもできるので、パフォーマンスのなかに遍く存在することができる点にある。しかも採点規則［二〇〇一］では、点数アップのために次々に難度を繰り出さなければならない。こうして柔軟性は新体操のパフォーマンスの全体に現れるもっとも支配的な身体所作となり、新体操を占有したのである。あたかも柔軟性こそが新体操であるかのように。

柔軟性は客観的な評価基準を新体操にもたらすことでスポーツとしての新体操に力を与えた。柔軟性による難度評価によって新体操のスポーツ性も担保した。まさにこのことによって柔軟性は思想以上の思想、すなわち、イデオロギーとしての柔軟性主義に変化したのである。

ここで言うイデオロギーは単なる間違った意識などではないし、思想信条のようなものでもない。それは実践的な活動を伴う誤認の枠組みと言うべきものである。イデオロギーは誤認から現実を作る。すなわち、次のようなことである。柔軟性主義イデオロギーが発する「柔軟性こそ新体操である」というメッセージは、新体操を誤認させ、その誤認のもとで、あたかも柔軟性こそが新体操であるかのような現実が出現する。もし、「柔軟性こそ新体操である」という命題の真偽を尋ねられたなら、真であると答える人はいないだろうし、きっと採点規則［二〇〇一］の当時もほとんどいなかっただろう。当時から柔軟性を重視しすぎる採点規則［二〇〇二］はその非芸術性を批判され、新体操らしくないと批判されていたのだから。たとえば、二〇〇四年のオリンピックイヤーにブルガリアの新体操を取材した記事によると、「ジャンプや柔軟性が重視され、採点ルールが細分化された現代の新体操は、体力に任せたサーカスのようだという声は少なくない」（朝日 二〇〇四年一月一五日）。しかし、そうした声は現実の新体操にほとんど力を持たなかった。

スロベニア出身の哲学者スラヴォィ・ジジェクのイデオロギーの説明がここでは有用であろう。「彼らは事物の現実的な姿をよく知っているのに、知らないかのように振る舞う」（ジジェク 2000：53）。これを新体操に置き換えてみればこうなる。彼らは「柔軟性こそが新体操」ではないことをよく知っているのに、そのことを知らないかのように（＝「柔軟性こそが新体操」であるかのように）振る舞う。柔軟性主義イデオロギーのもとで、選手はその必要がないと知りながら採点規則が求める以上の柔軟性を見せようとする。審判たちはその必要がないと知りながら採点規則が求める以上に選手の柔軟性を評価しようとする。こうして、柔軟性がイデオロギーへと昇華することにより、採点規則を超えた柔軟性が誤審であるにもかかわらず評価されてしまう状況が続いたのである。

柔軟性は採点規則を超えてイデオロギーとして新体操に作用し続けた。しかし、柔軟性主義イデオロギーは自足的に機能したわけではない。それが機能し続ける環境によって支えられていた点に留意しなければならない。それは新体操が難度重視の姿勢を維持し続けたことである。新体操はオリンピック競技である以上、スポーツであることをやめられない。自らをスポーツとして作り上げる他ない。ルールに制御された身体運動に基づく競争であること。新体操のパフォーマンスは第一義的にスポーツとして、競技として行われる。だから、さまざまな技術を難度として採点規則に書き込むことで評価と採点を可能にし、順位付けを可能にすることが目指された。選手の技術向上により差をつけることさえ困難になった一九九〇年代の状況の克服が、二〇〇〇年代の新体操の重い課題として残り続けた。そのことが難度重視の姿勢の維持につながったのである。

採点規則［二〇〇五］と採点規則［二〇〇九］において、難度重視がどれほど続いていたかを確認しておこう。採点規則［二〇〇五］では、複数の難度を組み合わせるコンビネーション難度こそなくなったが、そのかわり実施難度の上限が一八個に引き上げられた。そして、採点規則［二〇〇一］からあった「特別な芸術的特徴」は配点が三点から七点へと引き上げられた。ここで言う「特別な芸術的特徴」の中身は手具使用、熟練度、独創性という三つの項目を含むものだった。ようするに、手具に関する内容であった。配点が引き上げられたことによってポイント獲得という点からの重要性が増したが、そのぶん難しい手具操作はますます技術の色合いを強めることになった。すでに一九九〇年代から「芸術的価値」と分類されるものの中身が技術的なものではないかという指摘はあったが、二〇〇〇年代にはいっそう技術的になっていったうえに、採点上の重要性まで増していったのである。手具操作があまりに技術的なものになったので、採点規則［二〇〇九］からは芸術としてではなく難度（D得点）のなかで身体難度と並ぶもう一つの難度として扱われるように変更された（村田 2011: 18)。その際に、「最高一〇点までの手具操作をすることが許可された」ために、徒手難度に加えて「更に難しい操作を数多く演技する必要性が生じ」、そのため演技が「機械的な要素（演技要素）の羅列」となっていった（浦谷 2011: 62)。

このように、採点規則［二〇〇五］から採点規則［二〇〇九］にかけて、難度を重視する傾向が新体操のなかでますます強まっていったのである。

## まとめ

採点競技（パフォーマンス）における難しさと美しさの不一致の問題から、ルール＝採点規則がどのように作られるのかを考えるのがわれわれの課題であった。その課題に取り組むべく、本章では二〇〇〇年代までの新体操の採点規則を振り返った。新体操で難しさと美しさの不一致の問題が顕になるまではしばらく時間がかかった。きっかけは一九八四年からオリンピックの正式競技となったことで、そのときから競技性の向上が著しくなり、技術がどんどん向上していった。採点規則の改正は主に技術向上に追従することに専心したが、一九九〇年代終わり頃には順位付けさえ困難な状態になっていたのであった。そこで採点規則の大改正が行われ、採点規則［二〇〇一］が作られた。その目玉は、審判の主観に依らず差が明瞭に表れるような客観的な技術評価の尺度の導入、すなわち柔軟性の全面化だった。採点規則［二〇〇一］までは、難しさと美しさの不一致の問題よりも、難しさの評価をどう作るかが焦点だったのである。

新体操の演技のあり方を大きく変えることになった採点規則［二〇〇一］だったが、しかし、パフォーマンスのあらゆる場所に出現する柔軟性の全面化は新体操に深刻な弊害をもたらした。採点規則［二〇〇一］に対する批判の声が起こり、その一つが「柔軟性が全面化した難度だらけの新体操にはかつての芸術性がない」というものだった。ここでようやく、新体操は難しさと美しさの不一致の問題に改めて向き合うことになったのである。

過度に柔軟性が全面化した採点規則［二〇〇一］を改めるべく、二〇〇五年、二〇〇九年と二度の規則改正を経たが、柔軟性は新体操の中心に居座り続けていた。もはや採点規則［二〇〇一］のような柔軟性の全面化を許すような採点規則ではなかったはずなのに居座り続けたのである。この事態にわれわれは柔軟性主義イデオロギーの存在を認めた。一つの尺度にすぎなかった柔軟性は、難度重視に支えられて新体操を覆い尽くし、ついにイデオロギーとして機能するに至ったのである。われわれの注目する、採点競技における難しさと美しさの不一致の問題は、この柔軟性主義イデオロギーと取り組むことを通じてより深く考察できるはずである。

次章では柔軟性主義イデオロギーをより詳しく検討し、規則改正が競技そのものを作り直すというパフォーマンス独特の現象を見つめることにしたい。

注

〈1〉 スキージャンプなら前ゲーム的目標は遠くに飛ぶことと言うことができるだろう。ただし、その効率的手段を禁じるのが飛型に関するルールかと言うと、そうでもない。評価の高い左右にぶれない空中姿勢は飛距離を稼ぐのに有用であるからだ。羽のようなものの使用は禁止されているのでその意味では効率的手段の禁止が含まれているとも言える。とはいえ、飛型点に関するルールは構成的ルールではない。かといって、最終成績に関わる飛型点の部分にそれらしい前ゲーム的目標はない。というわけで、ゲーム的な色合いの強いジャンプもスーツ的にはパフォーマンスになるだろう。

〈2〉芸術スポーツという名辞は制度的なものではなく、慣習的なものであり、明確に定義されたものではない。が、芸術スポーツを分析のために定義した例はいくつかある。たとえば、自身もフィギュアスケート選手としての経歴を持つ町田樹は芸術スポーツを観戦した人々がさらなる芸術鑑賞行動に向かう度合いを研究するにあたって、芸術スポーツを次の三つの要件を挙げて定義している。すなわち、「①音楽を用いた上で、②独自のルールに基づいたパフォーマンスを実施し、③思想や感情、物語を表現する」の三つである（町田 2018）。

〈3〉芸術スポーツという表現そのものがまだ慣習的に根付いたものとは言いがたいので、その意味するところ、その語が含む競技についてはまったく固定的ではない。芸術スポーツという言葉そのものが消失する可能性も大いにあるだろう。

〈4〉二〇一〇年にTBSで制作されたドラマ『タンブリング』は男子新体操を取り上げたドラマであったが、登場人物たちが行ったのは手具体操ではなく団体徒手体操であった。

〈5〉二〇〇二年に釜山で行われたアジア大会での新体操団体総合についてアンフェアな採点があったことが伝えられている（読売夕刊 二〇〇二年一〇月一〇日）。これは後述するように、よりフェアな採点の実現を意図した採点規則［二〇〇一］のもとで起きていた。

〈6〉ここでは個人の採点規則を見ていく。新体操の団体には、手具交換のような団体ならではの要素があるが、競技のあり方そのものを考えるには団体の採点規則を中心にする理論的必然性はなく、よりシンプルな個人で足りるからである。

〈7〉この節は高橋衣代（2000）と村田由香里（2011）の先行研究を下敷きにしている。

〈8〉新体操においては技術は難度 difficulty として表現される。それゆえ、難度という言葉が技術や技を意味するものとして使われることが多い。本章の議論も難度と技術と技をとくに区別することなく使うことになるので、その点を注意されたい。

〈9〉 ここで言う「あったはずの新体操ならではの芸術性」とは何か。それは後に見るように、繰り返し事後的に参照される一九八〇年代のブルガリアの新体操によって体現されていた芸術性である。その中身については、次章で触れる。

〈10〉 厳密に言えば、疑問の余地がないわけではない。たとえば、競泳の場合、ゴール時のタッチする手の具合で計測機器の反応が変わってしまうことがあるのはよく知られている。

〈11〉 それが極端な形で表れてしまったのが、二〇〇二年ソルトレイクでのフィギュアスケートのスキャンダルだった。

〈12〉 試合をしなければどちらが強いかわからない。そして、強さは試合を通じてのみ決まる。試合とその結果、つまり、試合の勝敗が「強さを創造的に決定する」のである（川谷 2012: 71)。なお、この議論については後の章でも取り上げる。

〈13〉 この事前申告は採点規則［二〇一七］では廃止された。選手は事前に申告した通りの演技をする必要がなくなったので、極端なことを言えば、パフォーマンスの途中で予定変更することも可能になった。その一方で、審判の技量が求められることになる。

〈14〉 一九九九年の世界選手権直前に書かれたカバエワの優勝を予想する記事には次のようにある。「独走を続ける彼女（カバエワのこと―引用者注）を後押しするのは、アトランタ五輪後に改正されたルールだ。芸術性主体の評価はスポーツの本筋に反すると、技の難度が以前より重要視されるようになった」(朝日 一九九九年九月二八日)。

〈15〉 二〇一〇年代に入ると状況は少し変わる。二〇一〇年代に開催された世界選手権の成績を見ると個人総合は相変わらずロシア勢が金メダルを取り続けているし、ほとんどの大会で三位までに二人はロシア選手という状況に変わりはないが、表彰台に割って入る選手はウクライナ以外にも、ベラルーシ、アゼルバイジャン、イスラエルと多様化している。団体総合は二〇〇九年からイタリアが三連覇するなどロシアだけが強いという状況はやや変化している。

〈16〉ブルガリアの新体操選手であったベラ・アトキンソンはインタビューで次のように話している。「生まれつき並外れた適性のない選手、例えば、カバエワのように特別の柔軟性を持っていない選手にとって、新体操を行うことは、非常に難しいものになってしまいました。その結果として、選手は、ほとんど一つの、そして同じエレメントを実行し始めたのです。ルールブックの技術的価値の項目から、エレメントを単純にピックアップすることによって（略）」（渡部 2009: 169）。

〈17〉二〇〇〇年代の後半も続いたロシアの好成績は、この隠れた柔軟性偏重の影響があったことが推測されるが、検証できていないので、推測の域を出ない。

〈18〉先に見た、ヴィネルがロシア選手を勝たせるために採点規則［二〇〇一］を自国選手に有利なように変えたという水野の指摘は、ロシア陰謀論的な見方に引き込まれやすい点で注意が必要である。

〈19〉フェアリージャパン（新体操日本代表）は団体の選手で半年、個人の選手に至ってはほぼ一年の一一ヵ月を海外合宿するが、そのほとんどはロシアに滞在してトレーニングを行う。https://www.pola.co.jp/special/fjp/feature/（二〇二〇年五月二一日閲覧）

# 第4章　新体操は何を競うのか——美をめぐるヘゲモニー闘争

## はじめに

二〇〇〇年代、柔軟性は採点規則上の尺度であることを超え、批判を浴びながらも二度の規則改正を超えて新体操を覆い続けた。この状況の根底には難度を重視する姿勢があったと前章で指摘した。新体操はスポーツらしくさまざまな難度を設定することで選手の演技を客観的に評価しなければならない。柔軟性主義イデオロギーはスポーツらしさの縛りと手を結ぶことによってイデオロギー化し、生きながらえた。本章では、このことをさらに突っ込んで考えてみたい。

二〇一〇年代になり、採点規則は例によってオリンピックイヤーの翌年、二〇一三年、二〇一七年に改正された。その規則のもとで実施されている新体操に柔軟性主義イデオロギーの影はない。何がこの変化をもたらしたのか。最初に検討するのは、芸術かスポーツかという新体操を悩ませてきた二項対立である。それは競技者の側からも見る側からもずっと前提とされてきた。この二項対立自体の虚構性を明らかにすることから始めたい。

## 難度重視批判と芸術性

元新体操選手で研究者の渡部愛都子は「採点スポーツという枠組みの中で」「スポーツ的な成果しか取り上げられないために新体操が持つ本来の芸術性」が不可視化されていくことに新体操の変質を見た。スポーツらしさが重視され、採点の客観性が担保されやすい技術的な面に採点の比重が置かれるせいで、採点に表れにくい芸術性が軽んじられているというわけである。また渡部は、新体操において「「勝てる演技」と「芸術性の高い演技」にはきわめて大きい溝がある」とし、新体操から芸術性が失われつつあり、それが競技の衰亡を招いているとしている（渡部 2009: 3-4）。難度重視に問題があると見るこの立場は、新体操の芸術性、つまり、美的なものが新体操の本質であるとし、新体操らしさとしての芸術性をスポーツ的難度重視が蝕んでいると考える。

この批判は、柔軟性を改めたところに新体操の未来があるなどと楽観的な展望を持たない点で正しい。新体操の芸術性が侵食されることを危惧するこの立場は、難度重視に支えられた柔軟性への批判を予感しながら、新体操の芸術性をめぐる問題を提起する。村田由香里（2011）の採点規則への批判が、芸術的価値とは名ばかりでその内実が技術的評価にすぎないことに向けられていたのも、このような立場からであっただろう。

それにしても、新体操の芸術性を競技の本質と見る立場における「新体操の芸術性」とは何だろうか。

論者によって幅があるのだが、一言で言えば、それは得点化しにくいがパフォーマンスを通じて現れるものである。渡部（2009）なら「モダリティ」と呼ぶものであり、松浦たか子（2008）であれば「つなぎ」と呼ぶものである。〈1〉渡部（2009）はモダリティの例として、団体でのリボンの交換の場面を取り上げる。「交差するリボンは「人との関わり」を表現し、交換によって絡んだリボンが離れていくことは「別離」を表現する」（渡部 2009: 73）。採点規則の枠内でパフォーマンスしながら、そのパフォーマンスは新体操以上のものを表現する。これがモダリティの意味するところである。他方、松浦は、つなぎを「マリア・ペトロヴァが九〇年代はじめにフープの演技で演じた、あの音楽がどんどんどん激しく高まっていく中で、不意に手具と体の動きを止めたときに見せたもの」に象徴的に見る（松浦 2008: 144）。ペトロヴァの見せた静止は難度としては無意味であるが、パフォーマンスとしては雄弁である。これらに共通するのは、「表現」に新体操の芸術性を見る点である。新体操はスポーツとしてのパフォーマンス以上の何かを表現するパフォーマンスでなければならない。そこで、この立場を難度重視に対して表現重視と呼ぶことにしよう。〈2〉

渡部にしろ、松浦にしろ、新体操の芸術性を語るときに理想的にイメージされているのは一九八〇年代のブルガリアである。当時の新体操を「芸術性とスポーツ性のバランスがもっともよく取れていた時代」（松浦 2008: 136）として広く新体操関係者が好意的に言及してきた。このことは二〇一七年から国際体操連盟（ＦＩＧ）会長を務める渡辺守成の発言にも見ることができる。「私がブルガリアに留学し、新体操に関わるようになった一九八〇年代は新体操とは芸術作品そのものでした」「私が理想とするのは、芸術と身体、手具三つの要素が等しく評価されることです。そして、私が初めて演技を見た時のように人々の心を震わせる競技にしたいと思っています。芸術性と美しさこそが新体操独自のものであり、それがなければ他の競技と変わりません」（毎日 二〇一八年三月四日）。リボンで別離を表現したのはブルガリアだったし、ペトロヴァもブルガリアの選手だった。[3] 難度重視の新体操に芸術性重視の新体操を対置するとき、そこでいつでも参照されるのが一九八〇年代のブルガリアなのだ。そして、その新体操は技を見せるものではなく、技を通じて何かが表現されるものであり、その表現行為に芸術性なり美なりが宿るものだった。

## スポーツ化の先の非スポーツ化

柔軟性が難度重視と結びついて新体操から芸術性が失われたと考える表現重視の立場は、新体操を貫く亀裂、すなわちスポーツであることと芸術性との亀裂を見つめている。[4] 採点規則［二〇〇一］がもたらしたもっとも新体操らしくない場面、スポーツと芸術性の亀裂が露わになった場面として、渡部は採点規則［二〇〇二］の申し子カバエワのある演技シーンに注目する。[5] それは、手具が手から離れたときの足踏みである。渡部によれば、それは意図あるステップではなく、ただの足踏みだった。足を動かしているだけの足踏み。その最大の目的は「手具が落ちてくるのをしっかりと凝視しながら、移動してキャッチすること」であり、「加点を得るという目標の延長上にしかない」動きである（渡部 2009: 107)。演技が何らかの表現を目指すようなものであったならとても許されそうにない凡庸なこの動きが、高得点のために必要とされた。落ちてくる手具を見ながら足踏みしているカバエワには曲芸的価値さえ感じ取れないが、カバエワはこの演技でオリンピック金メダリストになる。カバエワの演技はスポーツ的すぎて芸術性がないと渡部は断じるが、本当にそういう図式で理解するのは正しいのだろうか。このシーンは、たしかに新体操が持っていたはずの芸術性がスポーツ性に屈服させられていることをストレートに表しているように見えるが、本当にそうだろうか。このシーンにおいてなされていることを考えてみたい。それは本当にスポーツ的すぎる新体操の一場面なのだろうか。それとももっと別の何かだろうか。

このシーンは投げた手具を確実に受け取ることのみが目指されている場面であった。手具を投げて取るという目標、ただし、動きながらという制約のもとで。前ゲーム的目標と効率的手段の禁止と言えば、バーナード・スーツのゲーム定義そのものではないか。いわば、このシーンは「手具投げキャッチゲーム」と呼ぶべきものであるように思われる。このゲームは高く放り上げた手具を動きを入れた上で体のどこかでキャッチするというシンプルなゲームである。新体操はゲームではなくパフォーマンスだったはずだが、この手具投げキャッチゲームだけを取り出してみればたしかにスーツ的な意味でゲームだ。このゲームは投げる高さや投げ方、取り方次第でもらえるポイントが変化する。そういうゲームである。採点規則［二〇〇二］は、これ以外にも、新体操という枠組みのなかにこのような事実上のサブ（下位）ゲームを多数作り出した。ジャンプ、ピボット、バランス等々で複数の徒手難度サブゲームと呼ぶべきものが生まれていたし、手具投げキャッチゲームのような手具難度ゲームと呼ぶべきものが生み出されていた。それらは個々に固有の目標と固有の制約を設定していた。金ら（2001）が指摘した「難度の数とコンビネーションを増やしていることによって難度ばかりが目立つ」演技とは、新体操の演技全体がこれらサブゲームの集合体で構成されたかのような演技のことである。〈6〉

さまざまな競技（ゲーム）にはしばしばサブゲームが含まれる。チーム競技の例を見るとわかりやすい。たとえば、サッカーの1対1の場面はフェイントやドリブルを中心にしたサブゲームと言えるし、ディフェンスラインの上げ下げはオフサイドを取れば勝ちというサブゲームと見ることができる。野球に至ってはサッカー以上にサブゲーム場面が豊富にあるだろう。投手と打者のヒットゲーム、走者と捕手の盗塁ゲーム、打者走者と内野手のボテボテ内野ゴロゲーム、外野手と走者のタッチアップゲーム、投手と走者の牽制ゲーム等々。さまざまな競技にこのようなサブゲームがあり、サブゲームの豊富さや面白さがその競技自体の豊かさともつながっているだろう。しかし、新体操において、採点規則［二〇〇二］が作り出したサブゲームはそういうサブゲームとは少し違っていた。

野球やサッカーは多くのサブゲームを内包しているが、競技自体はサブゲームの総和以上のものである。なぜなら、サブゲームで勝ちまくることがその試合に勝つことを必ずしも保証しないからだ。「内容で勝って試合で負けた」というようなことはいつでも起きる。サブゲームの結果と試合の結果が重なり合わないその不確かさはこうした競技の面白さの一つであり、試合をする意味でもある。

そして、新体操もサブゲームの総和がそのまま演技全体というわけではない。たとえば、「つなぎ」がサブゲームではない新体操の要素としてあったからだ。しかし、採点規則［二〇〇二］のもとでは、パフォーマンスであるはずの新体操において、サブゲームの総和がそのまま演技となり、点数となった。(7) サブゲームの結果が試合の結果に直結したのである。「つなぎ」を失ったというのはこういうことである。採点規則の許容する回数だけサブゲームを行って点数を稼ぐ。新体操はそういう営みになったということだ。そして、もっとも大事な点は、新体操の芸術性を擁護する立場が考えるように、この営みが芸術的か否かということにはない。そうではなくて、この営みがそもそもスポーツ的か否かということである。

渡部（2009）はカバエワの「手具投げキャッチゲーム」の演技について「常に手と肘が伸びきり、波動等の工夫がなされていない」と指摘している（渡部 2009: 108）。その指摘の意味するところは柔軟性を最大の武器とするはずのカバエワからその柔軟性の魅力さえ固い腕と手の動きによって消えていることへの気づきである。一九六〇年代から一九七〇年代にかけて競技化を推し進めた新体操が徐々にスポーツらしさを獲得する経緯のなかで、「例えば、手具を高く投げ、キャッチすることを導入し、新しく、そしてより複雑な手具操作の方法」が新体操の重要な一部になっていく（渡部 2009: 125–126）。言うなれば、手具の曲芸的アクロバット的操作技術と新体操ならではの回転や波動などの動きの融合こそ新体操的なスポーツらしさの一部だったはずなのである。古くは一八世紀から多くの人々によってさまざまな可能性を模索されながら展開してきた体操史があり、そのなかで音楽、ダンス、手具との種々の出合いを重ねて成立してきた新体操の歴史がある。この歴史から新体操はスポーツたる基本的な条件を得ている。ところが、「手具投げキャッチゲーム」のシーンは、このような新体操の歴史の外側にある。それは新体操というより、放り投げた豆を口で受けて食べる遊びに近い。スポーツ的であろうとした新体操が生み出したカバエワのこのシーンは、柔軟性すら忘れたその伸びきった腕と足踏みによって、その意図するところを裏切り、スポーツから遠ざかろうとしてしまっている。〈8〉

もちろん、これはカバエワ個人に帰すべき問題ではない。彼女はただスポーツの求める倫理、すなわち、ルールの範囲で勝つことを目指すという倫理に忠実だっただけだ。〈9〉カバエワは主観的にはスポーツを、新体操というスポーツをしていただろう。だから次のように言うべきである。新体操をスポーツらしくするはずだった採点規則［二〇〇一］は、スポーツ倫理に従順な選手たちの演技から、当のスポーツらしさを遠ざけることになってしまった、と。このことこそ採点規則［二〇〇一］の問題なのである。〈10〉スポーツらしさを担保するための柔軟性に偏重した難度重視の採点規則は、その意図とは正反対に新体操に非スポーツ的な身体所作を招き寄せてしまった。この責任はカバエワはもちろんのこと、当時の技術委員会といった特定の組織に帰すことなどできない。この逆説は新体操、ひいては採点競技固有の困難そのものから生じているからである。

このように見てくると、新体操はスポーツか芸術かという対立のなかで揺れ動いているかのような見方は正確ではないことがわかる。新体操の困難はスポーツか芸術かという二項対立のなかにあるのではない。それは一面的な見方であり、ステレオタイプにすぎない。芸術性を重視すればスポーツとしての客観性が犠牲になると考えてしまうと、真の困難が見えなくなる。新体操の真の困難はスポーツ的であろうとすることでスポーツでなくなってしまうという逆説にある。この逆説を見失うと、採点規則［二〇〇一］が触れてしまった問題の核心も見えなくなる。

では、その問題の核心とは何だろうか。問題がスポーツか芸術かの二項対立ではないとすれば、問題は何なのか。それは難しさと美しさの不一致という点からしか見えてこない。新体操のような競技は採点競技のなかでもとりわけこの不一致が重くのしかかる競技だ。このことからもう一度考え直してみよう。

## 柔軟性主義イデオロギーの罠

柔軟性は難しさの尺度として新体操を席巻したと考えられていたが、実際には、採点規則が改正されても消えず、難しさの尺度以上のものと化していたのだった。ここにわれわれは柔軟性主義イデオロギーを見出した。そして、柔軟性主義イデオロギーは、柔軟性に関する規則を変えても、一貫して変わらぬ難度重視の姿勢に支えられて新体操に居座り続けたのだと前章で分析した。この分析をさらに、難しさと美しさの不一致の問題から掘り下げなければならない。

芸術かスポーツかの二項対立で難度重視を捉えるならば、柔軟性主義イデオロギーは難度の権化であり、いきすぎたスポーツ化の産物であるように見える。しかし、二項対立は捨てて、難しさと美しさの不一致から見直すと、柔軟性は難しさと美しさの折り合いをつけるものという視点を得ることができる。なぜなら、難しさの尺度たる柔軟性は、それが同時に新体操的美しさを兼ねたものとなることによって、難しさと美しさの不一致に対する答えになるはずだからだ。柔軟性主義イデオロギーの強さは、それが難度重視に支えられる一方、同時に、新体操の美しさを支えるイデオロギー的空想（ジジェク 2000）でもあったことにある。何が新体操の美なのか。この問いに柔軟性主義イデオロギーは答えを与える。柔軟性が新体操の美なのだ、と。

柔軟性は難度の尺度だっただけではなく、新体操の芸術性も書き換えたのである。上書きしたわけだ。前章で柔軟性主義イデオロギーは「柔軟性こそ新体操である」というメッセージを発し、人々を誤認させたと書いたが、このメッセージにはもう一つ、「柔軟性こそ新体操の美である」というメッセージも含まれていたのだ。それによって、柔軟性は新体操における美をめぐるヘゲモニー争いに勝利したのである。スポーツか芸術かの二項対立にとらわれている限り、柔軟性が難度重視とのみ関係しているものと見えてしまい、美のヘゲモニーの問題が見えてこない。もちろん、柔軟性は難度重視と密接に関わっているから、それに目を奪われ、われわれはつい柔軟性を、新体操をスポーツ化して芸術性を失わせるものだと考えてしまう。柔軟性主義イデオロギーが、イデオロギーらしさを発揮するのはまさにこの点である。柔軟性主義イデオロギーは柔軟性があたかもスポーツの側、新体操の芸術性とは正反対の側にあるものであるかのように偽装していたのである。過度にスポーツ的であろうとしたせいで柔軟性が重視されたのだ、と。

スポーツとしての新体操＝難度重視＝柔軟性……①

①の図式は柔軟性主義イデオロギーの見せるフェイクである。[11] スポーツとしての新体操が難度を重視するのは当然である。そこは間違いではない。しかし、それは柔軟性のみに支えられるものではまったくない。にもかかわらず、あたかもこの三項を等号で結べるかのように見せたのが柔軟性主義イデオロギーであった。そして、この裏に隠された柔軟性主義イデオロギーの核となる図式が②である。

新体操の美しさ＝柔軟性……②

イデオロギーのイデオロギーらしさ、イデオロギーの罠とはこういう多重化である。イデオロギーは自らを批判させるための図式をあらかじめこっそり用意するのだ。この場合であれば、①の図式がそれにあたる。採点規則［二〇〇一］を批判する人々は、難度重視が柔軟性の全面化に覆われた新体操を作り出したとして、新体操の芸術性の回復を目指して批判する。難度重視を書き換え、柔軟性を弱めれば、スポーツ的な新体操は芸術性を回復するだろう。そういう夢を人々に見させる。①の図式に乗っかった批判、すなわち、新体操の芸術性を回復させようという立場からの柔軟性批判は、まんまと罠にはまり、まるでスポーツとしての新体操を危うくさせる批判であるかのような立場に追いやられてしまう。すなわち、「いまの新体操は難度重視が過ぎて、スポーツ的になりすぎ芸術性が失われてしまった」という批判は、「芸術性を回復すると新体操はスポーツでなくなってしまう」という反批判を食らってしまう。こうして柔軟性主義イデオロギーは、柔軟性に対する批判を空転させる。だから、柔軟性主義イデオロギーを乗り越えるには②の図式をターゲットにしなければならない。すなわち、新体操の美の定義を柔軟性から奪い返すこと、美のヘゲモニーを握り返すことである。

## 美の再定義

亡霊のように生き残る柔軟性主義イデオロギーを乗り越えるには、柔軟性に代わる美の基準を確立すること、柔軟性によって書き換えられた新体操の芸術性をさらに上書きすることが必要だった。そしてもう一つ、そこで肝心なのはその新しい新体操の美、上書きされた美が難度重視にも適合することである。すなわち、難しさと美しさが柔軟性以上に重なり合うものでなければならない。新体操がスポーツである以上、選手のパフォーマンスを評価し点数化し、順位付けするには選手のパフォーマンスを適切に分節化できなければならない。そのためのいわば「文法」が難度である。難度重視自体は悪でも善でもない。スポーツとしての新体操の当然の姿勢である。新しい新体操の美は、美のヘゲモニーを奪取することとともに、難度重視とも折り合って、スポーツ倫理的な条件を満たせる採点規則を作らねばならない。この厄介さを確認したうえで採点規則の変化を詳しく見ていこう。

新体操の美の再定義をめぐる闘争は、じつは採点規則［二〇〇九］においてすでに始まっていた。採点規則［二〇〇九］ではそれまでにない新たな言葉が書き加えられていた。それは「ARTISTRY 1 基本的構成」の項目である。「新体操の芸術的構成の主要な目的は見る者 spectator に感情的メッセージを投げかけることと、以下の三つの点（音楽の伴奏、芸術的イメージ、表現性）で振り付けのアイデアを見せることである」。この文が重要なのは、これが理念的な文だからである。そのことは一つ前の採点規則［二〇〇五］における同じ項目「ARTISTRY」の記述と比較することでよりはっきりする。採点規則［二〇〇五］にはこのような「理念的」な文言はなく、まったくもって「実務的」な記述である。[12] 実際に採点規則［二〇〇五］を読むと当該項目の最初の文にはこう書いている。「芸術点は一〇点満点である」。何と採点規則らしい一文であることか。

採点規則［二〇〇五］の無味乾燥な記述から一転して、採点規則［二〇〇九］では、あの理念的な記述によって、新体操の芸術性の内容を定義し、柔軟性が芸術性や美を担うものではないことを宣言しているのである。そこでのキーワードは、理念的な文に含まれる四つの単語、すなわち、感情、音楽、芸術、そして、表現である。この四単語に、新体操の芸術性を擁護する立場、難度偏重を批判する立場の人々が繰り返しさまざまな形で理想的に想起してきた失われた芸術性への間接的な言及を読み取るのは難しいことではない。その最たるものが一九八〇年代の新体操であり、その時代を象徴したブルガリアの新体操だ。リボンの交差で人との関わりを表現し、絡んだリボンが解けることで別離を表現したあのブルガリアである。採点規則［二〇〇九］に書き加えられた一文は、柔軟性主義イデオロギーに対する表現重視からの逆襲の狼煙であった。

しかしながら、芸術性に関する理念だけでは美のヘゲモニー争いを開始することはできても、ヘゲモニー奪取には至らなかった。採点規則［二〇〇九］は柔軟性主義イデオロギーの射程から抜け出すことができず、逆に、柔軟性主義イデオロギーを生き延びさせてしまった。なぜなら、採点規則［二〇〇九］で掲げられた理念が芸術性の宣言から先に進まず具体的な技＝難度と結び付かなかったからであり、また、その理念はまだイデオロギーの罠の中にとどまっていたからだ。ヘゲモニー奪取のためには、「感情、音楽、芸術、表現」の四つの単語が採点規則のなかで具体的な難度へと翻訳されねばならなかった。

## 難度への翻訳

表現重視が柔軟性主義イデオロギーに対抗するには、芸術的価値（芸術点）を闘争の舞台とすることにとどまらず、難度そのもの（D得点）を舞台としなければならない。この点を踏まえたうえで採点規則［二〇一三］を見てみると、たしかに難度の項目は大きく変化したのである。変化は二つある。まず最初の大きな変化は柔軟性という言葉が難度項目（D得点）から削除されたことである。柔軟性重視の姿勢は採点規則［二〇〇五］からも改められていたわけだが、採点規則のなかに「柔軟性」という言葉は場所をしっかり占め続けていた。採点規則［二〇〇九］では、難度（D得点）の「2 身体運動要素」のうち「2・1 基礎的グループ」として、ジャンプ、バランス、ピボット（ローテーション）と並んで「柔軟性と波動」が位置付けられていた。この項目の並びは採点規則［二〇〇五］から変わっていない。ところが、採点規則［二〇一三］ではこの項目がまるごとなくなった。それだけではない。他の項目からも柔軟性という単語はすべて消されている。単語レベルで柔軟性が採点規則全体から一言も残さず削除されたのだ。[13] まさに殲滅と言っていいほどの徹底した削除がなされたのである。[14] これが第一の変化である。

そして、もう一つの変化はダンスステップコンビネーションの導入である。ダンスステップコンビネーションは、最低八秒間にわたる連続的にひと続きになったダンスステップのことで、選手たちは手具操作を伴って異なるリズムパターンを見せながらこのダンスステップコンビネーションを実施しなければならない。採点規則の当該部分には「身体と手具の動きを通じてその音楽の持っている特徴や感情を伝えること」「テンポ、リズム、音楽の特徴とアクセントの中に、動きの高さ、方向、スピードと形式の多様性が必要」「一つの動きから次の動きへの移り変わりは論理的かつスムーズなつなぎ」「部分的または完全なる移動」など動きに関する条件が数多く書き込まれている（1・2）。八秒間という長さは個人競技の場合で言うと、演技時間（一分一五秒から一分三〇秒）全体のおよそ一〇パーセントに相当する長さである。その点からしてもダンスステップコンビネーションの導入は採点規則［二〇一三］の目玉だったことがわかる。そして、採点規則［二〇〇九］の理念的な記述にあった四つのキーワードのうち芸術を除く三つ、感情、音楽、表現がここに含まれていることに注目したい。ダンスステップコンビネーションは難度（D得点）なので芸術という語が含まれないのはわかるとしても、それ以外の三つが揃っていることに意味がある。

難度重視の新体操においては、手具操作や徒手の動きの難しさに重きが置かれるので、極端なことを言えば、同じリズムならばメロディが変わろうともパフォーマンスは同じままということがありうる。しかし、ダンスステップコンビネーションはそれを許さない。音楽と動きの関係は、その音楽だからこの動きになるのだという必然性が求められる。「音楽」が変わるということは「表現」の仕方も変わるということなのだ。なぜなら、音楽は「感情」とつながっているからである。

ダンスステップコンビネーションは、採点規則［二〇〇九］で示された抽象的な理念を具体的な難度へと落とし込んだものである。これが採点規則に書き込まれることにより、表現重視は理念から現実になる。それは、新体操のフロアで練習＝実践（プラクティス）される。実際の選手たちの動きとしてあの理念は何度もさまざまな「表現」の形で具現する。新体操の現実は、トレーニングの空間から試合の空間に至るまで、こうして再編成されたのである。そして、ようやく柔軟性主義イデオロギーという亡霊を成仏させた。

## 新体操の美は見る者に届く表現である

採点規則［二〇一三］では芸術に関するあの理念的な記述はどうなっただろう。それは言葉を変えながら引き継がれていた。「主な目的は芸術的イメージの創造であり、身体と手具の動きや音楽の特徴をとおして表現することにある」（『採点規則 二〇一三』2・1 芸術的構成 2・1・1 構成の統一性 2・1・1・1）。さらに、音楽に対して選手がどうあるべきか、どのようなパフォーマンスであるべきかも合わせて語られる。「音楽の特徴は、主題となる構成のアイデア／テーマを明確にするべきである。選手は演技の始めから終わりまで、これらを観客に伝えなければならない」（同 2・1・1・2）、「構成は芸術的、美的および要素のつながりにより展開されるべきであり、一つの動きから次の動きへのスムーズな移行、速さや強さ（ダイナミズム）の対比、動きの幅や高さなどが音楽と関連して演じられること」（同 2・1・1・2）（以上、傍点引用者）が求められる。

採点規則［二〇〇九］では見る者 spectator だったのが観客 audience に変わっている。文法的には可算名詞から集合名詞への変更でしかないが、audience の語源がラテン語の audire「聞く」に由来することにポイントがある。spectator は「見る者」であるが、audience は原義的には観客というより「聴衆」である。音楽の位置付けが違うわけだ。新体操は音楽とともにあるパフォーマンスであり、新体操にとって音楽はただの伴奏以上のものである。それと関連して、採点規則［二〇〇九］では選手は見る者にメッセージを「投げかける project」だったが、採点規則［二〇一三］では「伝える convey」になってい

表1　新体操の採点規則改正の流れ

| | | |
|---|---|---|
| 採点規則［2001］ | 柔軟性主義の全面化 | 柔軟性が新体操の美の中心，かつ，採点尺度。 |
| 採点規則［2005］ | 柔軟性主義イデオロギーの時代 | 柔軟性の全面化の修正と修正されない現実＝柔軟性のイデオロギー化。 |
| 採点規則［2009］ | | 芸術性に関する理念的な記述（＝柔軟性主義イデオロギーへの抵抗）の出現。 |
| 採点規則［2013］ | 表現の再興 | 柔軟性に関する記述の一切を駆逐。理念的な記述の具現＝ダンスステップコンビネーションの導入。 |
| 採点規則［2017］ | | つなぎの定義と項目化。 |

る。投げかけたものは届くかどうかわからない。投げかけるだけではだめなのだ。メッセージは観客＝聴衆に届かなければならない。だから、「伝える」なのである。

採点規則［二〇一三］における変革は、二〇〇〇年代を通じて大きな影響力を及ぼしてきた柔軟性の呪縛から新体操を解き放ち、新たに表現こそ美という新体操の姿を描き出した。続く採点規則［二〇一七］もその方向性が踏襲された。ダンスステップコンビネーションは維持され、柔軟性は抹消されたままである。そして、注目すべき点は「つなぎ」が項目として登場したことである。「4 芸術的構成 4・1 構成の統一性」に続く「4・1・2 つなぎ」である。以前から文言としては含まれていたのだが、項目化によって「つなぎ」の意義も明確に見直されることになった。その項目の最初には次のように書かれている。「a) 構成は技術的かつ美的な要素のつながりにより展開されるべきであり、一つの動きから次の動きへはスムーズになおかつ不要な停止または長すぎる準備動作なく行われるべきである」。柔軟性が新体操を席巻した時代に松浦（2008）が「（新体操における）「芸術性」とは、単なる難度と難度の集合から生まれるものではなく、その間の「つなぎ」にあると言う関係者に、私は何人も出会ってきた」（松浦 2008：143-144）と書いた、あの「つなぎ」である。柔軟性によってパフォーマンスが難度の羅列になっていると言われ、そこで失われたとされていたつなぎが採点規則［二〇一七］に書き込まれたのである。言葉としては採点規則上にあったとはいえ、こうして項目化することで表現重視の傾向はますます強化されたことが見て取れる。

もう一点、採点規則［二〇一七］における注目点は事前申告の廃止である。前章で見たことだが、新体操の技術レベルの著しい向上により、採点規則［一九九七］から演技内容を事前に申告することになっていた。パフォーマンスにはまったく関与しない変更のように思えるが、トレドとアントゥアルパ（Toledo and Antualpa 2016）が採点規則の歴史を二つに分けたときの基準が事前申告の有無だったように、事前申告の有無はそれだけで非常に大きな意味を持っている。申告制になったのは技術の高度化が理由だった。それが廃止されたのは難度が抑えられたからではもちろんなく、表現重視の副産物と言うべきものである。パフォーマンスが見る者、観客に届くことが目指される以上、何をしているのかが伝わらなければならない。伝わらなければそれはなかったも同じである。新体操の専門家である審判にさえ伝わらないものは表現として認められない。審判に伝わったものだけが採点対象になる。だから、事前申告の廃止は表現重視の必然的で論理的な帰結である。

## 自己への問い

このように二一世紀の新体操は、大きく見て対立的な二つの立場がせめぎ合ってきた。難度重視が柔軟性と結び付いた二〇〇〇年代から、表現重視の新体操へと転換する二〇一〇年代へ。繰り返すが、難度重視がスポーツとしての新体操で、表現重視が芸術性重視の新体操であると考えたり、二〇〇〇年代から二〇一〇年代はスポーツへと傾いた新体操が芸術性へと揺り戻した時期だと考えたりするのは間違いである。スポーツと芸術の二項対立は新体操にはない。新体操がスポーツであるというのははっきりしており疑問の余地はない。あらかじめ明示された採点規則によって、パフォーマンスを評価・採点し、順位付けを行う営みである新体操は完全にスポーツである。同様の採点規則が存在しない点で、たとえばバレエコンクールはスポーツではない。両者の違いはクリアだ。しかし、芸術的な面はそうではない。新体操はその歴史的な過程で、芸術体操と呼ばれたものが一つのルーツになっているし、モダンダンスなどの影響も強い。そのせいで新体操は芸術性に競技の特性があるということになるのだが、ではその芸術性とは何のことなのだろうか。

音楽は新体操の芸術性に関わる重要な要素かもしれないが、本当にそうなのであれば誰もが音楽の重要さを自明視し続けてきたはずである。だが、新体操のたどった歴史プロセスはそうではなかった。金ら（2001）は二〇〇一年の世界選手権で音楽が以前より軽んじられていたことを報告していた。また、手具は新体操のもっとも重要なアイテムであるが、手具難度の採点上のカテゴリーは芸術的価値（芸術点）に含まれることもあれば外れることもあり、一定してこなかった。新体操において何が芸術的価値としてあるべきか、何を芸術点としてカウントすべきかはその歴史のなかで何度も書き換わってきているのである。そのことが、新体操における芸術性という言葉の空虚さを示している。

誤解のないよう付け加えるが、空虚という指摘はネガティブな批判ではない。空虚は何もないということだけではなく、空っぽだから何でも入るということである。事実、極度の柔軟性を持った身体によるパフォーマンスこそ新体操の芸術性だとも言えるし、絡んだリボンが解けることで別離を表現するのが新体操の芸術性だとも言えるし、音楽の情感を手具と身体の動きで表現するのが新体操の芸術性だとも言えるのだ。この自在性が新体操の芸術性の強みであり、空虚さの裏返しなのである。

ここで重要な点は、「新体操の芸術性」という言葉（シニフィアン）を充塡する意味（シニフィエ）が必ず不足するということである。充塡に成功し、完全に満たせるような意味に出合うことはない。理由は簡単である。新体操は芸術ではなくスポーツだからだ。スポーツである新体操が芸術性という抽象的な言葉（芸術性のかわりに美でもいいが）を満たすことはじめからできない相談なのである。だから、その空虚は埋めきることができない。空虚が埋めきれないために起こるのが過剰である。日本の新体操代表チーム「フェアリージャパン」にはメイクを専門に指導する美容コーチがいる。メイクは採点とは関係がないが、コーチが付いている。〈15〉このような競技外のところにまで美を追求する姿勢が漏れ出てしまうのが、過剰の例である。

新体操が手具を用いた「芸術的な」パフォーマンスを競う競技であることまでは誰もが知っている。〈16〉だが、何が真の新体操の芸術的パフォーマンスかとなると誰も知らない。それゆえ、新体操の芸術性とは何か、新体操らしい美とは何かが問題になる。新体操における難しさと美しさの不一致の深さは決定的に重要な点である。この新体操の美をめぐる問いは新体操における競うべき難しさは何かという問いとともに、そのまま新体操とは何かという問いになる。

何を新体操の芸術性とするかによって採点規則の記述内容は大きく書き換わる。その問いはただ芸術的価値に関する採点項目にはとどまらず、難度と深く関わり合う。だから、パフォーマンスのあり方自体も変わってしまう。そして、また問われる。何が新体操なのか、と。「これが新体操なのだ」という最終解答を示せる者はいない。何が新体操なのかという問いは繰り返し投げかけられ続ける。新体操自身が自らに問い続けるのである。私はいったい何者なのか。この問いとともにあることが新体操の宿命なのである。

このようなことは、ゲームに分類されるような競技ではまず起こりえない。サッカーにしろ野球にしろ、「これがサッカー／野球である」をめぐる闘争が起きたとしても、それはせいぜい戦術レベルのことである。サッカーであれば、ボール支配率を高めることこそサッカーだという考えと空間への人の配置こそサッカーだという考えはいずれも戦術のことであり、その優劣は実際の試合を重ねることではっきりする。〈17〉サッカーに限らず、多くのゲーム的な競技はこうした歴史を重ねて戦術を高度化させてきたわけだが、それらはその競技そのものに対する問いかけではない。サッカーはどのような戦術の言葉によって形容されようとも、手を使わずにボールをゴールに運ぶ競技であることは揺るがない。

一方、採点競技（パフォーマンス）を見渡しても新体操ほど自己を問う競技もそう見当たらない。採点競技で高い人気を持ち、新体操と似ている競技と言えばフィギュアスケートがある。どちらも、音楽とともにパフォーマンスをする競技で、ときに芸術スポーツと呼ばれるもの同士である。しかし、現在のフィギュアスケートには新体操のような自己言及的な問いはほとんど見られない[18]。ただし、かつてのフィギュアスケートにはあった。それはまだコンパルソリー（日本では規定と呼ばれていた）があった頃である。コンパルソリーは氷上に図形（フィギュア）を描く種目で繊細なエッジワークやスケーティング技術が要求されるものであった。しかし、これは氷上でスピン、ジャンプをする派手な種目（日本では自由演技と呼ばれていた）に駆逐されていった。コンパルソリーの競技風景はじつに地味で集客という点でもテレビ映りという点でもまったく冴えなかった。だが、フィギュアを描かないフィギュアスケートはフィギュアスケートなのか。コンパルソリーの存在はフィギュアスケートへの自己言及的な問いを投げかけていた。採点比率ではコンパルソリーの方が高かった時代すらあったが、それは一九七〇年代から下がり続け、ついに廃止されてしまった。

　ショートプログラムとフリーの二種目になった現在のフィギュアスケートがどういう競技かは誰にとっても自明である。それは氷の上での音楽に合わせてジャンプ、スピン、ステップを競う競技である。そして、フィギュアスケートの美しさは同時にそれらの技術に担われた美しさになっている。フィギュアスケートにおいて難しさと美しさの不一致は、コンパルソリー廃止以降（もっと言えば、新採点システム採用以降）、新体操のように先鋭化することなく安定的に推移している。

　同じパフォーマンス、同じ採点競技でありながら、なぜ新体操はかくも深く自己言及的な問いと向き合い続けねばならないのか。一つには新体操の出自の複雑さに求めることができる。新体操は二〇世紀に生まれた競技であるにもかかわらず、それを作った人や組織、それが生まれた瞬間を正確に名指すことができない。新体操は体操としてもダンスとしても複数の起源を持っている。この複数性は新体操の豊かさでもあるが、新体操のアイデンティティを複雑にもする。新体操＝私は何者なのか。新体操＝私はどこから来たのか。新体操＝私は何を競うべきなのか。

## 美しさありき

新体操を芸術かスポーツかの二項対立で理解するのは正しいことではない。新体操は芸術でなく、スポーツでしかありえない。スポーツと芸術は別のカテゴリーであり、この二つは質的に異なる。〈19〉ただし、芸術ではなく美的なものということになると話は変わってくる。芸術だけが美的なものの担い手なのではない。スポーツも美的なものの担い手である。

スポーツと美的であることは両立する。そのことをわれわれは、する側においても見る側においても、経験的に知っている。とてもラケットが届きそうにないと思うところからの見事なリターンエース、他の選手が止まって見えるようなスピードで駆け抜ける短距離ランナー、自在な変化球で打者をきりきり舞いさせる投手、観客さえ騙されるようなフェイント、最後まで力の限りに打ち合うボクサー等々。これらはいずれもゲームに分類される競技のなかのシーンである。そうした競技において生じるさまざまな場面にわれわれは美しさを見出し、感動を覚えてきた。ときにそれらの美しい瞬間は映像に記録され、繰り返しわれわれにその美しさを伝えてくれる。とはいえ、こうした美的な瞬間はこれらの競技の目指すところではない。プレイヤーたちが勝利を目指すなかで、たまたま美的な場面が出現するだけである。

したがって、美的であることはこれらの競技にとってみれば副産物以上のものではない。

ではパフォーマンスに分類される採点競技ではどうだろうか。アーティスティックスイミングと並んで競技名称にアーティスティックを冠する体操競技は「美しい体操を目指す」というようなことさえ口にされてきた競技であり、美しさは目指されるものであって副産物ではない。が、その美しさとは、伸びるべき身体が足先まで伸びているというような美しさであり、技を理想的に完遂する美しさである。つまり、そこで目指される美しさは、難しさとぴったり重なり合った美しさである。それは技あっての美しさ、難しさに支えられた美しさ、技ありきの美しさである。先に技があり、その完遂において美しさが生まれる。〈20〉体操では新しい技にはじめてそれを公式に成功させた選手の名前が付けられるという慣習がある。この慣習には初成功させた選手への敬意が含まれているが、その敬意の源泉もやはり、技の美しさではなく難しさである。

では、新体操はどうか。新体操では難しさと美しさが逆になる。技ありきではなく、美しさありきである。何を美しいとするかを決めることで技（難度）が評価できるようになる。〈21〉採点規則［二〇〇一］において柔軟性が美であると決めたから、柔軟性が他の難度との組み合わせで評価されるものになった。〈22〉採点規則［二〇一三］において表現こそが新体操の美であると決めたからダンスステップコンビネーションという難度評価も設定できた。他の採点競技を見渡しても、新体操ほど明確に美しさありきの競技はほとんど見当たらない。競技スポーツのなかで新体操の占める位置は特別な場所である。

新体操は美しくあろうとすることでスポーツになる。だが、新体操の美しさが本当のところ何なのかは誰も知らない。向上する選手の能力と技術を前に、新体操の真の美しさを探し続けなければならない。

だから次のように強調しておこう。新体操を普通の採点競技などと考えてはならない。新体操は孤高の場所に立つ特別な採点競技である。

## まとめ

一九八四年にオリンピック競技になった新体操は、オリンピック競技としてのみ見れば二一世紀になってからの方がすでに長い。その間、新体操は大きく揺れ動いた。柔軟性の時代からダンスステップコンビネーションの時代へ、それぞれの新体操を作った採点規則はまったく違う思想のもとで作られた。それゆえ、それぞれの演技と採点規則を入れ替えて採点したとすれば、いずれもろくな点数にならないだろう。この振れ幅が新体操の苦難を表している。

採点競技はその本性上理想的なものの視点から「見られる」ものである。採点競技に不可欠な第三者的な「見る視点」＝ジャッジは選手たちのパフォーマンスを理想との距離を測りながら採点＝鑑賞する。この仕組みが採点競技に美しさを持ち込み、難しさの尺度と美しさの尺度の不一致を作り出す。たいていの場合、この不一致は難しさが美しさを馴致することで封じられる。決して美しくはなかったスキージャンプのV字の空中姿勢の評価は難しさの尺度によって書き換えられた。選手がしばしばショーと競技を行き来するフィギュアスケートは芸術性や美しさを強く訴求する競技だが、美しさを封じる強い難しさの尺度を持っている。たとえばジャンプはその一つだ。オリンピックや世界選手権のようなトップスケーターの争いになれば、ジャンプでの失敗は大きく響く。極端なことを言えば、フィギュアスケートはどれだけ高難度のジャンプをどのくらい飛べるかでおおよその順位は決まる。競技の前から美しさへの訴求が溢れ出ているアーティスティックスイミングなら、二人ないしチームの選手の動きの揃い方やリフトやジャンプの高さという明確な難しさの尺度を持っている。〈23〉このように、採点競技は難しさによる美しさの馴致によってスポーツとしての構えを作る。見る者の情動に働きかける美しさの馴致は容易なことではない。だから、それとわかる難しさの尺度を手に入れたら、採点競技はそうそう手放せないし、わかりやすい難しさの尺度はますます競技の中心を占めるようになる。

しかし、新体操にはその競技を象徴する難しさの尺度がない。〈24〉難しさと美しさの不一致は新体操において極端な形で表れる。難しさは美しさに追い越されてしまうのだ。新体操の位置する場所は、スポーツにおける一つの境界、パフォーマンスの極北と言うべき場所である。新体操の向こう側にはもうスポーツはない。その向こうに競争的な何かがあったとしてもそれは競技ではないし、手具を使った何かがあったとしてもそれは新体操ではない。おそらく、それは舞踊芸術的な何かと言うべきものである。〈25〉そのぎりぎりの場所で新体操はスポーツであり続けている。新体操が立つその孤高の場所は、スポーツでありながら難しさが美しさの馴致に失敗する場所であり、そして、ゲームからもっとも遠い場所である。

注

〈1〉 渡部はモダリティを「ルール上の難度とは関係がなく、創作者の意図を示す方向を表すために、作品のイメージに近付ける振り付けを作品内に導入するためのエレメント」と定義する（渡部 2009: 58）。

〈2〉 村田は「新体操は、動きの可能性を追求し、動きの奥深さ、体、手具、音楽との一体感、技の高度さが織りなす美的表現を運動特性とするスポーツ」（村田 2011：22、傍点引用者）と主張する。この主張も表現重視の立場に立っている。

〈3〉ペトロヴァが成績を残したのは一九九〇年代で、一九九六年のアトランタオリンピック（個人総合五位）後に引退しており厳密には一九八〇年代ではない。

〈4〉スポーツか芸術かという問題と難しさと美しさの不一致の問題は似ているが同じではない。スポーツか芸術かという問題はスポーツと芸術を互いに排他的なカテゴリーとして前提したものである。この問題の立て方からすれば、スポーツ的になると芸術性が失われ、芸術的になるとスポーツらしくなくなる。他方、難しさと美しさの不一致は排他性を前提しない。難しさと美しさの間で折り合いをつけよう、重なりを作ろうとするのは、排他性が前提されていないからである。

〈5〉この場面はカバエワのカルメンを使ったフープの演技（二〇〇四年）である。

〈6〉ここでサブゲームと呼んでいるのはメインのゲームに対してそのうちに含まれるサブ（下位）のゲームのこと、つまり、ゲーム内ゲームのことである。新体操がゲームかどうかは議論の余地の大いにあるテーマだが、ゲームではなくパフォーマンスだとしても、手具投げキャッチゲームがそのパフォーマンス内にあるサブゲームと考えて差し支えないだろう。

〈7〉それゆえ、この時期の新体操はもっともパフォーマンスから遠ざかり、ゲームに近づいていたと言えるだろう。しかし、すぐ後で述べるように、このときの新体操は、じつはスポーツから遠ざかろうとしていたのである。

〈8〉身体をベースにしたゲームからスポーツが生まれたわけであり、その意味で、「手具投げキャッチゲーム」がスポーツではないと言ってしまうのはやや乱暴であるかもしれない。前スポーツ的なゲームに退化したと言えば、いくらか厳密な言い方になろう。

〈9〉それを川谷茂樹はスポーツマンシップと呼んだ。「スポーツマンシップとは、競技そのものではなく、競技者の従うべき原理です。そして、その大原則は、勝利の追求です」（川谷 2005：63）。

〈10〉採点規則［二〇〇一］についての間違いは、それが芸術性よりもスポーツ性を優先したものと考えることにある。柔軟性主義の検討において見たように、採点規則［二〇〇一］は柔軟性を美と見るとしたのであり、柔軟性がちりばめられたパフォーマンスに芸術性があるとしたのである。だから、柔軟性に芸術性を認めない人々が、採点規則［二〇〇一］はスポーツに傾きすぎて芸術性を欠いた新体操を作ってしまったと語ってしまうのは、採点規則［二〇〇一］が拠って立つ柔軟性主義イデオロギーの深さを理解していないせいである。

〈11〉この等式の前半は間違いではないし、幻想ではない。幻想なのはそれを柔軟性とのみ関係付ける最後の等号である。

〈12〉採点規則［二〇〇五］に理念的な記述がないわけではない。たとえば、芸術的価値における振付の基本的構成という項目には次のようにある。「振付は、始めから終わりまで、身体と手具のあらゆる可能な運動を用いた統一されたメッセージによって演じられた指導的なアイデアによって特徴づけられる」（『採点規則 二〇〇五』2 芸術的価値　2 振付　2・1 基本的構成　2・1・1）。もっとも、これは新体操における振付の定義といったところで、芸術的価値の理念を表現したものとは言いがたい。それに、採点規則［二〇〇五］の芸術的価値はそもそもそれが芸術性に関する項目であるのかどうかという問題があることは指摘のとおりで、採点規則［二〇〇九］において手具の操作が芸術的価値から外された（村田 2011）。芸術的価値に何が含まれるべきかということが採点規則［二〇〇九］において問題となったということであり、これは本章の議論と合致する。

〈13〉余計なことかもしれないが、イデオロギー闘争はこうしたことを伴うということだろう。言葉のレベルから殲滅されてしまうのである。焚書を想起させると言うと言いすぎかもしれないが。

〈14〉柔軟性は削除されたが、波動 wave(s) は採点規則中のいくつかのところに書かれている。ただし、採点規則［二〇〇九］までのように項目名としてではなく、文中の言葉に添えられる形としてである。

〈15〉フェアリージャパンのメインスポンサーが化粧品会社でその社員が美容コーチになっている。

〈16〉本当は手具を用いない徒手体操も第3章で触れたように新体操なのだが。

〈17〉じつはこの二つは対立するわけではないし、完全に優劣が決まるわけでもない。

〈18〉ここではコンパルソリーとの関係から説明したが、フィギュアスケートの芸術性は何かということについてはたしかに自己への問いは起こりうる。しかし、起こりうるのは「理論上」のことであって、実際には薄らいでいる。それはフィギュアスケートの採点システムが現行システムになってから、新体操ほど大きな変動がないことにも表れている。とりわけ、フィギュアスケートの「芸術性」を担うであろう演技構成点はスケート技術、要素のつなぎ、動作／身のこなし、振付／構成、曲の解釈の五項目でずっと変わらない。自己への問いが厳しく突きつけられているのなら、こうした安定は考えられないことである。同じ時期に新体操は柔軟性をめぐって方向が一八〇度変わったのだから。

〈19〉スポーツが芸術であるかということについて、かつてスポーツ哲学で一九七〇年代から八〇年代にかけて論争があった。芸術とスポーツを表現的意図の有無で区別した哲学者デイヴィッド・ベスト（Best 1974）の結論を本書も踏襲している。なお、この論争についてはスポーツ哲学者・美学者の樋口聡によるまとめに詳しい（樋口 1994）。スポーツと芸術についてはは昨今あまり議論にならなくなっているが、その背景にはスポーツにおける応用倫理学的課題（ドーピングや性別決定、環境破壊など）に関心が集まっているという事情がある（Elcombe 2012）。論争当時、スポーツを芸術と見なすことでスポーツや選手の社会的地位を高めようという意図がスポーツを芸術の一つと主張する人々の側にあったと樋口は指摘している。その後、一九八〇年代後半、または一九九〇年代以降のスポーツと選手たちの経済的地位の向上は著しく、スポーツや選手を取り巻く環境は大きく変化した。こうした事情ももはやスポーツを芸術と見なしてスポーツの地位向上を目論む意図を挫かせたと考えられるだろう。

〈20〉やや例外的なのは女子のゆか（この種目のみ音楽を使用する）と平均台であるが、それらにしても、技ありきの美しさである点は揺るがない。

〈21〉手具操作だけを取り出せば、難しさありきだとも言えるだろう。手具のキャッチは手よりも足の方が難しいし、体の前より背面の方が難しい。だが、重要なのは新体操の難しさと美しさの関係はそれだけにとどまらないことである。

〈22〉柔軟性が新体操の美しさであると決めたわけではないという批判はあろう。たしかに、採点規則［二〇〇一］を作成した技術委員会メンバーでさえ主観的に技術評価基準として柔軟性を採用したと考えているかもしれない。客観的な評価が可能で、技術的な差をつけられる尺度作りが採点規則［二〇〇一］の課題であると認識されていたからだ。だが、前章からの議論で示したように、柔軟性は美しさの尺度として機能したのである。主観的には技術的尺度としての柔軟性と解釈されていたとしても、実際上は柔軟性こそ新体操の美であるという命題を新体操という場で人々は集合的に実践していたのである。言い換えれば、技ありきで決めたとしても、それが美しさありきへと書き換わってしまうのが新体操なのである。

〈23〉フィギュアスケートはジャンプがすべてではないし、アーティスティックスイミングも動きの揃い方とリフトがすべてではない。とくに、オリンピックでは実施されないがアーティスティックスイミングのソロは動きを揃える難しさがないため、難しさと美しさの不一致が大きくなる。新体操のように美しさありきではないにせよ、この二つの競技も美しさへの訴求が強い競技であり、不一致の苦悩が新体操に次いで深い競技と言えるだろう。

〈24〉手具を投げて取る（または、手具を交換する）のがそれにあたると考えることもできるし、手具の落下はフィギュアスケートにおけるジャンプの失敗と同じ程度に大きなミスとしてわかりやすい。ただし、フィギュアスケートのジャンプほどクリアに難しさの階梯があるわけではない。ジャンプはジャンプの動作だけだが、手具を投げたり交換したりするとき、選手はそれだけをしているとは限らない。

〈25〉　ブルガリアの元コーチ、ネシュカ・ロベバは自ら手がける舞踊ショーをすでに長く率い続けている。テレビ放送もされており、その一部はYouTubeなどで見ることができる。

# 第5章　テクノフィリアの襲来——ゴールを見守るテクノロジー

## はじめに

ルールはスポーツにおいて一通りの仕方で機能するのではない。採点競技（パフォーマンス）では目標が何かということからルールが作られるのであったが、ゲームに分類される競技では目標達成を阻害することがルールの第一の機能であった（第1、2章）。そのようなルールの制約を受け入れながらプレイヤーたちは競技し、勝ち負けを争う。勝ち負けを争うにあたって、ゲームには難しさの尺度もないし、美しさなどまったく関係がない。それは目標を達成したかどうか、何回達成したかだけを競う。レフェリーの判断はイエスかノーか、白か黒か、インかアウトかなどのようにシンプルであり、パフォーマンスのジャッジのように選手の動き全体を採点対象として判断する必要はない。勝負の決定もシンプルでわかりやすい。と言いたいところだが、決してそうでないことをわれわれはよく知っている。ルールを実際のプレイに適用するのは、それほど簡単なことではない。ルールを手がかりにスポーツを考えようとする本書がここを避けて通るわけにはいかない。

ゲーム競技の勝ち負けのシンプルさはあくまで理論上のことであって、現実はそうはいかない。レフェリーはしばしば間違った判定を下すし、はっきり間違いかどうかわからなくてもレフェリーが間違った判定を下したとレフェリーは批判されてきた。〈1〉判定はしばしば疑問視されてきたのである。

いつの頃からか、われわれは疑問の残る判定に「誤審」という呼び名を与えて嫌悪するようになった。誤審はいまやスポーツにおける大きな関心事の一つになっている。その結果、今世紀になって多くの競技でレフェリーを取り巻く環境は変化した。レフェリーの仕事にテクノロジーが入り込み、レフェリーはテクノロジーの助けなしに職務をこなせなくなっているし、ときにはレフェリーの仕事をテクノロジーが代行することすら行われている。しばらく前までは、審判の領域にテクノロジーが導入されることには、反対や懸念の声が少なくなかった。しかし、いまやそうした声は聞かれにくくなっている。そういうときにこそ、あえて誤審をなくすことは正しいことなのだろうかと、逆らった問いかけをしてみることも必要だろう。誤審を悪とすることに、そして、それをスポーツから消去しようとすることは、いったいスポーツにいかなる変更を加えることになるだろうか。

## スポーツのエートス

議論の入口として、倫理学者の川谷茂樹によるスポーツのエートス論、すなわち、スポーツにおいて何のために試合をするのかという問いをめぐる議論を参照することから始めたい。川谷は次のように言う。「スポーツは勝敗の決着によって強さを決定する。これがスポーツのエートス（スポーツ以外のものによっては達成できない、スポーツ内在的目的）でありテロスである」（川谷 2012: 72）[2]。つまり、「どっちが強いか、試合をしてはっきりさせよう」というのが試合の目的であるというわけだ。このシンプルだが強力な主張は、見かけほど単純な主張ではない。われわれは、あのチームは強い、この選手は強い等々、過去の結果に基づいて強い弱いについての観念を持つ。そして、強豪だとか、いい選手だというふうに言う。こうした言い方は川谷によれば間違っている。強さが試合の勝敗によってはじめて決定される以上、試合に先立って強さは存在しないということになるからだ。強豪とかいい選手とかいうのは試合をしてはじめてわかる。逆に言えば、もし強さが試合に先立って実在しているならそもそも試合をする意味はない。強い方が勝つに決まっているからである。それでも試合が行われるとすれば、強い方がどれだけ強いのかを確認するためだけに行われることになるだろう。強さが先立って実在する中でのスポーツはそういう形でしか成り立たない。もしスポーツがそのようなものであったとしたら、これほどまでにわれわれの関心を引くことはなかっただろう。現実を見れば、どの競技の試合も、いかなる競技レベルの試合もそうはなっていない。強いと思われた側が敗れ、弱いと思われた側が勝つのをわれわれは何度も見てきた。

川谷の主張の重要な点の一つは、強さが試合に先行して実在しないこと、つまり、勝った方が強いという断言にある。これはこれでよく聞く言い方である。だから、勝った方が強いと言われても、当たり前のことを言っているように聞こえてしまう。しかし、あっちは強豪だのこっちは弱小だのと試合前に口にしがちなわれわれにとって、川谷の指摘は痛烈である。たとえば、二〇一五年九月一九日のラグビー日本代表の試合に対して「勝った方が強い」と言うとき、あえて強調した言い方にならざるをえない。四年後の二〇一九年に日本で開催されたワールドカップで優勝することになる相手チーム、南アフリカ代表スプリングボクスのことを知っていれば知っているほど、日本代表の勝利に歓喜しつつも、「勝った方が強い」などとは簡単に言えないからだ。だが、二〇一五年九月一九日のあのとき、スプリングボクスよりも、二〇年以上ワールドカップで一つも勝てなかった日本代表の方が確かに強かったのである。そう言えることを川谷は「スポーツにおける革命性」と呼ぶ（川谷 2012: 71）。グループ最弱とすら予想された日本代表が、グループ最強と予想されていたスプリングボクスよりも強かった＝勝ったという結果の革命性は、たしかに逆転トライの瞬間のスタジアム内外の盛り上がりにはっきり表れていただろう。ただし、その強さは二〇一五年九月一九日のあのときに限られたものでもある。次の試合では、またそのときの強さが改めて勝敗によって決定される。だから、次のワールドカップの準々決勝で再び対戦したとき、今度はスプリングボクスの際立つ強さを日本は知ることになった。もっとも、それもまた二〇一九年一〇月二〇日に限ったものである。

試合の一つ一つの勝敗は、たとえ過去の勝敗結果であっても、その試合での強さの決定には関与することができないという刹那的で固有性を帯びた性格がある。その意味で、たとえ、結果が番狂わせではなく順当とされるものであっても、一つ一つの勝敗は必ずいくばくかの革命性を帯びている。われわれは試合の勝敗が明らかになったとき、いつも必ず「このチーム（選手）がこんなふうに強かった（弱かった）のだ」という発見と驚きを受け取るのである。川谷の指摘するスポーツの革命性の核心はそこにある。したがって、二〇一五年の試合も二〇一九年の試合も、それぞれに結果は正反対であるがその結果なりの革命性が宿っているのである。

さらに、スポーツの試合は強さを決定するために行うという川谷の主張は、さまざまなレベルで行われるスポーツの試合、子どもから大人まで、アマチュアからプロまで、われわれがスポーツをプレイして楽しむ、スポーツを見て楽しむことを整合的に説明してくれる。プロやスポンサーなどとは無縁の多くの人々にとって競技することそのものや競技して勝つことが目的である。ゆえに、多くのアマチュアにとってプレイ＝遊びの自己目的性は明確である。他方、巨額の契約を得てプレイするプロの選手たちや奨学金などを得てプレイするエリートレベルの学生アマチュア選手たち。こうしたエリートたちはお金や他の目的（学歴やよい就職先など）のためにプレイしているように見える。もしかすると、彼・彼女ら自身の目にも目的がお金などであるように見えているかもしれない。しかし、プレイするとき、つまり、試合をするとき、その試合は強さを決定する営みなのであり、誰もが自らの強さを顕現させるべくプレイしている。つまり、エリートたちといえども、他の多くの人々と同じ目的でプレイしている。その証拠に彼・彼女らもまた勝てば喜び、負ければ悔しがる。

誤解を恐れずに言うと、プロスポーツにおける勝利の喜びは決して勝つことでお金がもらえるという喜びではない。ビッグゲームや大きな大会で勝利した選手たちが歓喜するのは勝ったからであり、自らの強さを示せたからであって、その試合の賞金が高いからではない。〈3〉負けた選手たちが落胆するのもお金を儲けそこなったからではなく負けたからである。プロの選手がさまざまなインセンティブ契約を結んでいても、契約が示すサラリーは試合に勝つことほどのインセンティブではない。〈4〉いまさらボクシングの試合をしなくても大金を稼ぎ出し、フィリピン国内では議員としての社会的地位もあるマニー・パッキャオが四〇歳を超えてもなお強敵の待つリングに上がることを、試合に勝つこと以外のどのようなインセンティブが説明できよう。試合の勝敗がもたらす喜びや悔しさは、スポーツのどのレベルにおいても生じる。たとえ、技量の未熟な小学生の小さな大会であっても、勝てばうれしいし、負ければ悔しい。それは、試合が強さを決定するために行われているからであり、その勝敗が自分たちの強さ（弱さ）を見せてしまうからだ。

## 誤審とテクノロジー

しかし、強さを決定するはずの勝敗が正しく強さを決定しない場合が現実にはある。川谷はそれを「勝敗を決定するルールの適用に瑕疵があるケースである（これは結局すべて「誤審」に包括されるだろう）」（川谷 2012: 72）と書いている。ようするに、誤審こそが、勝敗が強さを正しく決定するのを妨げるのである。

ところで、そもそもその判定が誤審であるかどうかは何によって指し示されるのだろうか。それは、テクノロジーである。テクノロジーが誤審を誤審として指し示す。なかでも、われわれに馴染み深いのはテレビのリプレイである。リプレイで確認された事態（たとえば、ボールは明らかにゴールに入っている）と判定（ノーゴール）の差異によって誤審はそれとわかる。こうして、テクノロジーが誤審を誤審にする。つまり、リプレイの映像が見せるものが見えたままに判定されてこそ勝敗が正しく決まるのであり、強さを正しく決定することもできる。そうすると、スポーツのエートスからすればテクノロジーを利用するのは必然的なことであり、テクノロジーは正当な判定方法ということになる。[5] このシンプルなテクノロジー利用の論理は陸上競技の短距離レースのような事例を考えるとよりわかりやすい。

陸上競技の短距離レースは、早くも一九三六年のベルリンオリンピックで写真を着順判定に使用するほどテクノロジーの利用が進んだ競技の一つである。いまでは短距離レースはスタート前からフィニッシュまでその全体がテクノロジーに支えられた競技になっている。短距離のポピュラーな反則といえばフライングである。かつてフライングは目視で確認されていたが、現在はスターティング・ブロックと連動した不正スタート制御装置（スタート・インフォメーション・システム）が判定する。[6] フライングを見張るためにスタート前からこの装置は作動している。そして、スタート後はフィニッシュまで電動計時がなされ、フィニッシュの際には一秒あたり一〇〇〇枚もの写真が撮影される。撮影された大量の画像から即座に合成されたフィニッシュの映像が着順と公式時間を示す（写真判定システム）。トップスピードでフィニッシュに雪崩れ込むランナーたちのすべての着順判定と正確な一〇〇〇分の一秒単位の計時は人間の限界を超えている。[7] スターターの信号器からフィニッシュラインの写真判定システムまでの機器が連動するなかで、ランナーたちはスタートの合図の前からテクノロジーに囲まれたなかでレースをし、フィニッシュの後に着順と公式計時を与えられる。テクノロジーのおかげで短距離レースは強さを正しく決定できる。

このように競技の開始から終わりまでテクノロジーによって覆われた競技がある一方で、テクノロジーによる判定に対して強く抵抗感を示す競技もある。というより、いまとなってはあったと過去形で言うべきかもしれないが、とにかく、他の競技がどんどんテクノロジーを導入するのを横目に見ながら、審判の仕事をテクノロジーに委ねるべきではないと主張し続けていた競技があったのだ。テクノロジーを使えば誤審が減って強さを正しく決定できるのにそれを拒否するというのは、まるで誤審を容認するかのような態度にも思えるが、ことはそう単純ではない。さて、その競技とはサッカーである。

## プラティニとゴールラインテクノロジー

二〇一〇年三月、サッカーのルールを統括する国際サッカー評議会（ＩＦＡＢ）はテクノロジーが判定に関与することを拒否するという決定を下した。まずは二〇一〇年にこの決定を下すことの意味から確認しておきたい。

同じ起源（フットボール）を持つラグビー（ユニオン）は二〇〇一年にテレビジョンマッチオフィシャル（ＴＭＯ）というビデオ判定ルールを導入している。ビデオ判定を使うための手順が決められており、ワールドカップをはじめとして多くの大会で採用されている。さらに同じ起源としてはアメリカンフットボールがある。こちらのプロリーグであるＮＦＬでは一九八六年にビデオ判定が導入されていったん一九九一年で中断したが、一九九九年から再導入されている。アメリカの人気プロスポーツで言えば、バスケットボールのＮＢＡが二〇〇二年から、野球のＭＬＢが二〇〇八年からそれぞれ導入している。世界的な人気チームスポーツのプロリーグは二〇一〇年までにはビデオ判定を導入し終えている。個人競技を見ると、ビデオ判定とはやや異なるが、テニスのライン判定システムが二〇〇六年、柔道のビデオ判定が二〇〇七年、レスリングが二〇〇九年など、やはり二〇一〇年までには多くの競技がテクノロジーを判定に利用し始めていた。こうした状況で世界でもっとも競技人口が多いと言われるサッカーでは、先のような決定が下されたのである。ＩＦＡＢによる「判定にテクノロジーを利用しない」という決定はスポーツ界全体のこのような流れに抵抗する形でなされたものだったのである。

ところが、その決定から三ヵ月後に南アフリカで開催されたワールドカップでゴール判定をめぐる誤審騒動が勃発した。一つはボールがゴールラインを越えているように見えるのにノーゴールと判定され、もう一つはオフサイドポジションにいた選手の放ったシュートが認められてしまったというものだった。たまたま同じ日に発生したこれらの判定について、当時の国際サッカー連盟（ＦＩＦＡ）会長だったヨゼフ・ブラッターは謝罪した。つまり、ＦＩＦＡが誤審を認めたのである。すると、今度は一転して、ＩＦＡＢはＦＩＦＡとともにテクノロジー導入に向けて動き出したのである。このとき、とくに期待されていたのはゴール判定のテクノロジー、いわゆるゴールラインテクノロジー（ＧＬＴ）であった。[8] こうした動きのなかで、二〇一一年五月欧州サッカー連盟（ＵＥＦＡ）会長ミシェル・プラティニ（当時）のＧＬＴに対する批判的なコメントが報道された。「われわれがゴールラインテクノロジーを導入した日には、五分後にはオフサイドテクノロジーを求めているだろう（略）一〇年ほどの間にペナルティエリアテクノロジーだ（略）フットボールは人間的なものだ（略）フットボールが人間的だから世界でもっとも人気あるゲームになっているのだ」。[9]

方針転換から二年後の二〇一二年、ＩＦＡＢはＧＬＴをルール化することになった。[10] それから二年後の二〇一四年のワールドカップでＧＬＴが採用された。その一方で、プラティニは自身がトップを務めるＵＥＦＡの大会でのＧＬＴの採用に強く反対し続けた。テクノロジーの導入に経費がかかることもプラティニは理由に挙げており、その経費をサッカーの普及活動や若年層の強化に使うべきだと主張していた。たしかに、ＧＬＴの導入や維持の経費は高い。Ｊリーグが二〇一〇年代を通じてＧＬＴを導入しないままだったのも経費の問題が大きかったせいだ〈11〉。しかし、ＵＥＦＡの経済規模はＪリーグとは比べ物にならない。出場するクラブへの賞金総額が三〇〇〇億円を超える巨大予算の大会を毎年開催するＵＥＦＡにとってＧＬＴの導入経費も維持経費もそこまでの負担ではない。また、ヨーロッパのトップリーグの一部にはＧＬＴが当時すでに導入されていた。たとえば、イングランドのプレミアリーグは二〇一三〜一四シーズンから導入しているし、ドイツのブンデスリーガ、フランスのリーグアン、イタリアのセリエＡも二〇一五〜一六シーズンから導入している。だから、ＵＥＦＡの大会のすべての試合でなくとも、あるステージ以上でＧＬＴを採用するというようなことは十分ありえる選択肢だったわけで、プラティニの指摘する経済的理由は合理的な理由と言うより、むしろ方便と言うべきものだった。

一見するとその姿勢に頑迷さすら感じられる態度を見せ続けていたプラティニだが、誤審防止策を何も講じなかったわけではない。ＵＥＦＡチャンピオンズリーグではゴール脇に追加副審（Additional Assistant Referee, AAR）を配置し、ゴール判定のみならずペナルティエリアでの出来事についても主審を補佐できるようにしている。ＡＡＲはＧＬＴを正式ルール化した二〇一二年七月のＩＦＡＢの決定の際に、ＧＬＴとともにルール化されていた。ＩＦＡＢはこの二つを同時進行で採用に向けて動いていたのである。

ゴール判定しかできないＧＬＴに比べて、ゴール脇にレフェリーを配置するメリットは明らかである。そのうえ、ボールがゴールライン数センチのところで微妙な動きをするような場面はサッカーの試合の中でそれほど頻繁に起こるものではない。そもそもそういう場面のない試合も多い。しかし、ペナルティエリアでのファールやファールすれすれのプレイはどの試合にも起きる。ペナルティエリアはフィールドのどのエリアよりも選手が密集するエリアであり、かつ、緊迫した攻防の瞬間にあふれたエリアである。そのエリアをより多くの審判の目で見ることは合理的な対応であろう。にもかかわらず、メディアはプラティニに対して繰り返し、AARではなくGLT導入の可能性を尋ね続けた。

## テクノフィリアの台頭

二〇一四年のワールドカップでFIFAはGLTを採用したがAARは採用しなかった。もし、採用されていれば物議を醸した開幕戦のPK判定をめぐる騒動はもっと違った形だったかもしれない。ワールドカップの二年後に開催されたEURO2016でのGLT採用についてメディアは強い関心を向けていた。ワールドカップで採用されたテクノロジーはヨーロッパの大会で採用されるのか。GLTへの期待に満ちた問いかけに、プラティニは否定も肯定もしなかった。しかし、AARを配置することだけは断言した〈12〉。プラティニにとって、ゴールラインをボールが数ミリから数センチ越えたかどうかという場面よりも、ペナルティエリアにおける攻防の方こそサッカーだった。その攻防の中で起きるファールを判定できるのは人間しかいない。だからプラティニはAARの配置を断言した。

しかし、プラティニのこうした主張は必ずしもUEFA全体のものではなかった。プラティニがFIFA汚職疑惑によってFIFA倫理委員会から職務停止処分を科された二〇一五年一〇月から間もない同年一二月、UEFA事務局長（当時）のジャンニ・インファンティーノはEURO2016でのGLTの採用に前向きな発言をした〈13〉。UEFAはGLTに反対してきたプラティニの職務停止に乗じて、GLTの導入に動いたのである。すでにAARの採用を決めていたうえに、GLTの採用を決めた。UEFAのこのような動きに先んじていたのがセリエAである。セリエAは二〇一二～一三シーズンからAARを採用していたが、そのうえでさらに二〇一五～一六シーズンからGLTを採用した。ここには重要な問題がある。なぜなら、GLTが配置された後にAARを採用するという動きは生じないが、逆にAARが配置されているときにはGLTの導入が進められるという非対称性があるからだ〈14〉。

合理的に考えるなら、誤審防止が目的であればGLTとAARの両方が置かれることが議論されてしかるべきであり、それに向けてのコスト等に関する諸々の議論がなされているはずである。しかし、GLTが導入されると議論は終わる。GLTとAARの判定対象は一部しか重ならず、両者は代替的な関係ではない。にもかかわらず、いったんGLTの採用が決まればそこからAARも採用するかどうかなどもはや誰も話題にしないのだ。はじめからGLTだけが最終目標であったかのように、GLTが導入されればそれでよいのだ。サッカーにおけるテクノフォビア（技術嫌悪）の象徴的人物だったプラティニの退場をきっかけに、二〇一〇年ワールドカップ以降にサッカーに入り込んだテクノフィリア（技術愛好）が、ついにサッカー界の主戦場ヨーロッパを覆い始めたことがGLTとAARの関係から見て取れよう。ほんの数年前まで、サッカーの判定にテクノロジーを関与させないと宣言していたサッカーはそれまでとは正反対に、もう人間にサッカーの判定をさせないとでも言うかのように様変わりしたのである。

## 不在の審判

サッカーがその最初のルール（一八六三年）において、「アンパイアやレフェリーについてほんの一かけらの言及すらしていない」ことはどれだけ知られているだろうか（Thomson 1998: 23）。審判がわれわれの知るような形でサッカーのピッチ内に現れるようなルール改正がなされたのは一八九一年であった。じつに三〇年近く、審判たちがいないなかでサッカーは行われていたのである[15]。

とはいえ、まったく審判なしにサッカーが行われていたかというと、必ずしもそうではない。初期のサッカーやその前身であるフットボールにおいて、アンパイアやレフェリーと称される人々はおり、試合の開始や終了の合図をしたり、判定の仲裁をするなどしていた。ただし、彼らは今日のわれわれがレフェリーという言葉で名指すような内実を持っていなかったし、ピッチ内にいるとも限らなかったのである。そういう環境でフットボールやサッカーはプレイされていたのである。いまとなっては想像しにくいことだが、当時の主たる選手だったジェントルマンたちにとって、審判の存在は不可欠ではなかったのだ。彼らは審判がいなくとも、スポーツをフェアにプレイすることができると考えていたからだ。もっとも、実際には必ずしも理想通りに試合ができたわけではなく、そのため、ほどなくして審判の存在が要請されることになるのだが、少なくとも、サッカーの最初のルールに審判に関する記述がなく、最初のルール制定から三〇年ほどの間、審判なしでプレイされていたという事実は、自明に思える審判の存在が決して自明ではないということを示唆している。つまり、試合をするうえで審判は不可欠な存在ではないのであり、その意味で、スポーツにとって審判という存在は本来ならいなくてよいはずの「余分」なのである。[16]

ある時期からその余分の存在が強く要請されるようになった。スポーツ史研究者の藤井翔太によれば、サッカーにおいて審判が必要になった背景は、プレースタイルの変化による微妙な判定場面の増加、普及に伴う判定基準の統一の必要性、そして何よりも興行化に伴う観客を納得させる判定の必要性、の三点であった（藤井 2010: 19）。とはいえ、選手以外の「余分」な存在を競技空間内に常駐させるのは簡単ではない。それには相応の存在理由が与えられなければならない。その存在理由が、審判にだけ与えられた特別な力である。

サッカーの競技規則第5条主審の項の冒頭には、「試合は、任命された試合に関して競技規則を施行する一切の権限を持つ主審によってコントロールされる」とある。主審が試合において「一切の権限を持つ」という特別な力の所有者であることが明記されている。起源を同じくするラグビーも同様に、「レフリーは、試合中においては唯一の事実の判定者であり、競技規則の判定者である」（ラグビー競技規則第6条マッチオフィシャル）として、やはり、同様の特別な力の所有者と明記している。その他、多くの競技では同様の形で審判たちが特別な権限を付与された存在であることを明記している。この特別な権限は競技空間内のどの選手も持ちえない審判の特権である。競技空間の中にいる限り、たとえ突出した競技能力を持った天才的スーパースターといえども、審判の持つ特別な力には決して及ばない。

審判は自身に与えられた特別な力に基づき判定を下す。だから、判定には不可侵性が備わる。多くの競技のルールに審判の判定を最終的なものとするという類の文言が見られるが、それはこのような判定の不可侵性を表している。たとえば、野球では「打球がフェアかファウルか、投球がストライクかボールか、あるいは走者がセーフかアウトかという裁定に限らず、審判員の判断に基づく裁定は最終のものであるから、（略）異議を唱えることは許されない」（「公認野球規則」8・02審判員の裁定）。サッカーでは「プレーに関する事実についての主審の決定は、得点となったかどうか、または試合結果を含め最終である。主審およびその他すべての審判員の決定は、常にリスペクトされなければならない」（「サッカー競技規則」第5章主審　2　主審の決定）。

審判が持つこのような特別な力を「存在論的権威」という言葉で説明したのがスポーツ哲学者のハリー・コリンズである。「審判の判定がどのような場面においても何が起きたのかを定義する」（Collins 2010: 136）。審判がセーフと言えばそれはセーフであり、ゴールと言えばそれはゴールである。定義する力を持つのは審判だけであり、それを指してコリンズは審判の存在論的権威と呼んだ。では、審判の存在論的権威は何に基づいているのだろう。一つにはルールがそのように規定していることに基づいている。ルールに従おうというゲーム内的態度（スーツ）が成立している以上、選手たちは審判の存在論的権威に屈服することになる。しかし、この説明では足りない。選手はプレイヤーとして審判に従うとしても、観客はプレイヤーではないのでゲーム内的態度が求められないからだ。「興行化に伴う観客を納得させる判定の必要性」から審判が要請されたことを考えれば、審判はゲーム内的態度を共有していない観客たちも納得させねばならない。いったいどうやって審判は観客たちに判定を納得させているのだろうか。コリンズ曰く、それは審判だけが持つ認識論的特権によってである。

認識論的特権は、二つの要素から説明される。一つは優越的視点、もう一つは専門的スキルである。

優越的視点とは、選手のすぐ近くや、競技エリア全体を見渡すことができる場所からプレイを見ることができるということである。サッカーや柔道のような競技の場合、審判は競技空間内を移動しながら最適なポジションからプレイを見続けるし、テニスやバレーボールではコート中央のネットすぐ横のやや高いところから見る。線審（副審）たちもラインの延長上やラインの近くの見やすい場所からボールとラインの位置関係を見る。審判たちはプレイを見るための特別な場所を独占するので、他の人々に見えないものも見ることができるだろう。この優越的視点に加えて、審判たちは専門的スキルを持つ。審判は一定のトレーニングを経てその資格を得た者だけが務めることのできる職務である。[17] 公式試合ともなれば、たとえローカルな大会であっても公式の審判資格が必要である。これがエリートレベルや国際大会ともなると、限られた数の人々にだけ付与される特別な資格を持つ者しか審判を務めることができない。こうした制度的背景に基づいて審判たちの専門的スキルが保証されている。ルールを熟知し、審判としてのトレーニングを受けた人間が特別な場所からプレイを見て判定している以上、その判定は正確であるに違いない。審判がそう判定するならそうなのだろう。このように認められた認識論的特権に支えられて審判は存在論的権威を身にまとうことができ、その判定は定義する力を持つことができる。

## 審判という標的

ところで、ここに興味深い歴史的事実がある。サッカーの歴史において、途中から登場してきた審判によって判定をめぐる騒動は減ったかと言うと、じつはそうではなかったのである。むしろ、騒動は審判が導入されたことによって頻発するようになった。

制度の改正はレフリーの権限を強化する一方で、その地位を向上させるどころか、むしろレフリーに対する批判が激化することにつながった。観衆は判定に不満を感じると、容赦ない批判の声を浴びせかけ、物をグラウンドに投げ込み、ピッチやロッカー・ルームに乱入するなど、レフリーを攻撃対象とした。(藤井 2010: 20)

存在論的権威も何もあったものではない。審判がピッチ内に現れたことによって、余分としての審判の身体は観衆の不満をぶつける格好の的になったのだ。その余分さが不満を持つ観衆にはちょうどよい攻撃目標となり、贔屓のチームが負けたのは不利な判定をしたあいつのせいだということになった。彼らは誤審のせいで負けたということで暴れているのだが、実際に誤審があったかどうかなど関心事ではない。観客としては、不満のはけ口に審判を選んでいるだけである。ただし、これにはそれなりの理由もあったようだ。すなわち、認識論的特権のもう一方、専門的スキルが当時の審判に欠けていたことが当時しばしば指摘されていた。藤井は一九〇〇年頃のチーム関係者が「多くのレフリーはプレーに精通していないばかりか、アスリートとしての肉体的資質も劣っており、結果として誤った判定が繰り返されている」と批判をしていたことを紹介している(藤井 2010: 20)。多くの競技組織はこうした騒動を抑えるべく、審判の質向上をずっと課題にしてきたわけである。

とはいえ、いくらスキルが向上しても、審判たちの余分としての側面は存在論的権威によって覆い尽くせるわけではない。審判の生身の身体は競技空間のなかで本当の余分として表れ出てしまう。たとえば、人間の目の知覚構造上の制約から生じるフラッシュラグ効果のせいで、サッカーの副審はオフサイドの判定ミスをする可能性がある（Helsen, Gilis and Weston 2006）。このミスは、人間の目そのものの構造的特徴から生じるものなので、スキル向上によって回避できるようなものではない。また、選手の人種や名声の大きさや、ホームタウンディシジョンと揶揄されるような試合会場の場所といったものも審判の心理的バイアスとして判定に影響を及ぼすことが確認されている（Pettersson-Lidbom and Priks 2010; Parsons, Sulaeman, Yates and Hamermesh 2011）。こうしたバイアスは無意識に作用してしまうので、審判の自覚によって克服できるものではない。内面と生身の肉体を持った人間が審判である限り、このような生理学的な問題や心理学的な問題は不可避である。それでも、審判たちの存在論的権威は失われることなく何とかやってきた。しかし、現在、スキルのなかった昔とは違って高度なスキルを身に付けているはずの審判たちの存在論的権威は信用を失いつつあり、プラティニが曝されたようなテクノロジー採用の圧力ないし期待がスポーツ界全体に拡張している。

審判の存在論的権威が揺らぐようになったのは、テクノロジーが誤審を誤審として指し示すようになったためである。具体的に言えば、テレビのリプレイがさまざまに誤審を、または、誤審と思しき場面を映し出すようになったことだ。一般にテレビのスポーツ中継には複数台のカメラが使用される。それらが問題となるプレイ場面をそれぞれの角度から捉える。そのなかには、審判よりもその場面がよく見える角度からの映像も含まれるだろうし、しばしばスロー再生して詳しく見せてくれたりもする。近くで見ているとはいえ当該の場面を繰り返して見ることのできない審判に対し、テレビの前にいる視聴者はよりよい角度からの映像を繰り返し見ることができる。そもそも審判は多くの場合、瞬時に判定を下さなければならないので繰り返し見る余裕などない。その結果、優越的視点という点については視聴者の方が有利になる。これをもって認識論的特権が審判から失われるわけではないが、少なくともこれまでの前提は揺らぎ、審判の存在論的権威にも疑義が挟まれ、判定の信頼性も低下する。そして、審判の判定を本当に「最終的なもの」としてよいのかということになるわけだ。

誤審は古くからの「問題」であった。かつての誤審は、いわば言説としての誤審、レトリックとしての誤審だった。人々は感情のはけ口を審判に求めるために誤審という言葉を用いたのであった。一方、テレビとスポーツの運命的な出合い、スポーツの経済的発展に多大な貢献をするテレビとの出合いが、誤審を感情と言説のレベルから実在のレベルに変えた。誤審は、誤審だったかもしれないというものではなく、たしかに「在る」ものとなった。それによって、審判はまたもや標的になっている。今度は感情や言説ではなく、その実在のレベルで標的になっている。すなわち、もともと余分としてそこにいた審判のまさに字義通りの「余分性」が暴露されてしまったのである。だから、GLTこそが必要で、AARはいらないのだ。GLTがあるのにAARなどという余分を追加するのは、誤審が実在化した時代には愚かなことと映ってしまう。こうして人々はすっかりテクノフィリアになってしまった。

## まとめ

かつて将軍と呼ばれ、フランス代表でもユベントスでも中心選手として、ヨハン・クライフ、マルコ・ファン・バステンと並ぶ三度のバロンドールに輝いた名選手プラティニは、一九八五年のトヨタカップの有名なシーンで、自身のゴールがオフサイドの判定で取り消された後ピッチに横たわってレフェリーに抗議した。そのプラティニがUEFA会長としてGLTに反対し続けたことをただのテクノフォビアとか古い人間の妄執などと片付けてはならない。彼にしてみれば、サッカーの判定は人間がしなければならないし、それがテクノロジーに委ねられるのは、サッカーにおける何かしら中心的なものが失われることを意味するものだった。その一方で、誤審そのものはスポーツのエートスを歪めるものであり、正しく強さを決定するという試合の目的を損なうものである。その点から考えると、誤審をしかねない人間よりも誤審しないテクノロジーが望ましいというのは正しい主張だ。

テクノロジーはいつも人間に見えなかったものをかわりに見てくれるし、またわれわれにそれを見せてくれる。AARよりGLTが求められるいちばんの理由は、おそらくここにある。ゴールラインを数ミリ越えたかどうか、われわれに見えなかったその数ミリを見せてほしいのだ。人間のAARは見せてくれないが、GLTなら見せてくれる。だから、AARとGLTの導入の議論は非対称になる。

AARとGLTの非対称性に隠れる不誠実なものを最後に指摘しておかなければならない。GLTをAARより積極的に導入しようとする姿勢は一見すると誤審防止に対する誠実で正しい態度のように見える。しかしそれは、ペナルティエリアにおける緊迫した攻防への無関心の裏返しであり、見えざるものをテクノロジーの力で見たいという盗撮的欲望を、誤審防止にかこつけてこっそりサッカーに持ち込もうとするものである。その点から見れば、誤審を問題とする言説に抵抗してサッカーの本質への問い、サッカーのサッカーらしさへの問いを通じて応答しているプラティニの方がはるかに誠実という見方もできるだろう。いずれにせよ、審判という存在、誤審という問題、これらについてまだまだ考える必要がありそうだ。章を改めて考察を続けよう。

注

〈1〉 バーナード・スーツの議論に基づいてレフェリーをゲームの審判で、パフォーマンスの審判をジャッジと区別していたが（第1章）、日本語では慣用的に審判とレフェリーは区別なく用いられていることや、引用する競技規則などに審判との表記があり、厳密に区別することはいたずらに混乱を招く恐れがあると考え、本章では区別することなく用いている。

〈2〉 本章の議論は、川谷茂樹氏のスポーツ倫理学分野における研究に多くを負っている。本章で直接引用していない文献からも多くを学んだ。氏への謝意をここに記しておきたい。

〈3〉 この議論は、じつは第1章のスーツの「三つ巴」論文で、その章では取り上げなかった遊び（play）の議論に関係する。スーツの遊びの概念は、ゲームとパフォーマンスの論争ではまったく無視されていたが、本章の議論と対立関係にある。スポーツはゲームに重なる（ゲーム）か重ならない（パフォーマンス）かだけでなく、遊びに重なる部分と重ならない部分とに分けられるとスーツは論じていた。遊びに重ならないスポーツというのは職業としてスポーツをすること、つまり、プロスポーツのことである。そして、遊びと重なるスポーツがアマチュアスポーツである（Suits 1988: 7-8）。遊びは自己目的的な活動であるのに対し、プロ＝お金のためのスポーツは自己目的的ではなく、手段になっているというのがその理由だ。わかりやすいと言えばわかりやすいが、このようなプロとアマチュアの区別が遊びと非遊びに分かれるのはいかにも古めかしい。そもそもアマチュアとは誰かという議論がオリンピックの参加資格をめぐって長く議論されてきていたし、一九八〇年代にはそのオリンピックでさえアマチュアリズムを完全に過去のものとしていたわけであるから、なぜこの素朴な議論が批判されなかったのか不思議である。川谷のエートス論は、プロアマ関係なく、スポーツが自己目的的であることを教えている。

〈4〉インセンティブという名称がそれらしく誤解させるだけで、実際にそれらの契約は、選手の動機付けである以上に、チーム側にとって選手の成績が芳しくないときに支払う額を抑制する効果に狙いがある。

〈5〉言うまでもないが、スポーツとテクノロジーの関係は、判定のテクノロジーだけではない。むしろ、強さを証明するべく勝つことを目的する選手が利用するテクノロジーも忘れてはならない。早くから進化を遂げてきたのは、こちらのテクノロジーである。そして、それにはドーピングも含まれている。

〈6〉もちろん、こうしたシステムの使用は主として競技者の水準によって違い、すべての大会で同じテクノロジーが利用されるわけではない。

〈7〉陸上のトラック競技における着順判定と計時については「日本陸上競技連盟競技規則　第3部トラック競技　第165条　計時と写真判定」を参照のこと。なお、記録は一〇〇分の一秒だが、着順判定では一〇〇〇分の一秒まで計測されている。

〈8〉GLTは複数の企業によるそれぞれのシステムの総称である。

〈9〉たとえば、ゴールドットコムの記事。https://www.goal.com/jp/news/56/メイン/2011/05/30/2509721/プラティニゴール判定への技術導入は不要（二〇二〇年六月八日閲覧）

〈10〉FIFAメディア・リリース、二〇一二年七月五日。https://www.FIFA.com/about-FIFA/who-we-are/news/IFAB-makes-three-unanimous-historic-decisions-1660541-x5609（二〇二〇年六月八日閲覧）

〈11〉ある記事によれば、GLT導入の初期費用で一会場あたり四〇〇〇万円以上、維持管理に五〇〇〇万円以上かかると言われている。https://www.nikkansports.com/soccer/news/1649971.html（二〇二〇年六月八日閲覧）

〈12〉 UEFA.org 二〇一四年六月九日。https://www.UEFA.org/about-UEFA/president/news/newsid=2113955.html（二〇二〇年六月八日閲覧）

〈13〉 REUTER 二〇一五年一二月一一日配信。https://www.reuters.com/article/us-soccer-UEFA-technology-idUSKBN0TU29O20151211（二〇二〇年六月八日閲覧）

〈14〉 ＧＬＴに加えてＡＡＲということにはならないが、（次章で詳しく取り上げるが）ＶＡＲ（ビデオアシスタントレフェリー）ならありうる。とくに、ＶＡＲを積極的に提案し、推進してきたオランダでは、ＶＡＲを導入することでＧＬＴを採用していない。

〈15〉 厳密に言えば、試合の進行のために審判的な存在がＦＡルール制定以前もいるにはいた。たとえば、パブリックスクールでのフットボールでは、しばしばアンパイアが両チームから選出され、ボールがラインを越えたかどうか、反則が行われていないかの判断をしていた。さらに、二人のアンパイアの判断を調停する第三者としてのレフェリーもいた。このスタイルのフットボールでは、判定をするのは両チームの代表としてアンパイアを務めている二人である。立場上中立なレフェリーはアピールがあった場合に判断をするだけで、「主体的に判定を下す」ことはなかった。アンパイアの立場を考えると、事実上判定とその責任は選手自身が引き受けていたと言えるだろう（藤井 2010: 15,18）。

〈16〉 厳密に言うなら、スポーツにとってではなく、ゲーム的な競技にとってと言うべきである。これまでに論じたように、パフォーマンス的な競技は必ず第三者の目を必要とするのであり、審判の存在ははじめから要請されているからだ。

〈17〉 例外もある。顕著な例外の一つは大相撲の審判委員である。審判委員としてのトレーニングはしても、審判委員になるための資格はとくにない。

# 第6章　サッカーは二度見する——VARと誤審の可能性

## はじめに

GLT（ゴールラインテクノロジー）のルール化から六年後の二〇一八年三月、国際サッカー評議会（IFAB）はビデオ判定＝VAR（ビデオアシスタントレフェリー）をサッカーに導入すると決定した。サッカーはGLTに続いて新たなテクノロジーを判定に用いることになった。ゴール判定をGLTに委ねることの内には、ゴール判定における誤審をなくすというまったく「正しい」目的の背後に、はっきり見えなかった場面を見たいという窃視的欲望が隠れている。そのことは、人間によるゴール脇の追加副審AARに対する冷淡さとGLTを求める情熱の差が示していた。そして、今度はVARである。サッカー界のテクノフィリアが窃視的欲望を隠し持っているのだとすれば、VARの導入は必然であろう。VARはピッチ全体の「見えなかった見たいものを見せてくれる装置」なのだから。導入決定からわずか三ヵ月後の六月に開幕したワールドカップでは全試合でVARが稼働した。本章ではVARの検討を通して、審判とテクノロジーについての考察を深めてみたい。

## VARと監視

社会学者の内田隆三は、メディアとメディアを介してスポーツを消費する人々、そしてスポーツに関わる利益集団など多様な他者との関係で成立する現代のスポーツをスペクテーター・スポーツとして分析する。スペクテーター・スポーツにおけるヒーロー創出の神話作用という主題を論じる途中に、次のような興味深い指摘をしている。プレイヤーは「ゲームに対する超越的な視点の不在を受け入れるしかなく、そのことによってゲームは成立している」(内田 2013: 48)[1]。審判が超越的な視点を持ちえないこと、そのような審判の不完全性を受け入れることによってしかゲームに参加できないと内田は言う。さらに、「ルールへの同調・従属による規律訓練はゲームの成立要件だが、ゲームの現実を見れば、規律訓練は中央監視塔のない空間で行われているに等しい」と指摘する(内田 2013: 48)。規律訓練に中央監視塔とくればパノプティコンだが、スポーツの空間はパノプティコンではないし、選手はパノプティコンの囚人ではない。なぜなら、中央監視塔がないからだ。中央監視塔があれば、ゴールやホームランを見落とすことはないし、オフサイドの判定に迷うこともないだろうし、審判の死角でこっそり行われる反則も見逃されないだろう。しかし、試合の場には中央監視塔を作ることができなかった。それは物理的に作ることができないという以上に、ゲームがゲームであるために作ることができないのである。この必要条件的な不完全さが、見落としを生む余地であり、すなわち、誤審の生じる余地である。

ゲームがゲームであるためには誤審の生じる余地がなければならないというのが内田の立場である。ただし、誤審が起きるのは仕方がないという消極的な捉え方ではなく、ましてや誤審をなくすべきという立場とは正反対に、内田は誤審をいっそう積極的に捉える立場を切り開く。「審判を出し抜くタフでスマートなプレー」が「〈遊び〉としてのスポーツの面白さをなしている」（内田 2013：48）。誤審を許容するのではない。誤審をスポーツの面白さの源泉と見る。内田のこのような視点はサッカーという競技を強く「人間的」と形容して、GLTを批判し続けたミシェル・プラティニにも通じるだろう。そして、この視点はGLTに加えてサッカーに登場したより新しい判定テクノロジーであるVARという制度の中心を突いている。

IFABの『VARの手順』によると、VARは「以下に関する「はっきりとした、明白な間違い」または「見逃された重大な事象」の場合にのみ主審を援助する」として、次の四つが挙げられている。

a　得点か得点でないか
b　ペナルティーキックかペナルティーキックでないか
c　退場
d　人間違い
（『VARの手順』　1原則）

さらに、「VARは、ビデオオペレーションルーム（VOR）でアシスタントVAR（AVAR）およ

ロシア・ワールドカップのビデオオペレーションルーム
（写真提供：DPA ／共同通信イメージズ）

びリプレーオペレーター（ＲＯ）の援助を受けながら試合を監視する」（『ＶＡＲの手順』３　実践に向けて、傍点引用者）。ＶＡＲの役割は試合を監視することである。ピッチ上のすべてはいくつかのカメラによって収められており、ＶＯＲからはピッチ上のすべてを見ることができる。ようするに、ＶＯＲは中央監視塔なのだ。そして、そのなかにＶＡＲという看守＝超越的な視点がいる。たとえ、選手が主審を出し抜いても、ＶＡＲ＝看守の目はそれを見逃さない。

## 従属する主体としてのプレイヤー

ＶＡＲの登場はどのような変化をサッカーにもたらすだろうか。二〇一八年ロシア・ワールドカップの結果がその一端を教えてくれる。審判の判定はＶＡＲがなくと

表1　ワールドカップで出されたイエローカードとレッドカード

| 開催年（開催国） | 2002（日本・韓国） | 2006（ドイツ） | 2010（南アフリカ） | 2014（ブラジル） | 2018（ロシア） |
|---|---|---|---|---|---|
| 警告（２枚目） | 272（６） | 346(19) | 261（８） | 184（３） | 221（２） |
| 退場 | 11 | 9 | 9 | 7 | 4 |
| PK判定 | 18 | 17 | 15 | 13 | 29* |

（＊2018年は実際にPKが行われた回数）

も九五パーセント正しかった。ＶＡＲはそれを九九・三パーセントに高めた〈2〉。だが、判定の精度そのものはサッカーに変化をもたらすものではない。変わったのはサッカー空間のあり方である。そこはパノプティコン空間になった。パノプティコンでは個人＝囚人は監視者＝看守の目を内面化することで、服従者＝主体となる。もともとゲームへの参加はルールへの自発的な服従を求めるものであるが、パノプティコンではそれはいっそう徹底される。表１は国際サッカー連盟（ＦＩＦＡ）が提供している二一世紀に開催されたワールドカップで出されたイエローカード（警告）とレッドカード（退場）のデータをまとめたものである。

警告は大会ごとに変動が激しい。二〇〇六年は警告の多さもさることながら、大会の一試合の得点が史上最低の守備的な大会として話題になった大会だった。警告に関してはその二〇〇六年が極端に多い一方で、ＶＡＲのあった二〇一八年は直近五大会で最小の二〇一四年より多い。数字の変化を見たところ、警告の変動はＶＡＲの採用とあまり関係はなさそうに見える。二〇一八年の増加とＶＡＲの関係もはっきりしない。そのうえ、警告の基準そのものが変動しやすいので、警告の多少は必ずしもピッチ上の「治安」を表現するものではない。しかし、傾向が見て取れるのはレッドカードの方である。レッドカードの基準はおおむね安定している。手を使うなどして得点機会を意図的に妨害する行為と暴力的な言動がレッドカードの対象である。ざっと見れば、二〇〇二年から二〇一四年までおおむね一〇枚前後のレッドカードが出されていた。わずかに減少傾向のような感じもあるが、傾向以上に重要なのは一〇枚前後だったレッドカードが二〇一八年はわずか四枚だったことである。この四枚のうち暴力行為によるレッドカードは一枚もない。ここにＶＡＲの影響の一つを見ることができる。パノプティコン化したピッチ上でＶＡＲの目を内面化した選手たちは退場にならないよう、とくに暴力的なプレイを抑制したと思われる。[3] そのことは二回目の警告の少なさにも見て取ることができる。二〇一四年に比べて、警告そのものが二〇パーセント増加したにもかかわらず、退場になる二回目の警告は減っており、二〇一八年は直近五大会で最小である。警告を受けた選手が退場を恐れて慎重にプレイした、またはそうなる前にベンチに下げられたと解釈できるだろう。

二〇一八年のロシア・ワールドカップを終えて会見したＦＩＦＡのジャンニ・インファンティーノ会長は、「ＶＡＲはサッカーを変えずに、サッカーをよりクリーンなものにした」「ＶＡＲなしのワールドカップなど考えられない」「ＶＡＲがあればオフサイドポジションからの得点はもうおしまいだ」などと語り、ＶＡＲの成功を強調した。[4] インファンティーノ会長はプラティニが失脚したとたんEURO2016へのＧＬＴ導入を語ったあのインファンティーノである。テクノロジー導入による成果を明るく語るインファンティーノはサッカーがクリーンになったことを祝いだ。もっとも、二〇〇六年の決勝でジネディーヌ・ジダンがマルコ・マテラッツィに放った頭突き、あるいはヘディング（今福 2020：202）をＶＡＲで防げたかどうかはわからないが。

## ＶＡＲとＰＫ

インファンティーノの明るい発言の一方で、ＶＡＲによるサッカーの変質も指摘されていた。なかでも話題になったのはＰＫの増加である。二〇一八年のワールドカップではこれまでの一大会あたりのＰＫ判定数一八をグループステージで早々に超えて、最終的に二九ものＰＫがあった。[5] これは二〇一八年大会と同じく出場国が三二ヵ国の過去の大会に比べても突出した多さである。ＰＫにならなかったものも含めてＶＡＲがＰＫ判定に関与したのは一八回でその内訳が表2である。

ＶＡＲの介入によってＰＫへと判定が変更されたのが九回でもっとも多い。逆に、当初は笛が吹かれたがＶＡＲによってなしとなったのは四回だった。この他にＶＡＲを経ても変更されず、ありのまま二回、なしのまま三回だった。この数字だけを見ると、ＶＡＲが直接関わった「純増」は差し引き五回だけということになるが、これだけでは過去記録を一一も上回ったのに足りない。そこで、注目すべきはＶＡＲがＰＫなしに対して介入した場面（九回と三回）が、ＰＫありに介入した場面（二回と四回）より二倍多いという点である。この数字はもともと主審がＰＫ判定に積極的ではないことを示唆している。これは認知バイアスの一つ、不作為バイアスと呼ばれているものの例である。[6] 行動を起こすことが有害な

表2　VARが関与したPK判定

| なし→あり | あり→あり | なし→なし | あり→なし |
|---|---|---|---|
| 9 | 2 | 3 | 4 |

（博報堂DYメディアパートナーズウェブサイト https://www.hakuhododody-media.co.jp/column_topics/feature/hakuhodo-dy-media-partners-group/20180808_22836.html より）

結果をもたらしかねない場合、たとえ、行動しないことにも同様に有害な結果をもたらす可能性があっても、人は行動しない方を選好する。サッカーの主審にはPKと判定することによって一方に大きなチャンスを与えるより、ファウルを流す傾向がある。VARはそうした主審の姿勢の変更を迫ることになった。主審がPKの笛を吹いた回数で言えば、VARの介入しなかった場面が過去記録と同じ一八回、さらにVAR介入があった場面でありのまま変更なし（二回）、ありからなしへ変更（四回）を合わせると主審は二四回PKの笛を吹いている。過去記録を六回上回っている。VARの登場によって、主審は積極的にPKの笛を吹くようになっている。VARによるPK判定の増加については、VARを導入したリーグでしばしば見られる現象なので、今後いっそう主審はPKを取るようになるかもしれない。〈7〉

一方で、VARがあってもPKの判定の難しさが浮き彫りになる場面もある。〈8〉もともとPKを取るかどうかの判定は難しいものだった。ロースコアゲームであるサッカーで、得点確率の高いチャンスとなるPKは重要な判定になるからだ。明らかな反則であれば迷うことはないだろうが、反則かどうか微妙な場面が非常に多いのがサッカーの現実だ。ここでは二つの例を見ておこう。

VARのなかった二〇一四年ブラジル・ワールドカップ開幕戦ブラジル対クロアチア。スコア1－1の後半二六分、主審西村雄一は守備側だったクロアチアの反則を取ってPKの判定を下した。この場面は誤審に見える人もいればそうでない人もいる。FIFAの審判部門のトップはPKの判断を支持しているし、〈9〉他方で「イングランド・プレミアリーグであればノーファウル」と見る人もいる。〈10〉本当にプレミアリーグならノーファウルかどうかは怪しいが、テレビのリプレイで確認しても意見は分かれてしまう。この場面はどちらに判定しても誤審だと言われてしまう場面であった。〈11〉これはVARがあれば「正しい判定」ができた場面だっただろうか。

二〇一八年ワールドカップ決勝フランス対クロアチア。スコア1－1の前半三六分、守備側のクロアチアの選手がハンドの反則を取られてPKとなった。[12] クロアチアは偶然にも二〇一四年大会の最初の試合と二〇一八年大会の最後の試合でPKを与えることになってしまった。この場面で当初はPKではなくコーナーキック（CK）と判定していた主審ネストル・ピターナはVARからの助言に基づき、オンフィールドレビューで映像確認する。そして、迷った末にCKからPKに判定を変更した。

二〇一八年の例に関して真っ先に指摘すべきは、判断に迷って時間がかかった以上当初の判定が「はっきりとした、明白な間違い」でないことは明らかであり、『VARの手順』に反した手続きによる判定になってしまったことである。つまり、これは誤審だった。[13] この件でピターナは批判を浴びることになったが、この誤審の原因を主審のミスによる誤審と解釈するのは適切ではない。ピターナはワールドカップでは二〇一四年大会でも四試合で主審を務め、二〇一八年大会では開幕戦と決勝も含めて五試合で主審を務めた技量も経験も豊富な審判である。そのピターナが思わずVARの手続きを忘れてオンフィールドレビューを何度も繰り返し見て判定を変更してしまったのである。ここに問題の本質がある。彼は主審として誠実に正しい判定をしようとしたせいで、手続きに反してしまった。自身の責務に忠実なあまり、何度も映像を食い入るように見てしまった。映像がPKかそうでないのか教えてくれるはずだと言わんばかりに見入ってしまったのだ。しかし、オンフィールドレビューで映し出された映像はボールがクロアチアの選手の手にはっきり当たる場面を示していたが、反則の意図のない自然な動きのようにも見え、いくら見ても反則があったかどうか微妙な場面でしかなかった。そして熟慮の末、判定を

ＰＫに変更してしまった。このように世界最高レベルの審判が、正しい判定を下すことに誠実であろうとするあまり逆に誤審を犯してしまうのがＶＡＲという仕組みの持つ陥穽である。

誤審を防止するためのテクノロジーが誤審を誘発するという逆説的な事態がここにある。生じた場面はＰＫであるともないとも言えた。それは解釈の余地が大いにある場面だった。だから、その場面の正しい判定などというものはない。[14] ＶＡＲがなければ、審判はその場面をある角度から一回限り見て判断しそれが最終判断となるだけだ。二〇一四年の開幕戦は主審がほんの一瞬のホールディングを見てＰＫになった。もちろん、批判もあったが、ＰＫとは言えない場面を間違えたのではない。他の審判であればその一瞬を見逃していたかもしれないし、ホールディングはないと見たかもしれない。その意味でその場面はＰＫありでもなしでもありえた場面だったが、主審西村はそのプレイをホールディングと「定義」した。その存在論的権威に基づいて定義したのである。しかし、二〇一八年は違った。

主審はＶＡＲに助言され、オンフィールドレビューに教えを請うた。しかし、どうにも微妙な場面だったせいで、ピターナはオンフィールドレビューの前から離れられなくなった。[15] 主審が映像を見ている時間、すなわち、定義が下されないまま宙吊りの時間がフィールドに流れた。この時間が審判の存在論的権威を削り取ってしまった。この場面で笛を吹いたのは主審ピターナだったが、ＰＫの判定を下したのは事実上ＶＡＲの方だった。ＶＡＲによってモニターの前に呼び出された審判は、最終的に、自分の判定（ＰＫなし）に対して介入したＶＡＲに従う羽目になった。主審はＶＡＲという仕組みの代行者にすぎない存在になったのである。しかも、手順を外れて下された判定は誤審となり、批判はＶＡＲではなく、ピターナに向けられた。

サッカー以外の競技で、これと似た場面があったことをわれわれは知っているだろう。二〇一二年のオリンピックロンドン大会の柔道男子六六キロ級準々決勝でジュリー（審判委員）の介入が審判の旗判定を変えた場面だ〈16〉。規定の試合時間を迎えた試合は、三人の審判による旗判定になった。上がったのは青三本。だから、青3－0白で終わるはずだった。しかし、審判たちはジュリーに呼びつけられる。この当時はもう柔道にビデオ判定が採用されていたのだが、ビデオを見ることができるのはジュリーだけであり、審判ではなかった。ビデオ映像の内容を説明された審判たちは試合場に戻って旗判定をやり直した。その結果、正反対の青0－3白になったのである。白の勝利という判定は明らかに審判ではなくジュリーによってもたらされた。サッカーのVARのような立場がジュリーだったわけである。サッカーと違って審判たちは直接映像を見ることができずジュリーの指示に従う他なかったのである。ロンドン大会で審判を務めた大迫明伸は当時の状況について次のように述べている。「ジュリーの意見があっても最終ジャッジは三人の審判員の合議で下すというのがルールだったんです。ところが、徐々にジュリーの権限が強くなって、今では主審にインカムを付けさせ、GDS（グランドスラム大会のこと―引用者注）でも世界大会でも「有効」が「あった」とか「ない」とか「指導を出せ」とか、審判の領域に口を挟むようになってきた」（大迫 2012: 26）。

ジュリーの強い権限と介入はジュリーだけがビデオを見ているという事実から生じた。VARの介入と同じである。サッカーではオンフィールドレビューを用意することで審判自身もビデオ映像を見るため、VARはあくまでもアシスタントレフェリーという立場にとどまる。その点で、当時の柔道とは違うわけだが、見逃せない共通点がある。それは、ジュリーがビデオ判定という仕組みの代行者だったという点である。ジュリーは審判の権限を吸い上げていた。しかし、かといってジュリーが主体だったのではない。ジュリーもまたビデオ判定という仕組みの代行者だった。ジュリーはビデオ判定という仕組みによって審判の領域に介入させられたのである。ジュリーに介入させた主体はもちろんビデオの映像である。だから、奇妙な逆転判定の主体はジュリーではないし、ましてや審判ではなかった。主体はジュリーや審判がどうすべきかを教えたビデオの映像である。それはちょうどピターナと映像の関係と同じである。

柔道ではその後、ビデオ判定の運用が改められた。VARのようなものを飼いならすのは容易ではないが、不可能でもない。古くからビデオ判定を導入している大相撲ではビデオ判定による混乱などはなく、おおむねうまく付き合えている〈17〉。

## 誤審の可能性

前章で見た、スポーツ倫理学者の川谷茂樹による「勝敗を決定するルールの適用に瑕疵があるケースである（これは結局すべて「誤審」に包括されるだろう）」という明快な誤審の定義を思い出そう。ルール適用の瑕疵が誤審である。強さの決定は勝敗によってのみ可能となる。だから、ルールに従って勝敗がちゃんと決まるべきである。ところで、こういう場合はどうだろう。同点のまま九回裏になる。打者が打ち上げた打球はファウルゾーンに向かって飛んでいたが、折からの強風にあおられてホームランになってしまった。こうして勝敗が決着した。ルールの適用に瑕疵はない。さて、これは強さを決定できたただろうか。川谷の答えはイエスである。「「運」などのケースは勝敗が正しく決着しているのだから、強さも正しく決定しているとみなさねばならない」(川谷 2012: 72)。川谷は運と誤審を異なるものとして扱っている。ルールの適用における瑕疵という川谷の誤審の定義は明快だし、ルールの適用とは関係のない運との違いも明らかだ。だが、運と誤審の差はそれほど明確だろうか。

先のPK判定の例にこれを当てはめてみよう。二〇一四年ワールドカップの開幕戦でのPK。もし、主審を別の審判が務めていたら同じ場面でもPKにはならなかったかもしれない。それは誤審だろうか。一方、二〇一八年決勝戦のPKはVARがなければPKではなくCKでの試合再開となるはずだった。それは誤審だろうか。見たように、結果的にはオンフィールドレビューの前で迷い続けたことが手順に反してしまい誤審の要件を満たすことになったが、VARがなければこんな誤審は生まれなかった。ここに誤審と運の交錯する領域がある。これらPK判定のようにどちらとも判定できるような場面がスポーツには珍しくなく、そういう場面ではどう判定しても誤審の疑念が残る。それを審判がどう判定するかは運である。そのときたまたまその審判だったから、そのときたまたまそう見えたから……。審判の存在論的権威とはこのような運が紛れ込む微妙な場面で判定を下す力能のことである。微妙な場面を宙吊りにせず、次の状況へと展開させることができるのは審判が権威を持って判定を下すからこそである。

じつは、川谷のスポーツのエートス論には続きがある。「スポーツは、勝利と強さの同一化(勝者=強者)をエートスとする。しかし強さは完全に勝利に同一化・還元されることはない」(川谷 2012: 73)。勝敗によって強さを決定しようとするのだが、勝利と強さは同じではない。勝利に同一化しきれない残余としての強さも生み出される。川谷は、この残余としての強さを「スポーツの他者であり、外部性」

であり、また、これが実体化されたものを「試合に先行して実在する「強さ」という仮象」と言う。あのチームが強いとか、格上だと言うとき、われわれがあたかも前もって強さが存在しているかのように思ってしまうあれである。試合結果に対してわれわれはときに「本当はもっと弱いのに」とか「もっと強いはずなんだが」などと思うことがあるだろう。このとき口にされる「強（弱）さ」が仮象である。まるで試合前から実在していたかのように語られるこの「強（弱）さ」という仮象はじつは試合が終わったからこそ生じているのである。そして、この仮象を生み出す残余をスポーツが無化することはできない。[18]残余は必ず生じる。強さは勝利に還元されないのだ。勝利によって表象される以上の何かが強さにはある。もし、残余が生じず、強さ＝勝利だったとすればどうなるだろうか。川谷は言う、「同一化の完成によってそのエートスに到達してしまった瞬間に、スポーツは自らの存在意義を失い破綻する」（川谷 2012: 74)。

であるとすれば、いったい何によって勝利と強さの同一化は妨げられ、残余が生み出され続けるのだろうか。勝利が表象しきれず、それを逃れていく強さはどうして生まれることができるのだろうか。それは内田がスポーツの面白さと捉えたものによってであり、また、審判が判定を下すことによってしか次へと展開しない微妙な場面の存在によってである。一言で言えば、誤審の可能性によってである。

誤審の可能性とは実際に誤審が起きることとは違う。あくまでも誤審の「可能性」である。その可能性はその判定が本当に正しい判定なのかという疑問を喚起する。つまり、判定への懐疑を生む。懐疑とともにある判定。そのような判定のあり方が誤審の可能性である。

誤審はルール適用の瑕疵なのだから、誤審の可能性はルール適用において、すなわち、審判の判定行為においてて生じる。この論理的帰結はわれわれの経験とも一致するだろう。では、なぜ審判の判定行為から生じるのか。それは審判の身体の二重性のせいである。審判の身体は二重の身体である。一つは、存在論的権威そのものであり、ルールの具現としてのルール的身体。そしてもう一つは、そこからはみ出る生身の自然な身体。審判の身体は生身の存在としてある場所を具体的に占める。その具体的な場所性が生身の身体の固有性を支える。同時に、ルール的身体としての審判の身体は象徴的な身体である。審判がどの選手とも異なる服装と装備で競技の場所に現れるのは、その身体が象徴的な身体であることを示している。ルール的身体は生身の身体によって担われなければ競技空間に具現できない。競技空間全体を支配するべきルールは、生身の身体へと縮減されてしか競技空間に降臨できない。生身の身体の限界が誤審とその可能性を生む。

## 審判の二つの役割

正しい判定を求めることはスポーツのエートスに適っている。正しい判定とはルールに基づいて判定されたものだったわけだが、じつのところ、誰が見てもわかる判定なら正しいかどうか以前に判定する意味はほとんどない。誰が見てもアウトやセーフとわかる場面でわざわざその判定を聞く必要はない。審判は判定者として「儀礼」的にコールはするが、実質的には誰もが知っている判定を追認しているだけである。だから、そういう場面での審判の声やジェスチャーや笛の音はたいがい小さい。こうした見るからに正しい判定の場面だと審判の存在感はほとんどない。しかし、微妙な場面になると審判の存在感は俄然高まってくる。そういう場面になれば、あらゆる競技の審判たちの笛の音、ジェスチャー、声は大きくなる。微妙な場面では、存在論的権威に基づく定義としての判定が必要になるからだ。

審判はわかりやすい場面と微妙な場面においてじつは異なる役割をしている。前者においては事実の確認を、後者においては状況の定義をしている。もちろん、審判たち自身はあらゆる場面で事実確認として判定していると思っているだろうし、選手たちも観客もそう思っているだろう。しかし、実際にはそうではない。主審西村はホールディングという「事実を見た」と思ったからPKの判定を下した。しかし、そこでやったことは状況の定義である。すなわち、クロアチア選手の一瞬の動きをホールディングと定義し、PKの場面を創出したのである。審判の判定は、その判定するという行為を通じてその状況を作り出すという行為遂行的行為なのである。

しばしば選手たちは「セルフジャッジするな」「審判がコールするまでプレイしろ」と言われることがある。審判のコールによって定義されるまでプレイを止めるなということである。選手自身にとっては明らかに反則と思える事象があっても、それを審判が定義するまでその事象は反則ではない。審判の判定行為は事実確認ではなく行為遂行的行為であることは競技の経験者なら誰もが知っていることである。審判たちは主観的には事実を追認して笛を吹いたり吹かなかったりしているし、そう考えて判定行為をし続けなければならないが、実際の行為のうえでは判定することによって当該のプレイを生んでいるのだ。二〇一四年のクロアチア選手のあのプレイがホールディングであるのは、レフェリーの西村が笛を吹いたからであって、逆ではない。それこそ逆ではないかと思われるかもしれないが、そうだとすれば、それは何らかの白黒はっきりした事実があってそれを確認して周知するのが審判だという思い込みがそれだけ根強い証である。[19]たしかに多くのわかりやすい場面で審判は、現実を追認して判定するだろう。しかし、そのわかりやすい場面でもなぜ審判が判定をいちいち下す必要があるのか。それは審判の判定があってはじめて試合が進行するからである。野球の例がわかりやすい。ある投球がワンバウンドするような明らかなボールだったとしても、審判がそれをボールとコールしなければカウントは確定できず、次の投球に進めない。審判の判定は事実確認的に見えつつも行為遂行的なのである。判定が下されるより前は、ファウルでもノーファウルでもないプレイがあるにすぎない。それを審判の判定がファウルやノーファウルにする。西村の判定によってはじめてあのプレイはホールディングになったのである。[20]テクノロジーを礼賛する人々が決定的に見落としているのは審判のこの力、余分として試合の場に居合わせることになったときから審判に備わった、プレイを定義する特別な力である。

## VARとGLT

VARのようなビデオ判定は何かしらの真実を教えるわけではない。それは見えたことだけしか見せない。テクノフィリアが期待する窃視的欲望をVARはどこかで裏切る。ピターナもモニターの前でテクノフィリア化し窃視的欲望に囚われ、そして裏切られた。それゆえ、大方の期待に反して、VARは誤審の可能性を除去しない。明らかな誤審を減らすだけである。肝心なのはここだ。VARは誰が見ても誤審というものだけを除去できる程度のものでしかない。それは真実を教えるテクノロジーではない。この点を間違えるとすぐ窃視的欲望に飲み込まれてしまう。VARはそういうタイプの、飼いならせるが簡単ではないテクノロジーである。

ビデオ判定の飼いならしにもっとも成功した競技の一つは大相撲である。相撲が、先に土につくか、土俵の外に出たら負けというシンプルな勝負であることもビデオ判定との相性のよさと言えるが、大相撲のユニークな点は、同体という勝敗なしの裁定を持っていることにある。どちらの勝ちとも言えないと審判委員が白状するのが同体である。〈21〉 同体と裁定されると取り直しになる。大相撲の勝負そのものは一ミリでも自分の体を残そうとする意志のぶつかり合いではあるが、実際の勝負判定においては、同体という裁定によって一ミリの差を争うような決着のつけ方をさせない仕組みになっているわけだ。本当に同体かどうかということになれば時間をかけて映像を精査して一ミリの差を見極める必要があるだろうし、本当に見極めるには映像以外の別のテクノロジーさえ必要となることだろう。〈22〉 そうするかわりに、そこまで細かいことはわからなくていいという断念が同体という形で勝負判定に組み込まれているのである。

大相撲のような例を他の競技にそのまま適用するのは簡単ではない。個人競技で短時間に勝負がつく相撲という競技の特性のおかげで勝負のやり直し＝取り直しができるが、多くの競技ではそういうわけにいかない。〈23〉 だから、正確な判定をどこかで断念するというのは簡単ではない。が、誤審の可能性を保持することの重要性はスポーツの根幹に関わる。どこまでも正確に判定しなければならないし、できるはずだなどという考え、完全に疑念なく決着をつけるのがスポーツであるという考えは幻想にすぎない。

勝ち負けをはっきりさせうるという幻想に導かれた判定テクノロジーの導入は、プラティニを時代遅れの老人としてサッカー界から追放し、インファンティーノのような明るいテクノロジー信奉者を祭り上げることになった〈24〉。しかし、プラティニがＡＡＲにこだわり、ＧＬＴに抵抗し続けたのはこういうことである。ＧＬＴはゴールかそうでないかを知っているものとして、結果だけを主審に教える。この関係においてＧＬＴが知の主人となる。一ミリでもラインにかかっているとＧＬＴが判断すればノーゴールだ。主審であれ誰であれ、それを素直に受け入れるしかない。ＧＬＴの運用上、ＧＬＴは「真実」を示すものとしてそこにあるのだから。ＧＬＴには誤審の可能性はないという仕組みになっている。これをスポーツ哲学者のハリー・コリンズは「偽りの透明性」と呼んだ（Collins 2010: 137）。システムの性質上、ＧＬＴは、どの形式であれ、誤差が不可避であるにもかかわらず、あたかも誤差などないかのようにＧＬＴは「ゴール」「ノーゴール」を知らせる。これが偽りの透明性である。ＧＬＴという判定テクノロジーは窃視的欲望とともにサッカーに偽りの透明性を密かに持ち込んだのだ。だから、ＧＬＴとＶＡＲは似ているようでいて異なる働きのテクノロジーである。ＧＬＴには強さと勝利の一致を拒む誤審の可能性はない〈25〉。

コリンズはもう一つ、別の表現を用いて誤審を説明した。それは「透明な不正義」である（Collins 2010: 137）。透明な不正義というのは偽りの透明性とちょうど裏返しのような関係にある言葉である。誰が見ても正しく判定されていないというのがこの透明な不正義である。かつてはめったに見られないものだったが、テレビのリプレイが普及したことで、われわれは透明な不正義の場面にしばしば遭遇するようになった（Collins 2010: 137）。誤審が正されなければならないというとき、その対象となる誤審はこの透明な不正義として指し示される誤審である。つまり、リプレイを見れば誰が見ても誤審だとわかるものだけ正されればよい。それ以上の微妙なものを、「これが本当にあったことだ」と示すようなテクノロジーによって正す必要はない。コリンズはこれをRINOWN（間違いでなければ正しい：Right If Not Wrong）原則と名付け、この原則の範囲内でテクノロジーを利用することを提案した。VARはこの原則の範囲内でのみ飼いならすことができる。

## まとめ

われわれが向き合っているのは、たとえ、ゲームに分類される競技においても、すべてを正確に判定し尽くすことができないという厳然たる事実、ルールを完全にプレイに適用することができないという事実である。ピターナの前に現れたような、ハンドでありかつハンドでない場面がどのように判定されるかはもはや運である。それは大きな外野フライが風に後押しされてサヨナラホームランになるのと同じ意味で運である。審判の判定にしろ風にしろ、その場面ではどちらかに有利に働くことになるのでアンフェアなことに思えるかもしれないが、そうしたことがどちらの側にも起きうることであるならば、条件のレベルでフェアネスは担保されている。そういう場面で得をしたり損をしたりすることはスポーツの経験のなかでありふれたものの一つである。

審判はハンドと判定したがハンドではなかったかもしれない。オフサイドと判定されたがオフサイドではなかったかもしれない。「あの場面のあの判定、本当は……」。曖昧な場面の判定につきまとうこの残響のようなもの。これが誤審の可能性である。これが勝利と強さの同一化を妨げ続ける。強さが勝利に一元化されえないことが、スポーツをスポーツにする。誤審の可能性に開かれていること〈26〉。これがスポーツがスポーツとして営まれるために必要な条件である。このことは誤審が起きなければならないということを意味しない。誤審の可能性とはルールをプレイに完全に適用することの原理的な不可能性がぼんやりした形となって現れたものである。適用不可能性が誤審の可能性として、「別の判定がありえたかもしれない」という形で現れてくる。それはあくまでも「かもしれない」であって、誤審とも誤審でないとも言えない。勝利（敗北）という結果は、この誤審の可能性を伴いながら生じるものである。もし、勝利と強さの同一化が達成可能となればどうなるか。「結果的にスポーツのエートスが形骸化し、勝敗の決定にすぎないたんなるゲームへと頽落する」（川谷 2012: 73）〈27〉。

ＶＡＲに適しているのは「透明な不正義」の場面である。基本的にはテレビでリプレイを見るのと同じであるＶＡＲは誰から見ても明らかな誤審を修正するのに向いているが、それ以上のことはできない。映像さえ見れば誤審とわかる場面こそがＶＡＲの出番である。『ＶＡＲの手順』はそのようなものとして作られていた。「はっきりとした、明白な間違い」や「見逃された重大な事象」は映像を見れば「間違いだ」とか「見逃していた」と確認できるので、それが修正されることがＶＡＲに期待されていることである。それゆえ、コリンズの RINOWN 原則は『ＶＡＲの手順』に具現していると言ってもいい。見て間違いと確認できれば修正、そうでなければ修正の必要なし。これが RINOWN 原則である。だから、ＩＦＡＢはそれと知らずにＶＡＲを RINOWN 原則に従って扱うようにしていた。見てわかる間違いしか修正できないし、それでよい、と。しかし、それでも実際の運用でそれは裏切られ、ＶＡＲがはじめて採用されたワールドカップの最後のもっとも重要な試合でＶＡＲはその牙を剝いた。テクノロジーは飼い主を嚙むのだ。

注

〈1〉ここでの内田の議論はスポーツ全般というより、ゲームとされる競技、とりわけ球技（野球）が念頭に置かれている。

〈2〉FIFA「RELIVE: Referee media briefing held after group stage」https://www.fifa.com/worldcup/news/fifa-referee-team-to-brief-media-after-group-stage（二〇二〇年五月二五日閲覧）

〈3〉ＶＡＲが選手の暴力性を抑制する効果を持つ可能性については、たとえば、Ｊリーグが開いたＶＡＲに関するメディア向けの説明会におけるIFABテクニカルディレクターの発言にも見える。https://www.jleague.jp/news/article/11815/（二〇二〇年五月二五日閲覧）

〈4〉ロイター、二〇一八年七月一三日。https://www.reuters.com/article/us-soccer-worldcup-fifa-infantino/infantino-says-2018-world-cup-is-the-best-ever-idUSKBN1K31IG（二〇二〇年五月二五日閲覧）

〈5〉この二九回という数字には主審がＰＫではないと判断したがＶＡＲが介入してＰＫになったものが含まれる一方、主審がＰＫと判定したがＶＡＲによってＰＫとならなかったものは含まれていない。実際にＰＫが行われたものだけの数である。

〈6〉審判は試合結果を左右しかねない重大な判定を回避する傾向にある。たとえば、野球におけるストライクゾーンについて、カウントが０－３ならストライクゾーンが広がり、２－０ならストライクゾーンが狭くなりがちであることをモスコウィッツとウェルトヘイムが紹介している（Moskowitz and Wertheim 2011）

〈7〉　たとえば、フットボールゾーンＷＥＢ、二〇一九年五月八日。https://www.football-zone.net/archives/187662（二〇二〇年五月二五日閲覧）
〈8〉　二〇一九〜二〇シーズンからＶＡＲを導入したイングランドプレミアリーグでは、ＶＡＲによってハンドの反則を取らなかった判定が物議を醸したため、リーグがその判定の経緯を説明する羽目になった。https://www.dailymail.co.uk/sport/football/article-7670373/Manchester-City-NOT-penalty-Premier-Leagues-explanation-wrong.html（二〇二〇年五月二五日閲覧）
〈9〉　ロイター　二〇一四年六月一三日。https://jp.reuters.com/article/soccer-world-m01-bra-cro-referee-kbn0ep-idJPKBN0EP02K20140614（二〇二〇年五月二五日閲覧）
〈10〉　フットボールチャンネル、二〇一四年六月一三日配信。https://www.footballchannel.jp/2014/06/13/post43641/（二〇二〇年五月二五日閲覧）
〈11〉　この場面で主審の西村はクロアチア選手のホールディングを見ていた。ホールディングはプッシングのような反則と異なり、行為の程度ではなく、その行為そのものが反則となる。その点で、ホールディングを見た主審が反則を取るのは正しい判定である。それを踏まえてＦＩＦＡも西村の判定を支持した。しかし、それでも誤審だと言われて騒動になった。もし、この場面で西村がホールディングを見落としていてもやはり誤審だと言われたであろう。結局この試合以降、同大会で西村が主審を務めなかったのはこの騒動の影響であろう。
〈12〉　ハンドの反則の場合、手にボールが当たったものがすべて反則になるわけではなく、状況による。それだけにハンドかどうかがはっきりしない局面が生じる。二〇一九年からは攻撃側が意図なく手に当ててゴールした場合、そのゴールを認めないと明文化されたが、守備側については変更が加えられていない。意図的でなくボールが守備者の手に当たった場合はハンドではないということになるが、手の位置や動きで意図が明示されるとは限らないところが守備側の反則を取る場合の難しい点である。

〈13〉　ここで言う誤審は「ルールの適用に瑕疵がある」という川谷の定義に基づいている（第5章参照）。

〈14〉　これは繰り返し強調するべきだろう。この場面は、明らかな正しい答えがあるのに審判の能力不足でその答えにたどり着けなかったなどという場面ではない。確認できる事実がないのである。

〈15〉　オンフィールドレビューを見ないようにする運用でVARを採用したイングランドプレミアリーグはその運用をめぐって批判を浴びることになった。オンフィールドレビューにかかる時間を短縮することが目的だったわけだが、「映像だけを見ているVARに判定を委ねた形になり、「主審の決定が最終」というサッカーの根幹を揺るがしかねないと、国際サッカー連盟も問題視している」（朝日 二〇一九年一一月一六日）。

〈16〉　柔道では参照するビデオをケアシステム（Computer Aided Replay）と呼ぶ。ジュリーは審判（主審と副審）を監督し、誤った判定があった場合に修正させる立場として一九九四年から導入されていた。後にケアシステムが導入されたときにジュリーはケアシステムに基づいて審判を監督するようになった。本文の事例はまさにそのように運用されていた時期に発生した。その後、ケアシステムとジュリー、審判の関係は変更を重ねた。二〇二〇年現在の国際柔道連盟（ＩＪＦ）試合審判規定（二〇一八〜二〇二〇）によれば、「スーパーバイザーや審判委員以外がケアシステムの使用すること、もしくは使用を要請することは許されない」（13条6 ケアシステム）。スーパーバイザーは審判委員と同様の職務を担当する者として二〇一七年から導入されたもので、ＩＪＦの審判委員会のなかであらかじめ任命された七名（二〇二〇年現在）がスーパーバイザーとなっている。

〈17〉　大相撲ではビデオを担当する審判委員がいるが、彼らにはサッカーのVARのように介入の権利、大相撲で言うところの物言いの権利がない。VARの助言があった場合、主審は自ら映像を見ない限りその助言に従う他ないが、大相撲の仕組みでは必ずしもそうならない。また、大相撲ではそもそも誰が主審（レフェリー）なのかもはっきりしない。行司のように見えるが、行司には最終的な勝負判定の権限は与えられていない。物言いがあった場合、意見はできるが最終判定に加わることはできないのである。だから、その権限を持っている審判委員こそがレフェリーとも言えるが、審判委員は取組の開始や終了などを宣言しない。一方、レフェリーは行司の役割も審判委員の権限も併せ持っている。これら大相撲の判定に関する特殊性もビデオ判定を飼いならす秘訣なのかもしれない。すなわち、行司と審判委員で存在論的権威をそれぞれで異なる役割を持ちつつ分有する形になっていることと、映像を見ることのできるビデオ担当審判委員の権限が小さく抑えられていることがビデオ判定とうまく馴染むうえで重要なのかもしれない。もっとも、これについては十分な検討ができていないので、ここでは可能性を指摘するだけにとどめておきたい。

〈18〉 スポーツは賭けの対象になるが、それは試合結果がどうなるかわからないからというだけではなく、予想が成立するからでもある。予想が可能なのは、残余としての強さが試合に先行する仮象としてあるからだ。そうでなければ、スポーツの賭け率はすべて1対1にしかならない。その意味で、こうした仮象としての強さ弱さはスポーツを語ることや予想することにおける楽しみを提供してもいるだろう。

〈19〉 この思い込みが果たす機能は重要である。この思い込みがあるからこそ、審判が状況の定義をしながら判定していることを無視できるからである。審判が状況の定義をしていることがあからさまであれば、試合の進行は難しくなる。われわれの行為にはこのように、間違った思い込みであるが、その思い込みがあるからこそ行為が滞りなく遂行できたり、行為の目的が達成できたりすることがしばしば見られる。もっともポピュラーな例はお金である。特定の刻印がなされた金属片、特定の印刷がなされた紙、さらにいまではスマホに表示されたコード等に特別な価値を誤認することで実際に購買・販売行為を完遂できるとともに、その行為を通じて実際にそれらに特別な価値があったことになる。はじめて訪れた国ではじめて見たお札やコインにおもちゃのような感じを受けることがあるが、それは自分がまだ行為に及んでいないせいで、それらを貨幣として誤認しきれていないからである。

〈20〉だからピターナのオンフィールドレビューでの逡巡はまずいのである。逡巡そのものが審判の力の放棄になってしまったからである。

〈21〉同体は引き分けとも言えるが、厳密に言えば、引き分けではない。かつては広い範囲で引き分けが適用された大相撲だが、現在の引き分けはおおよそ取組続行不能な状態になった場合であり、勝負が終わらなかった場合である。同体ではいったん勝負が終わっている。終わったが勝ち負けを決められなかったというのが同体である。

〈22〉そのテクノロジーは、おそらくテニスのホークアイのようなものになるだろう。ホークアイについては第8章で詳しく検討する。

〈23〉ただし、同体による取り直しは勝負の一回性、結果の革命性という点から見れば、反スポーツ的である。それゆえ、大相撲でも同体という判定が乱発されることは慎まれなければならない（第7章参照）。

〈24〉プラティニがUEFA会長の座を追われた直接の理由は汚職疑惑によってである。しかし、本文中に見たように、プラティニが去ってすぐにGLTをUEFAの大会に採用したインファンティーノはFIFAの会長となって次はVARをワールドカップに採用し、その成功を祝いだ。この流れは、テクノロジーを最終回答とする思想がサッカー界に浸透していく過程に重なっている。プラティニの不在はプラティニが投げかけた問いまで消し去ることになった。

〈25〉GLTに誤審の可能性があるとすれば、GLTの故障や動作不良以外にない。実際、フランスでは二〇一七〜二〇一八シーズンの途中、誤作動が続き、「信頼性を欠く」として使用が一時停止された。誤審の可能性があるGLTは認められないからである。https://www.afpbb.com/articles/-/3158275（二〇二〇年五月二五日閲覧）

〈26〉繰り返し強調しておくが、現実に一つの試合のなかで、判定困難な場面が起きなければならないというわけではない。そうではなくて、可能性として誤審が起きうる条件に開かれていなければならないということである。

〈27〉 詳しく展開するには準備が足りないので簡単にとどめておくが、強さと勝利の同一化が進んでいる競技があるとすれば、それは前章でも紹介したようにテクノロジーに囲まれたなかで実施される陸上競技の短距離レースではないだろうか。そこでは何が勝負されているだろうか。同じレースを走る相手だろうか。それとも、かつて出された記録だろうか。記録の低調なレース結果になぜわれわれは関心を持てないのか。二〇一九年ドーハの世界選手権のクリスチャン・コールマンの優勝タイム九・七六を見て、ウサイン・ボルトの世界記録の九・五八と比較してしまうし、そのことによってレースそのものの価値も（間違って）低く見積もってしまう。つまり、眼の前のレースの勝ち負けに、簡単に過去のボルトが入り込んで全員を負かしてしまうのだ。これは、ボクシングで階級の違うボクサーや時代を超えたボクサーを集めてパウンド・フォー・パウンドを夢想するのとはまったく違う。九・五八というタイムがそのまま強さだからだ。ボルトの強さはほとんど九・五八に還元しきれてしまう。「九・五八は九・七六より強い、以上、終わり」である。もちろん、完全に同一化してしまっているわけではない。たとえば、風がレースに「誤審の可能性」を与え続けている。九・五八のときは追い風〇・九メートルだったがコールマンのときは〇・六メートルだった。それにコース全体に同じようにその風が吹いているわけでもない。その意味で、風がもたらす偶然性によってかろうじて誤審の可能性を残しているが、順位判定やタイム計測の圧倒的な誤審不可能性に比べれば、それはほんのわずかにすぎない。

# 第7章　見るテクノロジーと誤審——大相撲という先駆者

## はじめに

テクノロジーを判定に利用することは二一世紀のスポーツ界の大きな趨勢である。レース形式の競技以外では、チーム対戦型や個人対戦型の競技で判定にテクノロジーを利用し始めるのはおおむね二〇世紀末から二一世紀にかけてである。〈1〉そのようななかで、「伝統を重んじる」大相撲がビデオ判定を導入したのは、意外にも日本生まれのオリンピック競技柔道がビデオ判定を導入するおよそ四〇年近くも前の一九六九年であった。〈2〉ビデオ判定としては相当に早い時期の導入だったと言える。だが、一九六九年に日本相撲協会が導入を決定したときの反応は、歓迎しつつも厳しいトーンに覆われていた。たとえば、導入決定を伝える記事の冒頭の一文は次のようなものであった。「〝古式豊かな伝統〟という名のもとに〝科学の目〟を拒否してきた相撲協会が「写真を勝負判定の参考にする」と英断をくだした」（毎日 一九六九年三月一八日）。別の新聞では見出しに「世論に屈した協会　15年前から拒否し続けた〝写真〟」

（読売　一九六九年三月一八日）という具合である。これらの見出しの背後には、「長い間判定に写真判定を取り入れるべきだという声を無視し続けてきた相撲協会がここに至ってようやく導入すると判断した」というストーリーが見え隠れする。実際、毎日の記事など「結論的にいえば非常にけっこうなことだしむしろおそ過ぎた感じがしなくもない」（毎日　一九六九年三月一八日、傍点引用者）と「遅さ」への批判を交えて締めくくっている。その後の他の競技の導入状況を知る今日のわれわれからすると、遅すぎるどころか著しく早いとしか思えないのだが、当時の論調はまったく違っていた。どうやら、導入決定以前の大相撲の勝負判定に対する論調には二一世紀のわれわれが忘れてしまったものがあるようなのだ。以下では、主に朝日、毎日、読売の全国紙三紙の新聞記事を中心にビデオ判定導入以前の大相撲報道を分析し、大相撲の勝負判定がどのように報じられていたのかを考察する。

## 証拠としての写真――一九五六年初場所一一日目　吉葉山―若ノ花

大相撲に写真判定をという声はいつ頃から現れたのだろうか。先に引用した読売の見出し（一九六九年）によれば「15年前」ということなので一九五四年頃ということになるが、はたしてどうだろうか。朝日、毎日、読売の三紙のデータベースで相撲に関する「写真判定」を遡って探してみると、一九五四年ではなく一九五六年に話題になっていたことがわかる。そのうち確認できる範囲でもっとも早いのは、一九五六年の初場所一一日目吉葉山―若ノ花の取組をきっかけとするものである。

［取組］左四つに組み合った両者。吉葉山は上手ひねり、上手投げなどを試みるが、若ノ花は崩れず。逆に、若ノ花から下手ひねりを試みると、吉葉山は体を合わせてこらえる。両者の体はそのままほとんど同時に倒れた。行司の軍配は吉葉山にあがり、物言いもつかなかった。

全勝の横綱鏡里を一敗で追う大関若ノ花にとって、この取組は優勝争いに絡む重要な一番だったが、負けた若ノ花は優勝争いから後退した。起きたことがらとして見れば、普通の勝負だが、ここに相撲特有の仕組み、検査役と物言いという仕組みがある。

検査役（正式には勝負検査役）というのは江戸時代後期に置かれた中改に遡る古い役職で、行司の裁定に疑義が生じた場合に勝負の裁定を行う役割を持っていた。物言いは行司の軍配に異議を申し立てることだが、物言いの権利があったのは勝負を土俵近くで見ている検査役と控え力士で、力士本人からの物言いは認められない。現在も当時と変わらず、物言いの権利があるのは審判委員（一九六八年に検査役から名称変更）と控え力士である。物言いがつくと勝負判定のための協議が行われる。その協議には長く検査役しか参加できなかった。一九五六年当時もまだ協議は検査役だけで行われていた。現在では行司も協議に加わって意見を述べることができるようになっているが、裁定に関与するのは審判委員のみである。では、この取組について全国紙三紙の報道を見ていこう。まずはもっとも詳しく報じた読売からである。

読売は「問題の一戦」として勝負が決まる瞬間の写真を二枚掲載し、取組の内容から控室での声まで多くのスペースを割いて報じた。二枚目の写真は吉葉山のヒザ下が土俵についていることがはっきりと

# 鏡里の連続優勝濃し

大相撲初場所11日目(18日)―栃錦が松登に、若ノ花もきわどいところで吉葉山に敗れる波乱をよそに、鏡里だけは[illegible]っていぜん全勝、鏡里の連続優勝の色が濃厚となってきた。また鶴ケ嶺は大晃に辛勝、鏡に迫るただ1人の1敗。

## 松登、栃を突出す

### 若ノ花、吉葉に敗る　きわどい軍配

大相撲初場所　11日目

初場所星取表

問題の一戦

写真　吉葉山(浴倒し)若ノ花

## 憤慨する若ノ花

十二日の観点

十二日目中入後取組

新序へさらに6名

読売新聞 1956年 1 月19日

わかる写真で、その横に次のように書かれていた。「吉葉思わず右ヒザがくずれて上体のめりかかるのと同時に若左から吉葉の右の二の腕をぐいと押しつけたため吉葉たまらず右フクラハギから落ちた」（読売　一九五六年一月一九日、傍点引用者）。吉葉山の負けだったことをはっきり書き添えて、その証拠写真がこれだと言わんばかりである。そして、「西の方からは明らかに若のしかけ勝のように見えたしすくなくも同体であり、当然物言いがつくべきであった」[3]（読売　一九五六年一月一九日）と不作為の検査役たちを批判した。

読売同様に詳しく報じたのは朝日だった。こちらは読売より多い写真四枚を使って、見出しは「吉葉山、若ノ花の熱戦」である。見出しのニュアンスが読売とは少し違っている。勝負判定に疑義を唱える読売に対し、朝日は相撲内容に力点を置いている。記事の方も読売ほどはっきりと吉葉山の負けを主張するような表現を用いていない。「軍配吉葉に上ったが若の倒れるより先に吉葉の体が落ちたように見える」（朝日　一九五六年一月一九日、傍点引用者）と読売に比べて婉曲的である。朝日は四枚もの写真を掲載しているわりに誤審とは断言しない。じつは、朝日の掲載写真は読売の写真と違い、肝心の場面で吉葉山の右足が若ノ花の足に隠れてはっきり見えないのである。読売の写真と朝日の写真とは角度が少し違うだけなのだが、そのせいで朝日の写真は大事なところが隠れてしまっている。決定的な場面を押さえられなかったために、示唆する以上のことはしていない。そして、読売とのもう一つの違いは、「ほとんど同体に落ち物言いがついても良いと思われるほどの勝負で吉葉山が辛勝した」（朝日　一九五六年一月一九日）と書くだけで検査役たちに対する批判がないことである。見出しも「若ノ花、吉葉に敗る」と勝敗だけが言及されており、「問題の一戦」として取り上げた読売とはかなり違いがある。

# 若ノ花、吉葉に敗る

## 栃錦三敗 鏡、優勝の色濃し

大相撲初場所十一日目の十八日、各段の争いはいよいよ追込み戦に入り、星のつぶし合いも最高潮に達した。この日結びの三番は今場所の優勝を左右する取組が続いたが、まず栃錦は松登の体当り強襲にもろくも吹飛んで三敗となれば、続く吉葉山と若ノ花の一戦も大相撲のすえ若ノ花惜しくも敗れて二敗、それぞれ優勝候補に波乱が起きたのに反し、最後は鏡里が朝汐をがっちり組み止め堂々寄切って快勝。これでただ一人全勝の鏡里の優勝が色濃くなった。

○●…松登は栃錦に対し全くうまく立ち、左肩からガンと一発激しく体当りをくわせた。立遅れの栃はこの一撃で体を起されるどころかよたよたと後退、つけ込んだ松の突出しに簡単に土俵を割った。完全な松の立合い勝ちであるが、栃は手を下さず中腰のまま立つ立合いのスキをつかれたわけで、栃の中腰仕切はやはり一考の要があろう。

○●…吉葉山と若ノ花はほとんど同体に落ち物言いがついても良いと思われるほどの勝負で吉葉山が辛勝した。若左肩から出てすぐ左差し吉葉は右上手をとったが、若は吉葉の左を上から抑えて差させずもみ合う。吉葉ちょっと右上手のひねりを見せたが若動かず、中央で再び吉葉の左と若の右差手を争った後、若下手前ミツを引くやぐっと左肩を入れて寄り吉葉を呼び込んですぐ反対にひねりを見せた。吉葉右足から崩れて落ちかけたが、途中で一瞬残して左上手をつきつけた。このため若も腰くだけの格好で倒れ、吉葉の落ちるのがわずかでも遅かったわけである。相撲は完全に吉葉の負け、若が拾うように取った一番だったが若腰砕に負けた。

○●…鏡里と朝汐は朝の方が立合いよく右差し、鏡左上手をとりさっと左に開き退りながら右をこじ入れ右四つとなった。一呼吸後、鏡左上手からの小さな投げで朝を崩しながら右を引きつけて寄り、朝の左への回り込みを許さず寄切った。朝は立合い折角右差しとなり鏡がわずかに後退したスキを攻め切れなかったのが敗因。鏡は落着きと気力充実の勝である。(桐本)

**吉葉山、若ノ花の熱戦**

❶若ノ花(手前)が左差しから右も深く横下手をとり左足を半歩ふみ込んで左で激しくひねりを見せた❷吉葉右足から崩れ落ちかけたが倒れながら左上手をつきつける❸このため左足をふみ込んでいた若も腰くだけてななめ後に倒れかかる❹軍配吉葉に上ったが若の倒れるより先に吉葉の体が落ちたように見える。

## 検査役の横顔

### 博識の理論家 伊勢海五太夫

◇…伊勢海家というのは江戸時代から明治初期まで代々相撲会所(今の協会の前身)の筆頭取締を勤めた第一の名門で、昔の横綱谷風もこの門から出ている。今の伊勢海は十代目。名前はいかにも古めかしいが、昭和十八年ごろから戦後二十三年にかけて前頭上位で活躍したやさ男の元柏戸。せいぜい二十二貫の細い体にも似ずすこぶる腰がよく左四つ、右上手からの投げは強力で全盛期には安芸ノ海、照国らの大ものを再三食った。

◇…岩手県出身、農学校出だけになかなか博識で明朗温厚だが検査役としては自分の意見を明快に主張、理論的である。その門に廿数名を有するが十両に白龍山一人だけなのは名門からさびしく幕下の相竜、金子山らに望みをかけている。

### マジメで温和 湊川 豊

◇…昭和二十年から二十六年ごろまで前頭上位で活躍した元十勝岩。北海道出身、青年時代に全国青年相撲大会に代表選手として出場した。力が強く相撲ぶりは持久型で得意は左四つからのつり、寄り、晩年はよく打っちゃりもした。引退後二所ノ関一門の参謀役をつとめ、検査ぶりにも真面目で温和な性格がうかがわれる。

朝日新聞 1956年1月19日(記事の一部を掲載)

毎日もこの取組を取り上げているが扱いは他の二紙より小さい。写真を一枚掲載しながらも、それは決定的な場面ではなかった。相撲記事全体の見出しも「栃と若また黒星」というその日の上位力士の結果だけに言及するものだった。一枚とはいえ、写真を掲載しているぐらいなので、詳報されるいくつかの取組のうちの一つには入っているが、そこでも「吉葉危い星を拾う」とあるのみで誤審の可能性には触れられず、「おれの勝だよ。物いいがつかないのがおかしいよ」という若ノ花のコメントのみ紹介されている。

以上三紙の取り上げ方の差は掲載写真の違いによると解釈できるだろう。証拠写真となるような決定的な場面を掲載した読売がもっとも威勢のいい記事を書き、微妙な写真の朝日は大きく扱いつつも表現を選び、それらしい写真のない毎日は小さい扱いだった。この違いに、大相撲の勝敗を伝えるうえで写真が持つ威力がはっきり表れている。新聞は写真判定の有効性を自らの掲載写真を通じて示したわけである。[4]そして、決定的な証拠写真を掲載した読売の勢いはこれだけでは収まらない。

同日の「砂かぶり」というコーナーで「憤慨する若ノ花」という見出しを付けてこの取組を取り上げる。[5]自分の勝ちだったと述べる若ノ花に加え、自分も若ノ花の勝ちだったと思うという朝汐のコメントとともに、「とにかくこのように写真と判定があきらかに食いちがった最近の例として○照国―東富士（22年秋）、○照国―若ノ花（25年秋）、○照国―若葉山（27年春）、○千代の山―北ノ洋（30年初）などがあるが、陸上競技や競馬が写真判定を採用しているのに相撲界だけが、肉眼による判定を絶対としているのはどういうわけだろうか」（読売　一九五六年一月一九日）としている。写真判定を使わないのは「相撲界だけ」ではないことぐらい人気プロ野球チームの親会社で記事を書く人間が知らないわけはない。

# 栃と若また黒星

大相撲初場所 十一日目

◇…大相撲初場所十一日目の十八日は勝ち放し鏡里の有力対抗馬若ノ花、栃錦が敗れてそれぞれ二、三敗を記録したため鏡里の連続優勝が確実の形勢となってきた。

◇…この日横綱栃錦が大関松登捨身のぶちかましに完敗、若ノ花また吉葉山を窮地に追いつめながら横敗したあと、鏡里は強敵朝汐を文句なしに破って勝ち放し。この結果鏡里に続く一敗力士は平幕の[illegible]ケ岳一人だけとなった。

◇…また十両では大合崎が敗れて一敗は抽象となったが、鯱ノ海、羽子錦の二敗組も敗れたため大合崎が依然リード。しかし大合崎に続く三敗組が五人もおり優勝争いは激しさを増そう。

◇…なお吉葉山、若ノ花戦は両者の体がほとんど同体に落ちる際どい勝負だったのに、時津風検査長以下検査役はだれひとり物いいをつけなかった。こうしたケースでは勝負はともあれ一応物いいのつくのが普通だけに後味の悪いものを残した。

○出羽・大内● 大内張ってつっぱったが出羽はこらえてよく双差し、ミツを十分引きつけて一気に行司だまりにより立てれば、大内の腰全く伸びて土俵につまったところをすかさず寄切る。まわしを引きつけたのがよかった。

**松登の強烈な突き**

○松登・栃錦● 松登は栃錦に押されては損と、栃錦が立つ一瞬の呼吸を巧みにつかんで激しく双手で突いて出れば横綱の栃錦たちまち西土俵に棒立ちとなる。松登ここぞと猛烈に突放して名人を降す。不調の松登の捨身の立合いは完全に栃錦を倒し堂々たる相撲ぶりは全くすごかった。

松登談 捨身の戦法が成功した。きょうの一番は会心の一番というところだ。

栃錦談 あのぶちかましでおしまいだよ。当った時のタイミングもよかったが巧く立たれた。

**吉葉危い星を拾う**

○吉葉・若花● 左四つ、吉葉ちょっと上手ひねりを見せたが若ノ花残す。吉葉さらに上手投げを打ったが若ノ花動じない。こんどは若ノ花激しく下手ひねりを強行すれば吉葉くっついて辛くも浴せ、ほとんど同体に倒れたが、軍配吉葉に上り、吉葉危く勝つ。若ノ花の[illegible]に吉葉幸運の星を拾った。

吉葉山談 無我夢中さ。ひねったのか、上手投げを打ったか自分じゃわからない。当ってくだけろという気持しかない。

若ノ花談 おれの勝だよ。物いいがつかないのがおかしいよ。

**鏡里いよいよ好調**

○鏡里・朝汐● 右四つ、朝汐は左から攻めて赤房に寄ったが鏡里右をこじ入れて残して寄返し、さらに朝汐が白房に寄るのを鏡里巧みに回り込んで反対に寄立て簡単に寄切って鏡里の勝はいよいよすごい。

（相馬 基）

鏡里談 右を差せたからどうにか勝てたがマグレさ。朝汐は強い相撲だ。

吉葉山（手前）若ノ花を浴びせ倒す

毎日新聞 1956年１月19日（記事の一部を掲載）

この書き方は明らかな誇張なのだが、この誇張ぶりに読売の勢いのよさがよく表れている。この勢いはまだまだ止まらなかった。

読売は数日後の夕刊コラム「よみうり寸評」でも写真判定に言及する。「近代相撲が、動きの点で、ますます早く微妙になっていることを考えると、写真判定なども、困難はあろうが、真面目に研究すべきものだ」（読売夕刊 一九五六年一月二二日）。

さらに場所後にも、場所を振り返る座談会記事で吉葉山―若ノ花をまっ先に取り上げる〈6〉。

――（略）若ノ花といえばすぐ吉葉山との一戦を思い出す。ここから一つ話を始めよう。

C うちはあの一番をもっとも詳しく書いたんだが、ファンから投書は来る、電話はかかる。しかしどの新聞の写真もあれは絶対若ノ花の勝ちだったね。

（略）

――協会としてはいくら新聞の写真がどううつっていようとも断固として耳をかさぬかね。

B いままでの例によると、たとえば以前の千代の山と北ノ洋、若葉山と照国、若ノ花と照国、それから照国と東富士――みなそのとき決定したとおり動かさないんだね。あとにどんな証拠が出ても動かない。（略）

（略）

――その判定をだれがどうして決めるか。四すみに写真機を備えて撮る以外にないと思うね。

E それでわからなかったら取り直し……。（読売 一九五六年一月二三日）

このように、読売は場所中から場所後にかけて、畳みかけるように写真判定の必要性を強調したのである。

一方、読売に座談会が掲載される二日前、毎日の投書欄に「相撲に写真判定を採用せよ」という見出しの読者投稿が掲載された（毎日 一九五六年一月二一日）。記事上では誤審の可能性にまったく触れていなかった毎日にもこうした投稿が寄せられたということは、この当時、写真判定がある程度人々の口に上っていたと推測される。また、電話や投書が多かったことが読売の座談会で触れられており、大相撲での写真判定採用に対する関心がこの時期に急激に高まったことはおそらく間違いない。読者投稿に関しては読売も同年三月、「非近代的な相撲協会」というタイトルで「検査役制度にも欠陥が多いが、写真判定の採用、行司にも発言権を認めることなどは当然のことで、それが相撲界の科学化、民主化である」（読売 一九五六年三月六日）という投稿を掲載しており、関心の高まりはここからも確認できる。

## 一九五五年と一九五六年の距離——一九五五年初場所四日目 千代の山―北ノ洋

さて、一九五六年初場所より前はどうだったのだろうか。写真判定という言葉ではなくとも、写真を判定材料とすることが話題になることはなかったのだろうか。勝負判定の誤審はどのように報じられたのだろうか。そこで、読売の「砂かぶり」コーナーが「写真と判定があきらかに食いちがった最近の例」として挙げたものの中から直近、ちょうど一年前の一九五五年初場所の千代の山―北ノ洋の記事を見てみよう。

［取組］北ノ洋のもろ差しの形。千代の山が小手投げを二度試みた後、今度は北ノ洋が激しく寄る。千代の山は土俵際まで後退し、ぎりぎりのタイミングでさらに小手投げを放つ。北ノ洋はその小手投げによって転倒。しかし、行司は最後の小手投げの際に千代の山の足が先に土俵外に踏み越していたと見て北ノ洋に軍配を上げる。物言いがつき、協議の結果、北ノ洋の転倒が先と見て、千代の山の勝ちとなった。

この取組をもっとも詳しく報じたのは毎日で、写真掲載も毎日だけだった。[7] 意外なことにこの一番を「写真と判定があきらかに食いちがった」例として書いていた読売は写真を掲載していない。毎日はこの一番を、「ものいいの一戦」として「赤房下に猛烈に寄り立てた北ノ洋を千代が小手投げで決めた一瞬、しかし千代の左足は土俵を割っている」とのキャプション付きの写真で紹介し、検査役による誤審の可能性を指摘した（毎日 一九五五年一月一三日）。

読売の記事はどうだったかと言えば、誤審の可能性にはごく曖昧にしか触れていない。「行司伊之助千代にふみ越しがあったとみたのか、ウチワを北ノ洋にあげたため、東西両検査役からものいいつき協議の結果千代の山の勝に決した」（読売 一九五五年一月一三日）。肝心の「ふみ越し」の有無について読売ははっきり書かず、出来事の経過を書いただけであった。しかも、この書き方だと誤審したのが行司だったことになってしまう。

朝日も同様に経過と分析だけで誤審には触れていない。「千代は勝ったものの二の腕まで深く差した北に小手投を打つとはあまりに強引すぎた」（朝日 一九五五年一月一三日）。[8]

誤審記事を書くうえで証拠として機能する写真が重要であることはすでに指摘したが、一九五五年の記事で注目したいのは、写真を掲載して誤審を指摘したにもかかわらず、一九五五年の毎日には一九五六年の読売のような威勢のよさがなく、写真判定への言及もないということだ。しかも当日の取組で毎日がもっとも注目して「焦点の一番」のコーナーに取り上げたのは誤審とは無関係の別の取組（栃錦―若瀬川）だった。誤審の問題は証拠写真をもって指摘されただけで、一年後の読売のように写真判定の必要性を主張し、相撲の勝負判定制度を云々することはなかったのである。

一九五五年の千代の山―北ノ洋と一九五六年の吉葉山―若ノ花、いずれも一月の初場所でちょうど一年しか違わない。それだけにこの対照は際立つ。一九五六年は写真判定が大きく話題になった。しかし、一九五五年は写真判定という言葉がほとんど話題にならなかったのである。

一九五六年と一九五五年。この対照的な反応は一九五五年五月に毎日新聞に掲載された東京日日新聞（毎日新聞）の元主筆阿部真之介の「改革すべき相撲の諸制度」という論説からも間接的に確認することができる。横綱審議委員も務めた阿部の相撲に関する知識は深い。その論説では興行面から競技面に至るまで広く大相撲の問題点が指摘されている（毎日 一九五五年五月二八日）。勝負判定制度に関する問題、具体的には行司と検査役の関係、部屋持ち親方が検査役を兼ねること、その部屋に行司が所属せざるをえないこと等によって生じる不公正など、判定制度の諸問題も事細かに指摘されている。にもかかわらず、判定の正確性については何も取り上げないし、ましてや写真判定の話題はまったく出てこない。つまり、新聞紙上を見る限り、大相撲の写真判定は完全に一九五六年以降の話題なのであり、一九五六年の初場所一一日目吉葉山―若ノ花こそ写真判定前史の起点なのである。〈9〉

## テレビと写真判定

日本でテレビの本放送が始まったのは一九五三年である。戦前の一九二五年から始まったラジオ放送はすぐに受信契約数が二五万を超え、翌一九二六年には三六万に達していた。それに比べてテレビの受信契約の伸びは鈍く、一年後も五万だった。シャープ兄弟と力道山・木村政彦のプロレスが街頭テレビで視聴され、それが半ば神話的な記憶として昭和史に刻まれるほどに盛り上がったのはちょうどその頃である（小林 2011）。

受像機が高額だったせいもあってなかなかテレビの受信契約は伸びなかった。それでも本放送開始から三年、一九五六年になるとそれまでの東京、大阪、名古屋に加えて、仙台、広島、福岡、札幌でNHKのテレビ放送が始まり、受信契約数も四〇万を超えた。さらに翌一九五七年には九〇万と、急激な伸びをこの時期から見せ始める。とはいえ、世帯普及率が一〇パーセントを超えたのは一九五八年のことであり、世帯内のいわゆる「茶の間」でテレビを見ることが一般化するのはもう少し先であった。

当時のテレビの視聴は街頭テレビに代表されるように公共性の高い場所で行われていた。また、放送エリアを超えてテレビを視聴することも行われていた。たとえば、関東圏をエリアとする東京の電波がエリア外の長野などでも受信され、そこで街頭テレビのように視聴されることもあった（猪瀬 1994）。だから、受信契約数や世帯普及率が示す数字以上に、テレビは公共的な空間のなかで多くの人々に視聴されていたのである。

ＮＨＫによる大相撲のテレビ中継は一九五三年夏場所（五月）から始まった。同年九月には民放の日本テレビも大相撲の中継を開始している。同じ内容を同時に中継しているのだが、このような放送の形はしばらく広がり、一九五九年頃には、その時点までに開局した東京地区の民放すべてとＮＨＫが大相撲を同時中継するような状況になっていた。〈10〉本場所開催中の夕方はテレビをつければ必ず相撲が放送されているという状況だったのである。一九五六年初場所時の東京エリア（関東）であれば、ＮＨＫと当時開局していた民放の日本テレビ、ＴＢＳテレビ（当時ＫＲテレビ）の三局が同時間帯に大相撲中継を放送していた。街頭テレビの他、お店などの人の集まる（人を集めたい）場所などに設置された私的なテレビなど、あらゆるテレビすべてで大相撲中継が流れていたのである。国技館に行かなければ見ることのできなかった時代に比べ、ほんの数年で人々が大相撲を見ることははるかに容易になった。そして、人々はテレビのおかげで大相撲の際どい勝負の際どさを視覚的に理解するようになったのである。

当時はまだテレビで動画のリプレイを放送することはできなかった。そのかわり、ポラロイドカメラなどを使った変則的なリプレイを「駒《ママ》どり放送」として放送していた（志村・福田・山脇・谷村・佐々木 1957）。ＮＨＫは一九五六年初場所五日目から、「勝負の瞬間」としてポラロイド写真による擬似的なリプレイを放送し、好評を得ていた（志村・福田・山脇・谷村・佐々木 1957: 444）。こうした工夫により、擬似的ではあっても、テレビは勝負の決まる決定的な場面（ないしはそれに近い場面）を繰り返し映すことができるようになっていたのである。

テレビが流す齣どり放送は視聴者の大相撲を見る目を変えた。そのことは一九五六年九月に読売の「気流」欄に掲載された「相撲にも写真判定採用せよ」というタイトルの読者投稿からも見える。「先場所NHKでポラロイドカメラに一工夫した連続写真で「ただいまの取組分析」として見せてくれた。あの方法を用いれば、五、六秒の勝負も二十五枚前後の連続写真となり、はっきり勝負の結果を知ることができる」（読売 一九五六年九月一一日）。齣どり放送のおかげで、視聴者は大相撲の勝負が決まる瞬間をそのものとして見ることのできる目を手に入れたのである。言い換えれば、テレビの齣どり放送はかつての大相撲にあった勝敗判定の大らかさ、引分や預かりという裁定があった頃の大相撲の大らかさの残滓を一掃することになった。[11] 齣どり放送は大相撲がシビアに勝ち負けが決まるものであること、そして競技スポーツそのものであることを映し出したのである。

テレビ放送以前から人々は大相撲をスポーツとして受け取っていたことだろうが、受け取り方が決定的にその質において変わったのである。[12] すなわち、齣どり放送は見えなかった勝負の瞬間をはっきり見せることにより、肉眼で判別できるレベルを超えてでも相撲の勝ち負けを決定すべきであり、またそれができるという認識を人々にもたらした。

一九五六年はまだ白黒テレビで、画面サイズも一七インチや一四インチが主流だった。決して見やすいわけではないが、相撲だと競技のエリアが土俵とその周辺に限られており、比較的近くから撮影できる。野球のように外野フェンスに向かって飛んでいくボールをカメラが追いかけなければならないこともなく、土俵にどちらの体が先に落ちたか、土俵外に足が出ていたかどうかという場面は野球のボールの行方などよりずっとはっきり見える。テレビ放送以前からもともと人気の高かった相撲だが、力士たちが大きく映し出され、勝負がシンプルでわかりやすく伝わるので、テレビ画面との相性は抜群によかった。[13] 勝負の時間が短く、次々に取組が続いて見る者を飽きさせない興行スタイルと歴史的経験を持っていたこともテレビに合っていた。すでに、ラジオの大相撲中継開始時（一九二七年）に仕切りの時間制限を設けるなど、放送というメディア形式に乗りやすいフォーマットに仕上がっていたうえに、視界を遮る柱を取り除くため土俵の屋根を吊り屋根に変更するなど、協会側もテレビ放送に向けて積極的であった（金指 2015：225）。もともと潜在的にテレビに向いた素材だった大相撲が、いっそうテレビ向けのアレンジをほどこされたわけである。慢性的コンテンツ不足だったテレビ黎明期にＮＨＫと民放全局が同時生放送することになったのも、大相撲中継ほどテレビに合った人気コンテンツを作ることが難しかったからである。それからほどなくして大相撲は栃若時代と呼ばれるスター横綱が牽引する隆盛期を迎えることになるが、それにはテレビと大相撲の密な関係が果たした役割も大きかっただろう〈14〉。

テレビ中継が人気になるなかで、大相撲はテレビの普及率以上に多くの人々に見られた。そのような環境のなかで、一九五六年初場所を放映したＮＨＫは齣どり放送というリプレイによって行司や検査役にはない優越的な視点を視聴者に提供していたのである。こうしてこの一九五六年初場所一一日目の吉葉山―若ノ花が写真判定前史の起点となる準備が整った。ここからテレビは写真判定の実現可能性を、画面を通じて実践的に視聴者に提供していくことになる。

## 写真判定と新聞――一九五九年春場所七日目　朝汐―北の洋、一一日目　若乃花―北の洋

とはいえ、写真判定を求める声が高まる一方だったわけではない。きっかけとなった一九五六年初場所にしても、読売こそ写真判定の必要性を強調していたが、毎日や朝日はそうではなかった。両紙の場

所後の振り返り記事を見ると毎日は「写真判定の声さえわき上ったが、実のところ、これは相撲が激しくなった反面、行司、検査役の不勉強による能力低下」によるものであり、「写真判定もよいが、それより行司、検査役の奮起でその技術向上をはかることが第一である」と書いていた（毎日 一九五六年一月二三日）。朝日の方は、「「写真判定」は技術的に難しい点もあり、これによって果して真実の姿がとらえ得るかどうかはなお疑問の余地があるが、よほど問題は少なくなるに違いない。しかしなにより大事なことは行司も検査役も部屋関係にとらわれず、（略）公平無私の立場で勝負を見、確信と勇気を持って自分の意見を述べることが先決」といった具合である（朝日 一九五六年一月二四日）。毎日、朝日のいずれも写真判定に一定の優位性を認めつつも、それよりも現状の人員の技量向上、能力向上が優先されるべきという論調だった。

こうした論調は変化するのだろうか。一九五六年から三年後、上位力士の取組での誤審が続いたことで話題になった一九五九年三月の春場所を見てみよう。まずは七日目の朝汐と北の洋である。

［取組］仕切りのときから間合いを詰めていた北の洋は左を差して朝汐を土俵際まで一気に寄る。このとき、朝汐の右足が土俵外に浮き出てしまう。が、右足が下についたと判断されず、取組は続く。北の洋は右も巻き変えてもろ差しの形でもう一度寄るが、朝汐は土俵際で残し、右からの上手投げで北の洋を逆転した。

読売はビデオテープを元にした写真を掲載して誤審の可能性を指摘する。「赤標前に北の洋が寄った

# 勝放しは3力士

# 若羽黒も土つく

## 両横綱は快調そのもの

大相撲春場所 7日目

## 柏戸も全勝街道を

【大阪発】大相撲春場所七日目（十四日・大阪体育館）＝朝汐は立合い北の洋の突進をささえ切れず[illegible]

[illegible]

## 足が出た朝汐

### 行司、検査役の大黒星

土俵から

検査役の言い分

朝汐、問題の一番

[illegible]

春場所星取表

八日目中入後取組

[illegible]

読売新聞 1959年 3 月15日

とき朝汐の右足は出ていた。（ただ写真は二階正面から写したため足が土俵外の土についていたのかどうかはわからない）」（読売 一九五九年三月一五日）。掲載写真が確実な証拠でないことをカッコ書きで補足している。にもかかわらず、「足が出た朝汐 行司、検査役の大黒星」という見出しが写真の上に躍っている。相撲評論家で読売新聞嘱託だった彦山光三は「土俵から」というコラムで次のように書いた。「赤標下の検査役（待乳山）も東検査役（春日山）も全く気がつかなかったのははなはだしい失態。そのまま〝見逃し〟て（略）物言い出ず。筆者はこのような場合勝敗を〝訂正〟すべきことをかねて強調してきたが、改めて相撲協会の〝善処〟を要望してやまない」（読売 一九五九年三月一五日）。ただし、検査役が見落としたという批判に十分な根拠はなかった。近くで見ていた検査役の春日山と待乳山はともに土俵外のいわゆる蛇の目に朝汐の足跡がないとコメントしている。〈15〉「私は朝汐の足より低いところでみていた。土俵の外には〝足カタ〟もなかった」（春日山）、「その証拠には土俵の外の砂には全然形がない」（待乳山、いずれも読売 一九五九年三月一五日）。検査役らは見落としていたのではなく、足が土に付かなかったと判断したわけである。これらのコメントが正しいとすれば彦山のコラムは勇み足だが、戦前から相撲評論家として知られた彦山は読売の相撲記事全体に影響を及ぼす存在であった。審判制度に対する彦山の批判的な姿勢は読売の紙面全体に及んでいたのである。

朝汐―北の洋においてもっとも焦点となったのは朝汐の右足だった。毎日も「問題残す朝汐の右足」という見出しとともに読売同様の写真を掲載した。「写真はカメラが正面の上部から見おろすような角度（テレビカメラと同じ）からうつしているので右足の指が土俵外の砂についているように見えている」としながら、検査役の「浮き足」という見解を紹介し、「浮いていたかどうか足の影があるのでよくわ

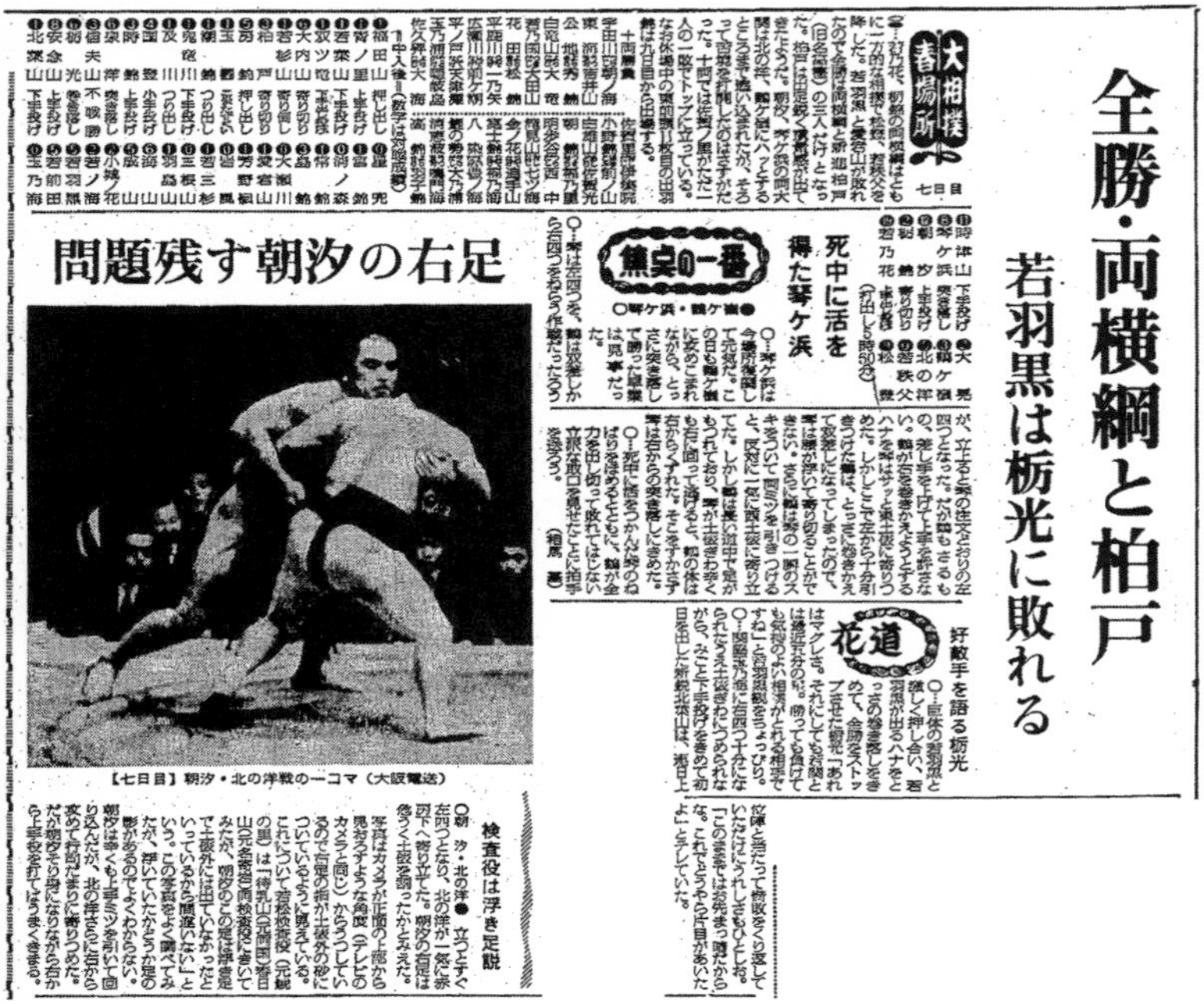

# 全勝・両横綱と柏戸

## 若羽黒は栃光に敗れる

大相撲春場所　七日目

○…若乃花、栃錦の両横綱はともに一方的な相撲で松登、若秩父を降した。若羽黒と愛宕山が敗れたので全勝は両横綱と新進柏戸（旧名富樫）の三人だけとなった。柏戸は出足鋭く房錦を寄り切った。朝汐、琴ケ浜の両大関は北の洋、鶴ケ嶺にハッとするところまで追い込まれたが、そろって窮地を打開したのはさすがだった。十両では佐賀ノ花がただ一人の一敗でトップに立っている。なお休場中の東前頭11枚目の出羽錦は九日目から出場する。

時津山　下手投げ　大晃
琴ケ浜　突き落し　鶴ケ嶺
朝汐　上手投げ　北の洋
栃錦　寄り切り　若秩父
若乃花　上手出し投げ　松登
（打出し5時50分）

### 焦点の一番

○琴ケ浜・鶴ケ嶺●

### 死中に活を得た琴ケ浜

○…琴ケ浜は今場所復調して元気だ。この日も鶴ケ嶺に攻めこまれながら、とっさに突き落して勝った早業は見事だった。

○…琴は左四つを、鶴は双差しから右四つをねらう作戦だったろうが、立上ると琴の注文どおりの左四つとなった。だが鶴もさるもの、差し手を上げて上手を許さない。鶴が右を巻きかえようとするハナを琴はサッと東土俵に寄りつめた。しかしここで左から十分引きつけた鶴は、とっさに巻きかえて双差しになってしまったので、琴は腰が浮いて寄り切ることができない。さらに鶴は琴の一瞬のスキをついて両ミツを引きつけると、反対に一気に西土俵に寄り立てた。しかし鶴は長い道中で足がもつれており、琴が土俵ぎわ辛くも右に回って逃げると、鶴の体は右からくずれた。そこをすかさず琴は右からの突き落しにきめた。

○…死中に活をつかんだ琴のねばりをほめるとともに、鶴が全力を出し切って敗れてはしまったが立派な取口を見せたことに拍手を送ろう。（相馬　基）

### 花道

好敵手を語る栃光

○…巨体の若羽黒と激しく押し合い、若羽黒が出るハナをとっさの巻き落しをきめて、全勝をストップさせた栃光「あれはマグレさ。それにしても若関とは接近五分の星。勝っても負けても気持のよい相撲がとれる相手ですね」と若羽黒戦をちょっぴり。

○…関脇安念山に右四つ十分になられたうえ土俵ぎわにつめられながら、みごと下手投げをきめて初日を出した新鋭北葉山は、連日上位陣と当たって惜敗をくり返していただけにうれしさもひとしお。「このままではお先まっ暗だったからな。これでどうやら片目があいたよ」とテレていた。

## 問題残す朝汐の右足

【七日目】朝汐・北の洋戦の一コマ（大阪電送）

### 検査役は浮き足説

○朝汐・北の洋●　立つとすぐ左四つとなり、北の洋が一気に赤房下へ寄り立てた。朝汐の右足は危うく土俵を割ったかとみえた。

写真はカメラが正面の上部から見おろすような角度（テレビのカメラと同じ）からうつしているので右足の指が土俵外の砂についているように見えている。これについて若松検査役（元鯱の里）は「待乳山（元両国）春日山（元名寄岩）両検査役に聞いてみたが、朝汐のこの足は浮き足で土俵外には出ていなかったといっているから間違いない」という。この写真をよく調べてみたが、浮いていたかどうか足の影があるのでよくわからない。

朝汐は辛くも上手ミツを引いて回り込んだが、北の洋さらに右から攻めて行司だまりに寄りつめた。だが朝汐そり身になりながら右から上手投を打てばうまくきまる。

毎日新聞 1959年 3 月15日（記事の一部を掲載）

からない」と結論する（毎日 一九五九年三月一五日）。読売と同じ写真に基づきつつ、検査役の見解も紹介しているが、あくまで見出しは「問題残す」であり、行司、検査役に対する直接的な批判は見られない。加えて、読売との違いで重要なのは「検査役は浮き足説」という小見出しを付している点である。検査役のコメントについては読売の方が詳しく掲載しているが、見出しにはなっていない。

もう一つ、読売の記事のなかに注目すべきところがある。「朝汐の右足が土俵外に出ていてテレビをみていたファンは「朝汐の負」と思ったそうだ」（読売 一九五九年三月一五日）。「テレビを見ていたファン」というのがポイントである。微妙な勝負の微妙さを理解し、判定に文句を言えるのは、実際に土俵を見ている観客よりもテレビの前の人々であり、また観客よりもテレビ視聴者の方が数の上でも圧倒的に多い。テレビの世帯普及率はこの年に二〇パーセントを超え、翌一九六〇年には五〇パーセントに迫るほど急増していた。

そして、朝日はと言うと、写真掲載も誤審の指摘もなく、ただ取組内容を伝えるだけだった。

二日後の九日目。また微妙な判定があった。今度は東の正横綱若乃花と相手はここでも北の洋の一番だった。

［取組］若乃花―北の洋。激しい立ち会いから北の洋はもろ差しとなる。若乃花も素早く右を巻き変えて、右四つ。北の洋が厳しく寄るところ、若乃花は回り込みながら上手投げにいく。北の洋は若乃花の立ち足に右手をかけて渡し込みにいく。両者の体はほとんど同時に倒れ込む。軍配は若乃花だったが、物言いがついて北の洋の勝ちとなる。

読売はトップの見出しで「若乃花、無念の黒星」と誤審を強調。そして、リードには、「結びの一番若乃花―北の洋ははげしい攻め合いを演じ、両者同体となって正面土俵に倒れ〝うちわ〟は若乃花に上ったが〝物言い〟がつき、木村庄之助の差違いが決まって北の洋にがい歌があがった。（行司の判定の方が正しかったと思われる）」（読売　一九五九年三月一七日）。読売はわざわざカッコ書きで行司が正しかったと補足した。しかも、記事ではなくリードで。その根拠は右から倒れ込んだ北の洋の右足の親指が返っ

# 若乃花、無念の黒星

## 北の洋が渡込み

### 物言いで軍配くつがえる

大相撲春場所 9日目

問題の一番 ●正面土俵へ寄進る北の洋を若乃花が二度目の上手投を打てば、北の洋も右へ傾きながら右から渡込みにいった。渡込まれた若乃花、危うくなりながら右上手からぐいと突きつければ、北の洋の右足流れて親指が返った。これは「死足（しにあし）」この足になると"負け"とされている ●ついで若乃花さらに右上手を突きつければ北の洋の右ヒジが一瞬早く落ちた。

土俵から

北の速攻に若棒立ち

砂かぶり

誕生日を嘆く若乃花

「北が先についた」

「見た通り上げた」

春場所星取表

読売新聞 1959年 3 月17日（記事の一部を掲載）

て右ひじが先に土俵についているように見える写真である。この写真を根拠に例によって彦山は検査役批判を繰り広げる。「写真ではっきりしているように若の〝勝体〟十分なのにもかかわらず、検査役は一体どこをみていたのか」(読売 一九五九年三月一七日)。

彦山が「勝体」としているのはおそらく一般的には「死に体」という相撲用語と対になる「生き体」のことかと思う。生き体とは「勝負がほとんど決まりかけたように見えても、まだ相手に対して抵抗することができ、逆転の可能性が残っていると判断される体勢のこと」(金指 2015: 17) で、逆転の可能性がなくなった体勢が死に体である。たとえば、足裏が土俵についていればまだ生き体で、足裏が土俵から離れてしまうと死に体という解釈が成り立つ。したがって、ここでは北の洋の残った右足の親指がまだ土俵についていれば生き体、爪側に返っていれば死に体と解釈できる。ただし、死に体については勝負規定に記載はなく、何を死に体と判断するかは明文化されていない[16]。行司や審判委員の解釈次第で判断されるものである。

この取組に対する毎日の見解は読売とまったく違っていた。読売よりも詳しく連続写真を四枚掲載し、かつ最後の倒れ込む場面の写真は読売と同じ角度の写真を使用していた[17]。そのキャプションは「ほとんど同体に落ちる」である(毎日 一九五九年三月一七日)。たしかに、その写真は読売が指摘していたように、北の洋の右足親指が返っているようにも見えるし、右ひじが先に落ちているようにも見える。だが、返っていることがわかるわけでも、落ちていることがわかるわけでもない。見ようと思えばそのようにも見えるという程度である。両紙が掲載した写真はいずれの勝ちとしても有力な証拠になっていない。よく見れば、読売毎日の言う「ほとんど同体」というのが写真からの判断として妥当なところである。

# 若乃花に土つく

# 北の洋が大金星

## 庄之助の差違え 全勝は栃錦だけ

大相撲春場所 九日目

【一】…勝放しの横綱若乃花が北の洋の渡しこみに敗れる大番狂わせがあって場内はわき上った。土俵際若乃花が上手投げを打ち、北の洋が倒れながら渡しこみ、ほとんど同体に倒れたとき行司庄之助は軍配を若乃花に上げたが、物いいがつき行司の差し違いで北の洋の勝となったのだ。これで勝放しは若羽黒を軽くさばいた栃錦だけとなった。

【一】…平幕で一敗の朝汐を破った柏戸と鶴ケ嶺を倒した愛宕山がともに給金を直し、大関琴ケ浜も栃光に辛勝し勝越しを決定したが、小結の若秩父はまたも敗れてついに負越し、転落がきまった。また殊勲の成山はいぜん芽が出ず九連敗となった。十両では佐賀の虫が依然一敗でトップ。

○全勝 栃錦
○1敗 若乃花 琴ケ浜 愛宕山 柏戸

**栃光、奮闘したが…**

○琴ケ浜・栃光● 栃光激しくぶちかまして左を差す。琴左を差そうとすれば栃右ワキを固めて許さず、やがて左四つ、栃腰を低く寄れば、琴西土俵にさがったが、右上手十分引いて残し寄り返す。栃なおも行司だまりに寄り立てれば、琴左にうっちゃる。

【評】初相撲に勝ったが、土俵ぎわに強い琴が左四つ十分なので相手の出足を利用して辛くもうっちゃった。栃よく攻めたものの、琴に十分に組まれていたので、土俵ぎわの寄りも膠着で効果がなかった。

**栃錦、見事な変り身**

○栃錦・若羽黒● 若羽頭を下げて出れば栃右に飛ぶ。若羽向き直ろうとするところ、栃飛び込んで西土俵に押し出す。

【評】相撲の差で、若羽も全然問題ではなかった。栃は若羽の出足を予期して体をかわしたが、そのあとの攻めにはさすがに素早かった。（中野）

=中入後（数字は対戦成績）=

❼大内山 寄り切り ❶宮錦
❶玉響 掛け投げ ⓪清ノ森
❶若ノ里 寄り切り ⓪福田山
❸若葉山 はたき込み ❺及川
❶若杉山 寄り切り ⓪島錦
❷星兜 突き落し ❷出羽錦
❷常錦 押し出し ❸泉洋
❶柏戸 寄り倒し ⓪房錦
❹岩風 寄り切り ⓪芳野嶺
❺三根山 寄り切り ❷時錦
❽若三杉 上手投げ ❶鬼竜川
❼双ツ竜 寄り切り ❾羽島山
❹大瀬川 寄り切り ❸国登
❼潮錦 上手投げ ❺成山

❶北葉山 寄り倒し ❷小城ノ花
❶愛宕山 首投げ ❶鶴ケ嶺
❻松登 寄り倒し ⓪海山
❻安念山 下手投げ ❼大晃
⓫玉乃海 寄り倒し ❹時津山
❷若前田 寄り切り ⓪若秩父
❾琴ケ浜 うっちゃり ❷栃光
⓭朝汐 押し倒し ❺信夫山
⓲栃錦 押し出し ❸若羽黒
❸北の洋 渡し込み ⓭若乃花

（打出し5時53分）

=十両勝負=

[illegible]

## 焦点の一番

北の洋・若乃花

# 若、ムリな上手投げ

【一】…相撲ほど微妙な勝負はない。若乃花の上手投げを北は一瞬の渡し込みで勝敗を逆転してしまった。捨て身の北は立合い激しく出て双差しになった。若は出足鋭い北の寄りに先をとられ動揺したが素早く右で上手を引き、左をまきかえて左四つ。東土俵から正面へと逃げる。これで若は守勢ながら一応体勢を整えた。

【一】…しかし若は立合いの動揺で勝負をあせった。そして北がしぶとく寄り攻めるのをこらえながら正面土俵で回り込みながら強引な上手投げで一気にきめようとした。これはカンの働きでなく焦慮の働きである。だから若の体は硬くなっていた。いつもなら腰を沈めて体を開いて投げを打つのに、このときはたたきつけ倒してやれとちょっと体をそらせるように上手投げで北を吹飛ばそうとした。だが投げというものは「反対の足を踏込んでそのままの体勢で打って、やられたときは反対の足を引いて打て」という古くからの原則がある。この場合は当然投げを打ち他の反対の足（若の左足）を十分に引いて打たなくてはならない。それを足を引くことが遅かったので北は倒れながら右でとっさに若の左足を渡し込んだのだ。そのため北より一瞬早く若は土俵に倒れた。

【一】…この一番たしかに北の立合い勝ちが勝因といえるが、一瞬早くてうまい若が投げを打つ理を忘ったことは、魔がさしたとでもいうことか。（相馬基）

**きわどい勝負の一瞬**

❶北の洋（左）が双差しで寄るところを若乃花、左を巻きかえ正面に回りながら上手投げを打つ❷北（左）はこらえて若について出ながら❸若（右）の左足へ右手をかけて渡し込みにいき❹ほとんど同体に落ちる（大阪電送）

庄之助の話 北の洋の上体から先に落ちたと思う。私の間違いだから一応進退伺いは出す。

吉葉山検査役（正面）=検査長の役目=の話 伊勢ノ海、高田川、尚友の三検査役が若乃花の体が早く落ちたといい、佐渡ケ嶽検査役だけが北の洋の方が早いと主張した。私も若乃花の方が早いとみたし、ほかの人の意見が三対一になったので、規定どおり北の洋の勝ちと決めた。

## 花道

# 暗い二人の誕生日

……若乃花と若秩父……

○…二人の"暗い誕生日"……。この日二十才を迎えた小結若秩父は若前田から八つ目の黒星をつけられ、早くも負け越しが決定すれば、同時に三十一才の誕生日を迎えた御大若乃花も立行司の差し違いで初黒星をもらった。

○…若乃花が支度部屋に引揚げたと若フロ場で朝汐が「取り直しかと思ったのだ」と声をかけると「ウン、オレもそうかと思った」若は答えながら顔を洗い、タバコを一服してから痛そうに左のわき腹をなでる。「ここがさきについたんだ」手足からついたんじゃない——といいたそうだ。しばらく考えこんでから「誕生日というのはたしかによくないぞ」と一人でうなずき「勝負の世界はむずかしい。勝つことも楽じゃないよ」としみじみと語った。

**笑い止まらぬ北の洋**

○…フロにつかる金星の北の洋に何回もフラッシュが光る。そばで全勝の栃錦がニコニコながめていた。北の洋は「立合いあわてずに出て、二本差したのがよかった」と勝因を語る。いつも愛相のいい人だが、この日は何を聞かれてもニコニコ。「七日目の朝汐との一番が惜しいですね」といわれ、ウーンとうなってまた笑った。

## 終盤戦の展望

# 栃錦が最有力

優勝争い カギにぎる朝汐

○…"若乃花と朝汐の争い"とみられた春場所だったが、ともに一、二敗して勝放しは栃錦だけになってしまった。朝汐は若乃花と鶴ケ嶺に負けたのだが、いずれも完敗だった。朝汐の力より精神的な動揺からヘタな相撲をとって負けたといえよう。だが「夏場所も名古屋場所もあるのだからあせることはない」という心境になったそうだ。だからこれからの朝汐はこわい存在になろう。

○…若乃花は八日目までは力を十分に出し切った相撲は少なく、そこにやや不安が持たれていた。九日目北の洋に敗れた一戦は勝負は疑問としても、相撲ではたしかに負けていた。このようなことがいつかくるのではないかという予感が当たったわけだ。その点栃錦は対安念山戦を除いて堅実な取口に終始したといえる。そして徐々に調子をあげている。そのうえただ一人の勝放しだ。まず優勝への最短距離にある。

この三人のほか琴ケ浜も一敗だが、栃錦、朝汐を倒さなければならない点、ちょっと不利だろう。

○…これからの対戦相手をみれば若乃花が栃錦、朝汐、時津山、若羽黒、若前田、一方の栃錦が若乃花、朝汐、琴ケ浜、玉乃海、時津山。これをみると、栃錦には琴ケ浜、玉乃海の二所ノ関系が残っている。そして若乃花には若羽黒、栃光がうるさい相手だが、栃錦が玉をこわがるのに比べればやや軽いようだ。しかしこの三人の最大の勝敗はやはり朝汐だ。終盤でもつれていずれも二敗になる場合も考えられ、そうなると朝汐にもまた同点決勝への望みが残されているといえよう。（中野）

## 大相撲春場所星取表

（○勝、●敗、□不戦勝、■不戦敗、や休、☆勝越し、★負越し、星の下の力士名は対戦相手）

| 【東】 | 1 | 2 | 3 | 4 | 5 | 6 | 7 | 8 | 9 | 10 |
|---|---|---|---|---|---|---|---|---|---|---|
| ☆若花 | [illegible] | [illegible] | [illegible] | [illegible] | [illegible] | [illegible] | [illegible] | [illegible] | [illegible] | |
| 朝汐 | [illegible] | [illegible] | [illegible] | [illegible] | [illegible] | [illegible] | [illegible] | [illegible] | [illegible] | |
| 時津 | [illegible] | [illegible] | [illegible] | [illegible] | [illegible] | [illegible] | [illegible] | [illegible] | [illegible] | |
| 若前 | [illegible] | [illegible] | [illegible] | [illegible] | [illegible] | [illegible] | [illegible] | [illegible] | [illegible] | |
| 若羽 | [illegible] | [illegible] | [illegible] | [illegible] | [illegible] | [illegible] | [illegible] | [illegible] | [illegible] | |
| 信夫 | [illegible] | [illegible] | [illegible] | [illegible] | [illegible] | [illegible] | [illegible] | [illegible] | [illegible] | |
| 大晃 | [illegible] | [illegible] | [illegible] | [illegible] | [illegible] | [illegible] | [illegible] | [illegible] | [illegible] | |
| 若海 | [illegible] | [illegible] | [illegible] | [illegible] | [illegible] | [illegible] | [illegible] | や | や | |
| 鶴嶺 | [illegible] | [illegible] | [illegible] | [illegible] | [illegible] | [illegible] | [illegible] | [illegible] | [illegible] | |
| 小城 | [illegible] | [illegible] | [illegible] | [illegible] | [illegible] | [illegible] | [illegible] | [illegible] | [illegible] | |
| 国登 | [illegible] | [illegible] | [illegible] | [illegible] | [illegible] | [illegible] | [illegible] | [illegible] | [illegible] | |
| 鬼竜 | [illegible] | [illegible] | [illegible] | [illegible] | [illegible] | [illegible] | [illegible] | [illegible] | [illegible] | |
| 三根 | [illegible] | [illegible] | [illegible] | [illegible] | [illegible] | [illegible] | [illegible] | [illegible] | [illegible] | |
| 房錦 | [illegible] | [illegible] | [illegible] | [illegible] | [illegible] | [illegible] | [illegible] | [illegible] | [illegible] | |
| 泉洋 | [illegible] | [illegible] | [illegible] | [illegible] | [illegible] | [illegible] | [illegible] | [illegible] | [illegible] | |
| ★出錦 | [illegible] | [illegible] | [illegible] | [illegible] | や | や | や | や | [illegible] | |
| 島錦 | [illegible] | [illegible] | [illegible] | [illegible] | [illegible] | [illegible] | [illegible] | [illegible] | [illegible] | |
| 若葉 | [illegible] | [illegible] | [illegible] | [illegible] | [illegible] | [illegible] | [illegible] | [illegible] | [illegible] | |
| 青里 | [illegible] | [illegible] | [illegible] | [illegible] | [illegible] | [illegible] | [illegible] | [illegible] | [illegible] | |
| 玉櫻 | [illegible] | [illegible] | [illegible] | [illegible] | [illegible] | [illegible] | [illegible] | [illegible] | [illegible] | |
| 芳野 | [illegible] | [illegible] | [illegible] | [illegible] | [illegible] | [illegible] | [illegible] | [illegible] | [illegible] | |
| 常錦 | [illegible] | [illegible] | [illegible] | [illegible] | [illegible] | [illegible] | [illegible] | [illegible] | [illegible] | |
| 及川 | [illegible] | [illegible] | [illegible] | [illegible] | [illegible] | [illegible] | [illegible] | [illegible] | [illegible] | |
| 星兜 | [illegible] | [illegible] | [illegible] | [illegible] | [illegible] | [illegible] | [illegible] | [illegible] | [illegible] | |
| 若杉 | [illegible] | [illegible] | [illegible] | [illegible] | [illegible] | [illegible] | [illegible] | [illegible] | [illegible] | |

| 【西】 | 1 | 2 | 3 | 4 | 5 | 6 | 7 | 8 | 9 | 10 |
|---|---|---|---|---|---|---|---|---|---|---|
| ☆栃錦 | [illegible] | [illegible] | [illegible] | [illegible] | [illegible] | [illegible] | [illegible] | [illegible] | [illegible] | |
| ☆琴浜 | [illegible] | [illegible] | [illegible] | [illegible] | [illegible] | [illegible] | [illegible] | [illegible] | [illegible] | |
| 玉海 | [illegible] | [illegible] | [illegible] | [illegible] | [illegible] | [illegible] | [illegible] | [illegible] | [illegible] | |
| ★若秩 | [illegible] | [illegible] | [illegible] | [illegible] | [illegible] | [illegible] | [illegible] | [illegible] | [illegible] | |
| 栃光 | [illegible] | [illegible] | [illegible] | [illegible] | [illegible] | [illegible] | [illegible] | [illegible] | [illegible] | |
| 北洋 | [illegible] | [illegible] | [illegible] | [illegible] | [illegible] | [illegible] | [illegible] | [illegible] | [illegible] | |
| 松登 | [illegible] | [illegible] | [illegible] | [illegible] | [illegible] | [illegible] | [illegible] | [illegible] | [illegible] | |
| 安念 | [illegible] | [illegible] | [illegible] | [illegible] | [illegible] | [illegible] | [illegible] | [illegible] | [illegible] | |
| 北葉 | [illegible] | [illegible] | [illegible] | [illegible] | [illegible] | [illegible] | [illegible] | [illegible] | [illegible] | |
| ★成山 | [illegible] | [illegible] | [illegible] | [illegible] | [illegible] | [illegible] | [illegible] | [illegible] | [illegible] | |
| ★羽島 | [illegible] | [illegible] | [illegible] | [illegible] | [illegible] | [illegible] | [illegible] | [illegible] | [illegible] | |
| 潮錦 | [illegible] | [illegible] | [illegible] | [illegible] | [illegible] | [illegible] | [illegible] | [illegible] | [illegible] | |
| 岩風 | [illegible] | [illegible] | [illegible] | [illegible] | [illegible] | [illegible] | [illegible] | [illegible] | [illegible] | |
| 海山 | [illegible] | [illegible] | [illegible] | [illegible] | [illegible] | [illegible] | [illegible] | [illegible] | [illegible] | |
| ☆愛宕 | [illegible] | [illegible] | [illegible] | [illegible] | [illegible] | [illegible] | [illegible] | [illegible] | [illegible] | |
| 大瀬 | [illegible] | [illegible] | [illegible] | [illegible] | [illegible] | [illegible] | [illegible] | [illegible] | [illegible] | |
| 双竜 | [illegible] | [illegible] | [illegible] | [illegible] | [illegible] | [illegible] | [illegible] | [illegible] | [illegible] | |
| ☆柏戸 | [illegible] | [illegible] | [illegible] | [illegible] | [illegible] | [illegible] | [illegible] | [illegible] | [illegible] | |
| 若三 | [illegible] | [illegible] | [illegible] | [illegible] | [illegible] | [illegible] | [illegible] | [illegible] | [illegible] | |
| 福田 | [illegible] | [illegible] | [illegible] | [illegible] | [illegible] | [illegible] | [illegible] | [illegible] | [illegible] | |
| 宮錦 | [illegible] | [illegible] | [illegible] | [illegible] | [illegible] | [illegible] | [illegible] | [illegible] | [illegible] | |
| 清森 | [illegible] | [illegible] | [illegible] | [illegible] | [illegible] | [illegible] | [illegible] | [illegible] | [illegible] | |
| 時錦 | [illegible] | [illegible] | [illegible] | [illegible] | [illegible] | [illegible] | [illegible] | [illegible] | [illegible] | |
| 大内 | [illegible] | [illegible] | [illegible] | [illegible] | [illegible] | [illegible] | [illegible] | [illegible] | [illegible] | |

## 十日目取組

十両

[illegible]

=中入後（数字は対戦成績）=

[illegible] 2—2 星兜
及川 1—3 芳野
宮錦 2—2 常錦
若杉（初）玉響
若三（初）清森
島錦 2—5 出錦
大瀬 6—4 若葉
愛宕 1—0 青里
海山 2—5 大内
双竜 7—3 三根
岩風 1—3 時錦
房錦 2—0 鬼竜
潮錦（初）福田

柏戸 0—2 国登
成山 3—3 泉洋
小城 0—2 鶴嶺
北葉 2—0 羽島
安念 6—3 若海
松登 10—2 大晃
玉海 8—6 北洋
若秩 1—2 時津
若羽 1—12 朝汐
琴浜 13—4 信夫
栃光 1—10 若花
栃錦 11—1 若前

毎日新聞 1959年 3月17日

もリードのなかで「両者同体となって」と書いているほどである。

もっとも、キャプションこそ「ほとんど同体」だったが、毎日は相撲内容に優れていた北の洋が勝者にふさわしいと見ていた。「北の立合い勝ちが勝因といえるが、一面強くてうまい若が投げを打つ理を怠ったことは、魔がさしたとでもいうことか」（毎日　一九五九年三月一七日）。読売の写真が勝負の決まる寸前の二枚だったのに対し、毎日が四枚も掲載したのは取組の流れをわかりやすく示して、北の洋が優勢な相撲内容を解説するためだったのだ。だから、「ほとんど同体」と書く一方で、取り口の分析からは若乃花の負けと見たわけである。〈18〉

同じ写真を使いながらも読売と毎日ではその目的が違っていた。読売は勝負の瞬間を見せるための写真、毎日は勝負の内容を分析するための写真だった。こうした違いは判定テクノロジーに対する姿勢の違いと連動している。サッカーでGLTの採用に積極的な人々はゴールラインをボールが通過するかどうかという場面こそが試合の結果を左右すると考える（Nlandu 2012: 452）。一点先取で勝負が決まるわけではないサッカーでさえゴール場面の重要性が意識されるのだから、「先に〇〇したら負け」という一点先取型の大相撲なら、最後の勝負の瞬間こそもっとも重要な瞬間と考えて不思議はない。勝負内容の分析を相撲報道の中心にした毎日に対し、読売は最後の場面をもっとも重視していたと言えるだろう。

さて、朝日は若乃花─北の洋をどう見ただろうか。「若乃花と北の洋の一番は、新聞写真で見ても、テレビのビデオテープで見ても、まず取直しが適当である」（朝日　一九五九年三月一七日）。朝日は同体だと判定した。「ほとんど同体」ではなく、同体である。だから「取直しが適当」なのだ。

朝日の写真は他の二社とまったく違う写真だった。角度も正反対で、両者の体ともが完全に宙に浮い

# 若乃花、敗れる

大相撲春場所 九日目

## 庄之助の差し違い

## 検査役、四対一で決める

若乃花についに土がついた。結びの一番で北の洋の速攻に敗れ、右上手からの投げで残したが、北の激しい寄りにくずれ、投げを打ちながらほとんど同体に落ちた。立行司庄之助の軍配は若に上ったが、正面の伊勢ノ海検査役から物言いがつき、相談協議したのち北の洋の勝ち、立行司庄之助の差し違いとなった。栃錦は若羽黒の突張をかわして前に押し出して全勝を守っている。

若葉山（はたき込み）及川
若杉山（寄切り）島錦
田兜（突落し）出羽錦
常錦（突出し）泉洋
柏戸（寄倒し）房錦
岩風（つり出し）芳野嶺
三根山（寄切り）時錦
若三杉（上手投）鬼竜川
双ツ竜（寄切り）羽島山
大瀬川（寄切り）国登
潮錦（上手投）成山
北葉山（寄倒し）小城ノ花
愛宕山（首投げ）鶴ケ嶺
松登（寄倒し）海山
安念山（寄切り）大晃
玉乃海（寄倒し）時津山
若前田（寄切り）若秩父
琴ケ浜（打棄り）栃光
朝汐（突倒し）信夫山
栃錦（押出し）若羽黒
北の洋（渡込み）若乃花
打出し 五時五十二分

中入

大内山（寄切り）宮錦
玉響（かけ投）清ノ森
青ノ里（寄切り）福田山

全勝 栃錦
一敗 若乃花、琴ケ浜、愛宕山、柏戸
十両 一敗 佐田ノ山
二敗 八染

十両勝負

[illegible]

問題の一番 ❶敗れた若乃花 ❷北の洋

### 春場所星取表

（◎＝勝越決定 ⊗＝負越決定 ○勝 ●敗 □不戦勝 ■不戦敗 やは休 ≡は引分 ⊠は預り）

| 【東】 | 一 | 二 | 三 | 四 | 五 | 六 | 七 | 八 | 九 |
|---|---|---|---|---|---|---|---|---|---|
| ◎若乃花 | [illegible] | | | | | | | | |
| 朝汐 | [illegible] | | | | | | | | |
| 時津山 | [illegible] | | | | | | | | |
| 若前田 | [illegible] | | | | | | | | |
| 若羽黒 | [illegible] | | | | | | | | |
| 信夫山 | [illegible] | | | | | | | | |
| 大晃 | [illegible] | | | | | | | | |
| 若ノ海 | [illegible] | | | | | | | | |
| 鶴ケ嶺 | [illegible] | | | | | | | | |
| 小城ノ花 | [illegible] | | | | | | | | |
| 国登 | [illegible] | | | | | | | | |
| 鬼竜川 | [illegible] | | | | | | | | |
| 三根山 | [illegible] | | | | | | | | |
| 房錦 | [illegible] | | | | | | | | |
| 泉洋 | [illegible] | | | | | | | | |
| ⊗出羽錦 | [illegible] | | | | | | | | |
| 島錦 | [illegible] | | | | | | | | |
| 若葉山 | [illegible] | | | | | | | | |
| 青ノ里 | [illegible] | | | | | | | | |
| 玉響 | [illegible] | | | | | | | | |
| 芳野嶺 | [illegible] | | | | | | | | |
| 常錦 | [illegible] | | | | | | | | |
| 及川 | [illegible] | | | | | | | | |
| 星兜 | [illegible] | | | | | | | | |
| 若杉山 | [illegible] | | | | | | | | |

| 【西】 | 一 | 二 | 三 | 四 | 五 | 六 | 七 | 八 | 九 |
|---|---|---|---|---|---|---|---|---|---|
| ◎栃錦 | [illegible] | | | | | | | | |
| ◎琴ケ浜 | [illegible] | | | | | | | | |
| 玉乃海 | [illegible] | | | | | | | | |
| ⊗若秩父 | [illegible] | | | | | | | | |
| 栃光 | [illegible] | | | | | | | | |
| 北の洋 | [illegible] | | | | | | | | |
| 松登 | [illegible] | | | | | | | | |
| 安念山 | [illegible] | | | | | | | | |
| 北葉山 | [illegible] | | | | | | | | |
| ⊗成山 | [illegible] | | | | | | | | |
| ⊗羽島山 | [illegible] | | | | | | | | |
| 潮錦 | [illegible] | | | | | | | | |
| 岩風 | [illegible] | | | | | | | | |
| 海山 | [illegible] | | | | | | | | |
| ◎愛宕山 | [illegible] | | | | | | | | |
| 大瀬川 | [illegible] | | | | | | | | |
| 双ツ竜 | [illegible] | | | | | | | | |
| ◎柏戸 | [illegible] | | | | | | | | |
| 若三杉 | [illegible] | | | | | | | | |
| 福田山 | [illegible] | | | | | | | | |
| 宮錦 | [illegible] | | | | | | | | |
| 清ノ森 | [illegible] | | | | | | | | |
| 時錦 | [illegible] | | | | | | | | |
| 大内山 | [illegible] | | | | | | | | |

### 十両勝敗表

| 【東】 | 勝 | 負 | 【西】 | 勝 | 負 |
|---|---|---|---|---|---|
| 羽子錦 | 4 | 5 | 鳴門海 | 5 | 4 |
| 鯱の勢 | 6 | 3 | 八染 | 7 | 2 |
| 富士錦 | 6 | 3 | 金花 | 6 | 3 |
| [illegible] | 6 | 3 | [illegible] | 5 | 4 |
| [illegible] | 4 | 5 | [illegible] | 6 | 3 |
| 朝歩 | 5 | 4 | [illegible] | 1 | 8 |
| 初海 | 4 | 5 | 追手山 | 4 | 5 |
| 白雄 | 4 | 5 | 小野錦 | 3 | 6 |
| 七海 | 3 | 6 | 大前山 | 5 | 4 |
| 西中 | 4 | 5 | [illegible] | 2 | 7 |
| 佐田 | 8 | 1 | 佐光 | 4 | 5 |
| 佐久 | 6 | 3 | 玉乃海 | 6 | 3 |
| 伊集院 | 6 | 3 | 天津風 | 5 | 4 |
| 広瀬川 | 4 | 5 | 朝錦 | 3 | 6 |
| 平鹿 | 4 | 5 | [illegible] | 4 | 5 |
| 松錦 | 6 | 3 | 平戸 | 5 | 4 |
| 大田 | 3 | 6 | [illegible] | 2 | 7 |
| 白竜 | 6 | 3 | 公地 | 4 | 5 |
| 吉井 | 3 | 6 | 東海 | 3 | 6 |
| 玉海 | 3 | 6 | 大海 | 5 | 4 |
| 花田 | 5 | 4 | 若国 | 6 | 3 |
| 一矢 | 6 | 3 | 大竜 | 5 | 4 |
| 秀錦 | 1 | 8 | | | |

## まず取直しが適当

### 北の速攻も見事だったが……

きのうの土俵から

若乃花と北の洋の一番は、新聞写真で見ても、テレビのビデオテープで見ても、まず取直しが適当である。最後に若が苦しまぎれに右上手投を打ったため、出足まかせに寄り迫っていた北の体は若へねじれ、若の左太ももあたりを払うように渡し込んだ。右手のヒジが若の落ちるのと同時か、ほんのわずか早いかと判定された。しかし全体の態勢と残った時の体勢が若の方に分がないから取直すべき勝負だった。

若はやや立遅れの感だった。それほど北のつっ込みが早かった。北は両差しに成功、そのまま寄った。若はさがったが右上手まわしを引き、左手で首を抱え気味にひねりと同時に右上手投を打った。北残す。若は右へ回りながら左を差したが、北は右上手を強く引きつけて腰を入れ鋭く寄った。若もう一度右上手投を打てば、北ちょっと右へ傾いたが右足を踏込んで防ぎ寄りまくった。若は正面徳俵につまり、三度目の右上手投を打った。北の体はぐらりと右へ傾いたが、左差し手を突きつけ右から渡し込んだので、若が左へねじれて落ちるのとほとんど同時に北も右ヒジから落ちた。

立行司庄之助は軍配を若乃花にあげ、行司だまり東寄りの伊勢ノ海検査役から物言いがつく。行司と同じ見方をしたのは西の佐渡ケ嶽検査役だけで、正面（検査役の役目をする）の若葉山も北の勝ちに同意、4—1で北の洋に軍配があげ直された。もちろん写真だけで断定するのは危険だが、正面検査の西寄りで見た限りでも、両者の落ちたのはほとんど同時で取直しがもっともと思われた。

北の洋の勝因は第一に立合いに突っ込み勝ち両差しに成功したこと、第二に徹底的に体を相手にくっつけて若の投げを防いだこと、第三に出足をやめずに徹底的に寄りの速攻をしたことで、今場所立合いに遅れグセのついた若乃花は完全に出遅れたのと、強引な投げがかえって北の出足を誘発した。（高鳳）

### 若乃花の勝と思う

佐渡ケ嶽検査役の話　あの勝負のきまるところは私の座っていたところがよく見えたはず。私は若乃花の上手投に北の洋が、若の体が飛ぶよりわずかに早く落ちたと見た。庄之助さんもあの勝負を実によく見極めたと思っている。私は若乃花の勝に自信をもっている。

### 正面からは北の洋

若葉山検査役の話　私は正面へ座っていたので他の四人の話をきいたところ伊勢ノ海、高田川、岩友の三人が北の洋に分があるということだったし、私が見た目でも北の洋が勝とみたので、軍配を上げ直させた。

### さじき席

▽…うれしさを隠しきれない北の洋の声はうわずっていた。「飛ぶのを警戒して左へ出た。両差しとなったまでは良かったが、巻きかえされたので上手投をまた食うかと警戒したが、うまく腕を返していたので切れ味はなかった。倒れ込んだのだが、自分はさきに右手が落ちたと思った。まあ取直しがいいところではないでしょうか」

▽…若乃花は右足をたたいて「この足をとられた。足をとられれば誰でも倒れるよ。立ち遅れたようだが、立った時、相手はもうさっときていた。別に気を抜いたりはしていない。物言いの協議があまり長いので取直しかと思ったが、な。あす新聞の写真を見てもオレの方が体がないだろう。画竜を眼りとんだようなものだ」とマージャンにたとえてニヤニヤ。この日は若乃花の誕生日だったが「どうもオレは誕生日に悪い」といっていた。そういえば弟弟子若秩父も同じくこの日満二十歳を迎えたわけだが、彼にとっても負越し決定の暗い誕生日だった。

▽…大物食いのついた北の洋―若いた栃錦と朝汐に聞いてみた。朝汐「ボクの方（東）からは北関の体がちょっと遅く落ちたようだった。いずれにしてもむずかしいところだ」。物言いの間土俵下へおりていた若乃花関も「ワシに分がない相撲だ」と自ら認めていた」。栃錦「北関の勝のようだった。倒れる瞬間はほとんど同体のようになっていたが、土俵の土へつく瞬間両者の体がねじれ若乃花関が下

## 十日目取組

十両

| | |
|---|---|
| 公地 | 一乃矢 |
| 前ケ潮 | 秀錦 |
| 朝ノ海 | 松錦 |
| 平ノ戸 | 若乃国 |
| 大ノ海 | 平鹿川 |
| 隠岐ノ島 | 大竜 |
| 花田 | 伊集院 |
| 天津風 | 白竜山 |
| 佐賀ノ花 | 広瀬川 |
| 前ノ山 | 吉井山 |
| 朝錦 | 七ツ海 |

中入

| | |
|---|---|
| 小野錦 | 大田山 |
| 追手山 | 東海 |
| 白雄山 | 明歩谷 |
| 福乃里 | 西中 |
| 福乃海 | 常見山 |
| 潮錦 | 玉乃海 |
| 大乃浦 | 富士錦 |
| 金ノ若 | 登ノ海 |
| 高錦 | 鯱の勢 |
| 八染 | 佐賀昇 |
| 鳴門海 | 佐久昇 |

| | | | | |
|---|---|---|---|---|
| 宮錦 | 2 | （●×○○…●） | 2 | 常錦 |
| 若杉山 | | （初顔合せ） | | 玉響 |
| 若三杉 | | （初顔合せ） | | 清ノ森 |
| 島錦 | 2 | （○●×××） | 5 | 出羽錦 |
| 大瀬川 | 5 | （○×○×●×） | 4 | 若葉山 |
| 愛宕山 | 1 | （……○） | 0 | 青ノ里 |
| 海山 | 2 | （×●××○） | 5 | 大内山 |
| 双ツ竜 | 7 | （×○○××） | 3 | 三根山 |
| 岩風 | 1 | （××○×●×） | 3 | 時錦 |
| 房錦 | 2 | （××○×○×） | 0 | 鬼竜川 |
| 潮錦 | | （初顔合せ） | | 福田山 |
| 柏戸 | 0 | （……●●×） | 2 | 国登 |
| 成山 | 3 | （●×○××●） | 3 | 泉洋 |
| 小城ノ花 | 1 | （××○×●） | 1 | 鶴ケ嶺 |
| 北葉山 | 2 | （……○○） | 0 | 羽島山 |
| 安念山 | 6 | （●×●×○×） | 3 | 若ノ海 |
| 松登 | 2 | （×●●■●） | 5 | 大晃 |
| 玉乃海 | 8 | （○×●○○○） | 6 | 信夫山 |
| 若秩父 | 1 | （……●●○） | 2 | 北の洋 |
| 若羽黒 | 1 | （●●●●●●） | 12 | 若前田 |
| 琴ケ浜 | 14 | （○○○○○×） | 4 | 時津山 |
| 栃光 | 1 | （●●●●●●） | 10 | 朝汐 |
| 栃錦 | 11 | （○○○○×●） | 1 | 若乃花 |
| 羽子錦 | 2 | （…●○●×） | 2 | 星兜 |
| 及川 | 1 | （×●●×○×） | 3 | 芳野嶺 |

数字は幕内対戦成績、カッコ内は上の力士から見た過去六場所の勝敗、■は不戦敗、×は対戦なし、…は一方が十両。

朝日新聞 1959年3月17日

た状態で写っている。この写真の次の瞬間の写真を見たいところだが、それは掲載されていない。ここで注意したいのは朝日がテレビのリプレイに言及している点である。二日前の読売が「テレビをみていたファン」を引き合いに検査役批判をしていたが、朝日は自ら「テレビをみていたファン」としての視点から同体と見て「取直しが適当」という判断を示す。取り直しが適当なのであれば北の洋の勝ちとした検査役の判断は誤審ということになるが、朝日は誤審とも書かないし、検査役批判もしない。ただ、取り直しが適当と繰り返す。[19]

若乃花―北の洋の判定についての態度は三紙それぞれである。軍配通り若乃花の勝ちと見た読売は検査役を痛烈に批判し、同体の可能性を含みつつも検査役の判定通り北の洋の勝ちと見た毎日は若乃花の敗因を分析した。そして同体と見た朝日はどこから見ても取り直しが適当だったと書いた。この三紙の違いは、敗れた若乃花のコメントの伝え方にも表れている。読売では若乃花が自分の勝ちに自信を持っているように書かれている。「「北関との一番も〝体〟はなかったと思った。物言いが長かったのでもう一番（取直し）かと思った。どちらが早く落ちたかあすの新聞写真を見ればよくわかるよ（略）」と笑顔は見せていたが吐き出すようにいっていた」（読売　一九五九年三月一七日）。似たようなコメントを掲載した朝日の記事は正反対の伝え方である。「物言いの協議があまり長いので取直しかと思ったが、どうもオレの方が分が悪かったな。あす新聞の写真を見てもオレの方が体がないだろう」（朝日　一九五九年三月一七日）。朝日の若乃花は負けを認めている。若乃花の負けと見た毎日は「左のわき腹をなでる。「ここがさきについたんだ」手足からついたんじゃない――といいたそうだ」と口にしていないコメントを補って若乃花が負けを認めていないことを伝えている。

上位力士の取組に微妙な判定が続いた一九五九年春場所。各紙の場所後の総評記事ではすべて写真判定のことが触れられていた。

「今場所は勝負の判定についていろいろいわれた。写真を判定の資料にとの論もでた」（朝日 一九五九年三月二三日）

「こうしたことから相撲の審判についていろいろな意見が出て写真判定問題までとび出したりした」（毎日 一九五九年三月二三日）

「判定の場合に写真を参照することに議論の余地はない」（読売 一九五九年三月二三日）

読売の総評は彦山の筆によるものなので、当然のように写真判定積極論である。それに対し、朝日と毎日は写真判定に対して距離を保った表現になっていた。朝日は「写真といっても正確なものは期待できずやはり微妙な勝負は問題を残すだろう」と、写真がすべて解決するわけではないという立場を示し、「五人の検査役が良識に従って判断し、危なっかしい場合は間髪を入れず〝物言い〟をつけ、協議ではそれぞれ自分の所信を堂々ということができれば、その結果にたとえ誤りがあったとしても許されるべきであろう」（朝日 一九五九年三月二三日）と、三年前の一九五六年初場所と変わらない見解を示した。

毎日も写真判定に慎重な姿勢という点で朝日同様に三年前と変わらない。「勝負を裁くのに人間の目では写真におよばないケースも出てこようが、それかといって相撲の場合、競馬などのように一方から写したものだけでははっきりしない」（毎日 一九五九年三月二三日）。カメラの配置という技術的な問題を毎日はまず指摘する。そのうえで、次のように続く。「では四方から写したらという意見も出てくるが人間が裁く競技、それも短時間のうちに勝負を決める相撲である以上、あまりに機械化した審判というものは良さそうで良くないのではないか。現在の行司、検査役制度でよいからもっと勉強してほしい」(毎日 一九五九年三月二三日)。毎日も朝日と似たところに結論は落ち着く。すなわち、行司と検査役がしっかりしてくれさえすればいいというわけだ。〈20〉

こうした場所後の総評記事の書き手は場所によって変わることがあるので各紙の見解が一定なわけではないが、読売の場合は写真判定に対する積極的な姿勢は強く、また一貫している。そのことは読売がしばしば掲載した本場所を振り返る座談会での彦山以外の参加者による発言にも見える。

**天竜** 写真判定でなくて写真技術というものを科学的に信頼し、参考資料にして検討するということは必要だ。それには別に協会がカメラを四か所においてとらなくても、各報道陣がとっているから、協会が現像室を作っておいて物言いがついて協議した場合はその間次の取組を行い、一方で写真を検査役連中が検討して、これじゃこうだという結論をくだしてそれで発表し、取直しなり、勝ち負けをきめればいいと思う。(読売 一九五八年一〇月一日)〈21〉

**御手洗** 毎場所かなりあることだが、どうしてビデオとか分解写真という文明の利器を使わないのか。(読売 一九六四年一月二九日)〈22〉

写真判定を求めるには誤審の指摘が不可欠であるが、読売はそれについても他の二紙に比べて積極的であった。もちろん、検査役批判に走る彦山の存在があったからという面はあるわけだが。

いずれにせよ、齣どり放送から三年ほどの一九五九年はまだ、新聞紙上では写真判定よりも行司、検査役の技量向上、制度改革こそが優先されるべきという論調が支配的だったということである。では、この流れにどこで変化が出てくるのだろうか。次は、大きく飛んで写真判定採用の一〜二年前の様子を、引き続き三紙の紙面から見ていくことにする。

## 一回性と取り直し――一九六七年名古屋場所初日　麒麟児―豊国

写真判定前史の起点となった一九五六年から一〇年以上を経た一九六七年。すでに、読売紙上で検査役批判を繰り広げた彦山は他界し（一九六五年）、テレビの世帯普及率が九〇パーセントを超えたこの頃、大相撲は「巨人、大鵬、卵焼き」と言われる大きな人気を獲得していた。

［取組］麒麟児―豊国。土俵際で豊国は捨て身の投げを打つ。体を残そうとしながら右を下に倒れていく麒麟児と土俵外に飛び出すように倒れる豊国。行司は豊国に軍配を上げたが、物言いがつき、検査役四人の判断はそれぞれ２対２で分かれ、判断が検査長に委ねられた。検査長は２対２で分かれたことを重視し、取り直しと裁定する。そして、取り直し後は麒麟児が勝った。

当時の麒麟児は三役とはいえ関脇である。この場所では横綱大関がそれぞれ三人おり、初日の注目は場所前に結婚した横綱大鵬とこの場所が大関陥落のかかったカド番となる豊山だった。だから関脇といえども麒麟児の注目度はさほど高くなかった。それだけに紙面構成の判断に各紙の違いが出た。毎日は場所前からの注目の二人、大鵬と豊山がそれぞれが勝った写真（各一枚）を掲載し、朝日は上位陣で唯一初日に負けた大関玉乃島のつり出された瞬間の写真（一枚）を掲載した。そして、読売の一枚は横綱大関陣の取組ではなく、この麒麟児―豊国の、しかも取り直し前の麒麟児の体が先に土俵に落ちているように見える写真だった。読売の記事を見てみよう。

行司の豊国の勝ちという判定に対し、「赤ぶさ下の藤島検査役から物言いがついた。白ぶさ下の片男波検査役は「よく見えなかったけれど」と藤島検査役に同調、佐野山、式秀の両検査役は軍配通り豊国の勝ちを認めた。２－２。そこで正面の宮城野検査長が取り直しと決めた」（読売 一九六七年七月三日）。「よく見えなかった」と言いながら同調した片男波も問題だが、２－２で分かれたときに検査長が自分の判断を示すことなく取り直しと裁定したことを記事は問題視する。

取り直しは客に受ける。同じ取組をもう一度見られるのだから客にしてみれば儲けものだ。それに、実際の勝負が微妙だったことも確かだ。だから、取り直しという裁定はフェアに思える。じつは当時の大相撲では、検査役の見解が分かれた場合に検査長が取り直しと裁定することが多かった。興行的にもスポーツ的にも取り直しは合理的な制度であるように思える。しかし、この見かけに隠れた欺瞞を読売は指摘する。「関脇相手に精魂をかたむけ、やっと勝った相撲を、簡単に〝取り直し〟と判定された豊国はかわいそうだ」（読売 一九六七年七月三日）。ここにはスポーツの試合をすることの意味への問いかけがある。それは試合の一回性をめぐるものである。

スポーツにおいて、試合は反復できない一回限りのものである。その一回性＝固有性が試合をする目的、すなわち強さの決定というスポーツのエートスかつテロスを根底で支えている。[23]強さは一回限りの試合を通じてのみ遂行的に発現するものである。[24]スポーツでは力の差を表現する場合に、選手もファンも「一〇回試合をして一回勝てるかどうか」などというような表現を口にすることがある。試合に先立つ「力の差」は勝利と強さの不一致というスポーツの根源的な性質が必然的に生み出してしまう仮象である（第6章）。その仮象にすぎない力の差なるもの、すなわち試合に先立つ強さや弱さについて語るのはスポーツの楽しみの一つであり、われわれはスポーツファンとしてしばしばそのようなことを語りたがる。ここで重要なのは、この仮象としての強さ、弱さが生じるのは、スポーツの試合が一回性のものであるからという点である。もし、一〇回試合をするという仮定が成り立つ世界があるとすれば、すなわち、同じ試合を何度も繰り返すことが可能だとすれば[25]、誤審も問題にならない。誤審があってもやり直せばいいだけだからだ。したがって、同じ試合を何度も繰り返すことのできる仮想の世界では、前章で議論した「誤審の可能性」はない。そうなると、勝利と強さの不一致は消え、楽しみとして語るべき強さ弱さも消える。安易な取り直しは現実をこの仮定の世界に近づけてしまう。

取り直しは試合の一回性＝固有性を侵犯する可能性を持ち、強さの決定というスポーツの目的を揺るがす可能性のある制度である。「いまのはナシで、もう一回」はスポーツではありえない[26]。だから、スポーツは試合の一回性を重んじなければならず、安易な取り直しは避けられるべきであろう[27]。

これが、「豊国はかわいそう」という情緒的な言葉の背後にある読売の非常にスポーツ倫理的な論理

# 玉乃島、早くも土

三横綱安泰、両関脇は苦戦

## 北富士と豊山、奮起の快勝

大相撲名古屋場所 初日

豊山、気迫で一気に寄り切る

問題の一番 [illegible]は[illegible](手前)の小手投げで右ヒジから先に倒れたが取り直しとなった

"取り直し"決定 もっと慎重に

全力出した力士に気の毒

やぐら太鼓

砂かぶり

地元で完敗の玉乃島

二日目中入り後

十両取り組み

十両勝負

読売新聞 1967年7月3日

である。そして、この論理は次の段階へほぼ自動的に進む。一回の勝負を重んじるために写真を使えというわけだ。「瞬間の勝負だったので、人の目でははっきり判断することができなかった。しかしレンズがとらえたのは、一瞬早く落ちた麒麟児の右肩」(読売 一九六七年七月三日、傍点引用者)だった、という具合である。

取り直し制度そのものはかつて引分や預かりという形で処理されていた勝負裁定をなくし、必ず勝敗をつけるために導入されたものである。[28] その意味で、取り直し制度は大相撲のスポーツ化に貢献してきた。試合の一部をやり直す(ノーカウントにする)ようなことはテニスなどにも見られるが、試合の全体をまるごとやり直すルールのある競技は珍しい。トーナメント戦で採用されることのある引分再試合というのは似ているが、同点で勝負がつかないことによるもので、延長戦に近い。しかし、大相撲はそうではない。「同体」は同点ほど明白ではない。「死に体」のような解釈が入り込む余地があるからだ。

解釈の余地を含んだ判定に基づいて、まるごと試合をやり直す。これが大相撲の取り直しである。読売の記事はスポーツ的にフェアな裁定をしているように見えることのうちに含まれたこの非スポーツ的な面を的確に指摘していた。番付下位の力士が上位の力士をぎりぎりの勝負で負かすというまさに「番狂わせ」のスポーツ的瞬間を安易な取り直しが台無しにしてしまう。そのことへの気づきがこの記事には表れている。

この一番に関連して、翌日(七月三日)午前の取組編成会議での時津風理事長による「検査役は取り直しとする場合にも(略)もっと慎重に勝負を検討して間違いのない判定をするように」との発言が伝えられている(読売 一九六七年七月四日)。この発言に読売の記事の影響があったかどうかはわからないが、取り直しが含む問題性をかつて双葉山として空前の連勝記録を作った理事長も気づいていたのかもしれない。

朝日はこの麒麟児―豊国についてまったく触れなかった。毎日は話題の一つとして取り上げたものの、軍配が豊国に上がったが取り直しの末に麒麟児が勝ったという流れを「幸運」として紹介するにとどまった。そして、朝日、毎日とも取組編成会議での理事長発言は伝えていない。取り直しの危うさを認識し、乱用となりかねない場面を指摘し報道したのは読売だけだった。[29]

前節で見たように、最後の勝負が決する場面を重視する読売の姿勢は、ここでの一回性の重視、勝負の反復不可能性への理解に通じている。それは場所前から注目された上位力士たちではなく、この麒麟児―豊国を取り上げたことにも表れている。最後の場面で問題が生じた取組を積極的に取り上げ、その問題を指摘するという読売の姿勢はずっと維持されていたのである。[30]

ここまでの例を見ると、テレビ中継のリプレイによって行司や検査役の誤審が目立つようになり、それが新聞紙上などで批判されて写真判定採用へとつながったというシンプルなストーリーは成り立たないことが明らかであろう。読売だけが例外的に誤審に敏感で写真判定の採用を強く主張する傾向にあったが、他の二つの全国紙は一九六七年の時点で大相撲で起きる誤審にそこまでの関心を寄せていない。この状況はビデオ判定導入前年の一九六八年には変わるのだろうか。

## ビデオ判定一年前の熱量

一九六八年から二つの取組を取り上げてみたい。一つは夏場所（五月）七日目の玉乃島—前の山、もう一つは名古屋場所（七月）一三日目海乃山—高見山である。

［取組］夏場所七日目、玉乃島—前の山。前の山の勢いに押されてもろ差しを許した玉乃島は土俵際に追い込まれながらまわり込んで突き落としにいく。前の山の体は前に倒れ、玉乃島の体も土俵の外へ飛び出した。行司の軍配は前の山に上がる。物言いがつくが、審判委員の裁定は3－2で前の山の勝ちとなった。

じつはこの日、一人横綱の柏戸が敗れた際に怪我を負ったため休場が決まった。毎日は柏戸休場を大きく伝え、この取組については結果のみ触れただけだった（毎日 一九六八年五月一九日）。読売も柏戸が敗れた場面の写真を載せて休場を大きく取り上げたのだが、そこは読売、玉乃島の体が浮いている間に前の山のヒジが落ちる瞬間の写真を掲載し、誤審を伝えている。もっとも近くで見ていた審判部長が前の山の勝ちと判断したことについて「審判長たるものの責任を問われても仕方あるまい」と批判した（読売 一九六八年五月一九日）。これまでの議論からわかるように、このような読売の報道は通常運転である。

この取組の報道について注目すべきは朝日である。ここまでのところ、大相撲の誤審報道にさほど熱心ではなかった朝日だが、この日は柏戸休場を大きく伝える一方で、写真は玉乃島―前の山を掲載し、読売以上にこの一番を大きく取り上げた。

東の正大関玉乃島はこの場所の成績次第で横綱昇進の可能性のある場所だった。しかし、それがこの誤審によって危うくなったことを朝日は強調した。「審判委員も判定に苦しむだろうが、それを的確に見きわめるのがプロの審判委員であり、行司である。今場所優勝、そして横綱をねらう玉乃島にとって、泣くに泣けない痛い星」(朝日 一九六八年五月一九日)。一九五六年初場所後の総評で写真判定に懐疑的で行司や検査役の技量向上を求めた朝日はここでもまた技量を問題にして、写真判定には触れない。朝日は写真を掲載して誤審を指摘したにもかかわらず、写真判定への期待を示さないのである。朝日にとって誤審の防止策はあくまでも行司と審判委員の技量向上なのである。

［取組］名古屋場所一三日目、海乃山―高見山。土俵際、右足が俵の上に乗った状態で放たれた海乃山の突き落としに高見山は前のめりに倒れ、右手から倒れていく。ほとんど同時に背中から落ちる海の山の右足かかとが土俵外につく。行司は高見山の右手が早いと見て海乃山に軍配を上げるが、物言いがついて軍配は覆り、高見山の勝ちとなる。

この七月の場所で海乃山は小結、高見山は前頭だった。この取組があったのは場所も終盤に近づいた一三日目である。海乃山も高見山も優勝争いとは無関係だった。朝日と毎日はこの取組を取り上げていない。この二紙が掲載した写真は優勝争いの先頭を走る横綱柏戸―大関琴櫻で柏戸が敗れた一番だった。それに対し、読売が掲載した唯一の写真はこの海乃山―高見山だった。

写真には海乃山の体がまだ残っているときに右手をつく高見山がはっきり写っている。「テレビを見た人は、判定がおかしいのを目撃しているのだから、審判も写真、ビデオ・テープなどを採用しないと、ファンや力士の審判不審がつのるばかりだ」（読売 一九六八年七月二〇日）。読売だけが、他紙がニュースバリューを見出さなかったこの一番を取り上げ、写真判定の必要性を訴える記事を掲載していた。

これが一九六九年の一年前である。誤審があったというのに、翌年に写真判定が採用されるとは思えない穏やかさである。大相撲の優勝争いはもちろんファンの関心の的である。だから、毎日、朝日が優勝争いに絡む一番を中心に報道するのは当然のことだ。また、七月は時期的に新聞各社が自社の主催するスポーツイベント、都市対抗野球（毎日）のチーム紹介や夏の高校野球（朝日）の地方予選の結果でスポーツ面が占められてしまうという事情もあった。一九六〇年代末頃の新聞と言えば、国内でもっとも広告費を集める最大のメディアであり、[31]その紙上で都市対抗野球や高校野球の記事を載せて宣伝することは企業の行動として合理的なことでもあっただろう。その結果、大相撲の記事占有割合は小さくなる。読売にしても巨人を紙面上で大きく扱い続けてきたわけだが、この日はたまたま前日に巨人の試合がなかった。そのせいで、読売は他の二紙に比べて大相撲により多くの紙面を割くことができた。実際、この日のスポーツ面の大相撲の占有面積を比較すれば、読売がやや大きく、それに比べて毎日と朝日は小さい。大相撲の記事をより多く掲載できた読売は海乃山―高見山の写真を掲載するだけの余裕があったわけだ。しかし、余裕があったから掲載したわけではない。読売にしても掲載写真は一枚だけである。

毎日も朝日も一枚だけだった。読売はその一枚に優勝争いの柏戸―琴櫻の写真ではなく、海乃山―高見山の写真を選んだ。この点に関して占有面積の多少は関係がない。一枚だけ掲載する写真に何を選ぶか。毎日と朝日は優勝争いの柏戸―琴櫻を、読売は誤審の海乃山―高見山を選んだのである。これが一九六九年の一年前、ビデオ判定導入が決定されるまであと八ヵ月という時期の新聞紙上に見られる誤審批判の熱量だった。

## 写真判定への期待感

以上のように全国紙三紙の間には、明らかに写真判定を求める姿勢に熱量差があった。読売は大いに熱心だったが、他の二紙はずっと冷めていた。このような差は本場所報道以外のところにも表れていた。一九六五年一月、時津風理事長ら協会幹部が初場所を前に会見を開き、勝負判定に関する変更点などについて発表した。その内容を各紙が伝えた記事がある。発表内容は主に審判部と検査役の改革に関することだった。物言いがあった場合の場内へのマイクアナウンスの実施、検査役の増員、公平な判定のための審判部の独立の検討などである。これらに関連して写真判定についても言及があった。

三紙の報道を見ると、毎日は写真判定については記事にせず、他の三点のみを記事にしている（毎日一九六五年一月七日）。記事にしたのは朝日と読売だった。朝日の見出しは「写真判定まだ不備」である。写真判定が採用されるのはまだまだ先になることが感じられる見出しである。記事では「勝負の写真判定はまだ不備があるので採用できない。（略）しかし協会は写真判定を拒むものでなく今後も研究はつづける」（朝日　一九六五年一月七日）とまとめられていた。対して読売の見出しは「「写真参考」を検討」だった。朝日の消極的な見出しに対し読売の見出しは協会の前向きな姿勢を匂わせている。記事の中身を見ると「勝負検査役と写真判定の問題については、いまのところ写真判定を採用するような結論は出ていない。（略）審判部そのもののあり方や、写真を参考資料として使うかどうかなどを今後検討してゆきたい」（読売　一九六五年一月七日）とまとめている。「研究はつづける」という朝日と「検討してゆきたい」という読売。表現こそ少し違うが記事内容で比較すると、朝日と読売の間にそこまでの違いはない。協会の発表内容はおよそこういうものだったのだろうと思える記事内容である。しかし、見出しの差は大きい。朝日だと写真判定はまだずっと先の未来のように読めるが、読売の見出しだと実現が近づいているようなニュアンスである。

写真判定を求める声は社会に存在していたし、相撲協会へも届いていた。それゆえ、会見での協会の言葉を信じれば、協会内で写真判定についての議論なり調査なりも行われていた。しかし、明らかに協会の腰は重かった。写真判定を求める声が協会を動かすほど大きくも強くもなかったからである。全国紙で写真判定を求めたのは読売だけで、朝日や毎日は誤審の指摘さえ積極的ではなかった。

テレビ放送が始まっても、大相撲の取材の中心はずっと新聞記者だった。[32] しかも、一九五〇年代から六〇年代を通じて媒体別メディア広告費はずっと新聞がテレビを上回っていた。それだけ有力なメディアだった新聞の間で写真判定を求める声が大きくならない限り、協会は写真判定の採用を急ぐ必要はなかった。先の会見記事からわかるように、協会には写真判定の他に取り組むべき課題があったのだから。

とはいえ、この会見があった頃はあの一九五六年初場所から一〇年ほど経ち、テレビはカラーの時代を迎えていたし、リプレイの技術も「齣どり放送」から進歩していたのだから、視聴者は微妙な軍配を見るたびに、よりいっそう誤審ではないかという疑問を持つようになっていた。メディア環境的には写真判定が実現するだけの準備も整いつつあったのである。

## 一九六九年三月写真判定採用決定報道

一九六九年三月、日本相撲協会は次の五月場所から写真判定を採用すると発表した。読売の記事が指摘し続けてきたように、写真で見れば誤審は明らかという例が続いていたし、前節で見たようにこの前年にも明らかな誤審はあった。ところが、一九六九年三月の誤審は、これまでと違って大騒ぎになった。この変化は何だろうか。前年までと何が違ったのか。それは、何よりも大人気横綱大鵬の連勝記録が誤審によって途絶えたことである。歴代二位大鵬の連勝記録自体が大きなニュースバリューを持っていた。すでに当時の歴代二位となる三四連勝を二度記録していた大鵬は、自身の記録を塗り替えて記録を四〇台に乗せていた。今度こそ歴代最高である双葉山の六九連勝に迫るのではないか、塗り替えるのではないかと注目されていた。だから、もし誤審がなくとも記録ストップとなればそれだけで大ニュースだった。このように日に日に記録への注目が高まるなかで誤審が起きてしまったのである。しかも相手は前頭筆頭とはいえ平幕の若い二二歳の戸田だった。大横綱大鵬と平幕の戸田。この番付の格差は、前述の、スポーツが必然的に生み出す試合前の仮象としての強さと弱さに直結している[33]。だから、平幕が横綱に勝つこと自体が「金星」と呼ばれて特別な一勝として扱われる。実際、相撲協会からの褒賞金も加算される。それだけの格差があると見なされているわけである。すなわち、もともと注目度が高いうえに、このような番付格差のある取組で誤審が起きたために、騒動はいっそう大きなものとなったのである。

このニュースを読売は当然のように大きく報道しているが、いつも通りの審判委員への批判と写真判定の必要性の強調である。「今度の問題は明らかに審判の不勉強によるもので、写真判定採用以前の問題であるが、それなら審判委員の質の向上になにか具体策があるのかといえばなにもない」(読売 一九六九年三月一一日)。何もない以上写真判定しかないと続くはずだがそこまでは書かない。反語的に皮肉を込めた表現で審判委員たちを批判する。もともと誤審報道に熱心だった読売にとってこの記事は通常運転の範囲内だったが、朝日と毎日は違った。このときとばかりに朝日も大きく取り上げ、「疑問残す土俵際　審判委員足の動きに注意欠く」(朝日 一九六九年三月一一日)との見出しとともに、連続写真で誤審を説明する。毎日も写真を大きく二枚使って「疑問残す判定　審判部の黒星」という見出しとともに誤審を詳しく報じた。しかも、そこでは誤審の例として前年の海乃山―高見山を例に「テレビのビデオテープや新聞写真では取り直しが妥当な相撲だった」(毎日 一九六九年三月一一日)とまで書いている。毎日はこの取組をまったく記事にしなかったのにである。それに加えて、朝日も「こうなるとまた判定に「写真を参考にしろ」という声が再燃してくる。その方が〝ファンにも納得のいく〟判定が出来るのではなかろうか」(朝日 一九六九年三月一一日)とついに写真判定に肯定的に言及する。これまで写真判定に積極的な姿勢を見せなかった両紙が写真判定の必要性を指摘してみせたのである。

このように誤審による大鵬の連勝ストップのインパクトはそれだけ大きかったのだが、協会に決断させたのはこの日の誤審ではなかった。決断があったのは、その一週間後の琴櫻―海乃山での誤審の時である。もし、誤審が大鵬だけだったら、この場所での決断はなかったかもしれない。が、同じ場所で再び起きた誤審騒動にもはや協会は耐えられなかった。琴櫻―海乃山の取組が誤審だと騒ぎになった当日三月一七日の夜に写真判定採用について「武蔵川理事長はこの件を理事たちにも非公式にはかり了解を得た」（朝日　一九六九年三月一八日）ことで、翌日の朝刊各紙が採用決定を伝えることとなった。

## まとめ

写真判定を求める声そのものは一九五六年一月からあった。しかし、一九六九年の採用決定までの一〇年あまり、紙面上で写真判定の必要を指摘し続けた読売の他は、写真判定を求める声は強くなかった。そのせいか、協会にも写真判定採用に向けた積極的な動きは見えなかった。しかし、機は突然到来したのである。しかも、大人気横綱の大記録が誤審で阻まれるというセンセーショナルな形で到来した。その出来事は写真判定前史の集合的な記憶を書き換えるような衝撃を持って現れたのである。「写真判定を求める声がずっとあったが、それに耳を貸さなかった協会のせいで大鵬の大記録は台無しになってしまった」。朝日も毎日も誤審を熱心に報道しなかったばかりか、写真判定より行司らの技量向上に力点を置き続けてきたはずだが、出来事の出現によりそれは一瞬で忘却された。実際に、協会が写真判定採用決定に動いたのは大鵬のときではなく、その後の琴櫻―海乃山だった。だが、そのことは集合的な記憶からは消されていく。そして、毎日はこう書いた。「結論的にいえば非常にけっこうなことだしむしろおそ過ぎた感じがしなくもない」（毎日　一九六九年三月一八日）。毎日でさえ「おそ過ぎた感じ」を覚えるほど、写真判定の到来は唐突だったのである。
第5章、第6章で見たように、サッカーに入り込んだテクノフィリアはミシェル・プラティニのように判定テクノロジーに反対する人々を時代遅れの老人に変えた。大相撲では、相撲協会が老人で、写真（ビデオ）判定は「科学の目」であり、「大相撲の科学化、民主化」だった。大相撲のテクノフィリアを先導した読売は勝負の一回性も重視していた。ルールの瑕疵なき適用（＝誤審防止）と勝負の一回性はスポーツ倫理として一体なのである。それゆえ、テクノフィリアはスポーツ倫理に支えられることになり、正しさを帯びる。しかし、早々と大相撲に入り込んだテクノフィリアは大相撲特有の曖昧さによって馴致されている。本文中でも指摘したように、曖昧さは勝負判定における解釈の余地や大相撲独特の同体による取り直しという裁定が作り出したものだ。VARの馴致にはスポーツ哲学者のハリー・コリンズの言うRINOWN原則が必要だと指摘した（第6章）。見て間違いでなければ正しいということにするというやり方である。大相撲は見てわからない勝負を同体にすることができる。大相撲はビデオ判定以前からRINOWN原則を先取りしていたのだ。そして、大相撲はビデオ判定以上のテクノロジーを判定に利用していない。サッカーのGLTのようなテクノロジーは大相撲にはない。テクノフィリアは弱毒化されて大相撲と共生している。

注
〈1〉対戦形式の競技で例外的に早くからテクノロジーを判定に利用したのはフェンシングである。なかでもエペが一九三六年から電気審判機を使用し始めており、もっとも早い。フェンシングが例外的なのはその導入の早さもさることながら、公式試合ですべて電気審判機の利用が義務付けられている点である。ジュニアレベルのローカルな大会でも使用が義務付けられており、フェンシングはテクノロジーなしに判定ができない競技となっている。

なお、二〇世紀末からの各競技団体における判定テクノロジー導入の状況については第5章を参照のこと。

〈2〉 導入当時までビデオ判定は写真判定と呼ばれていたので、本章では以下、写真判定という呼び方と区別なく用いることにする。

〈3〉「行司は、勝負の判定にあたっては、いかなる場合においても、東西いずれかに軍配を上げねばならない」(審判規則 行司 第四条)と定められているため、行司は自分が同体と判断してもいずれかに軍配を上げねばならず、同体という裁定は行司にはできない。同体という判断は審判委員(検査役)だけが可能なので、そのことを踏まえて記事中では「物言いがつくべき」という表現になっている。

〈4〉 ただし、朝日の場合、肝心の場面を写した写真はなさそうだが、毎日がどうだったのかはわからない。読売同様の写真を持っていたけれども記事として誤審を重視しないという意図のもとで相撲記事全体が作られた可能性はゼロではない。

〈5〉 朝汐はこの一番の控え力士であり、物言いの権利を持っているし、また、勝負判定に責任を持つことが相撲規則に定められているので、このようなコメントをするのは無責任と判断されても仕方がない面もある。ただし、一方で、かつては珍しくなかった控え力士からの物言いが戦中期以降、急激に抑制された点は考慮されねばならない(西村 2012, 2016)。読売も控え力士の朝汐のコメントを掲載しながら物言いをつけなかったことへの批判は検査役だけに向けている。

〈6〉 この座談会は千秋楽翌日から三日連続で朝刊に掲載されている。引用したのは一日目の記事になる。

〈7〉 これ以前のたとえば照国—若葉山(一九五二年春場所)の報道では三紙とも写真はなく、誤審の可能性にも触れていない。ごく普通の記事である。紙上に掲載されなかっただけで、読売が写真を撮影していた可能性はあるが、わざわざ自社が報道していないものまで例に挙げるような記事の書き方はやや扇情的であろう。

〈8〉朝日は翌日の紙面で「物言いと差違え」という論説記事を掲載し、この取組について「二、三の新聞にのった写真は千代の左つま先が先に土俵を踏み切っている印象を与える」「映画などで調べた結果は行司の方が正しかった」と検査役の誤審があったことを指摘している（朝日 一九五五年一月一四日）。この書き方なら写真判定の必要性を主張するのかと思うとそうではなく、検査役と行司の関係が差違えの過去の例を紹介しながら説明される記事になっている。記事を通して検査役批判のように読めるが、そのことは写真判定を求める話につながっていかない。

〈9〉読売の記事中に列挙されていた一九五五年以前の取組はいずれもビデオ判定前史の起源以前ということである。後で述べるようにこの以前以後の境界には明確な一線が引かれる。

〈10〉大相撲中継はマイクロ波回線（中継回線）を通じてネット局へと配信されていたので、東京以外の地域でも似たような状況が生じていた。

〈11〉引分や預かりは大相撲における勝負の曖昧さを象徴する決着のつけ方であった。これらが廃止されたのは個人優勝制度の導入時（一九二五年）である。これ以前、団体優勝制度ができた頃（一九〇九年）から徐々に取組の競技性が向上し、引分や預かり自体が減少傾向にあった（新田 2010）。もともと長い時間をかけて大相撲は競技性を帯びるようになり、戦時中の厳粛化を通してそれが浸透していったのであり（西村 2016）、その意味で戦後の大相撲はすでにスポーツ化した大相撲ではあった。しかし、ここで重要なのは勝ち負けの決定が肉眼を超えた瞬間にまで及ぶようになったことである。

〈12〉戦前戦中期には相撲をスポーツならぬ武道という捉え方をする向きも多かった（胎中 2019）。

〈13〉格闘技と初期のテレビの相性のよさについては、しばしばプロレスが例に出される。アメリカでもプロレスの大衆的な人気が生まれ、ゴージャス・ジョージらのスターを生み出し、日本でも力道山を生んだ。

〈14〉栃錦の横綱昇進は一九五四年、若乃花は一九五八年である。一九五八年に一〇パーセント程度だったテレビの世帯普及率は栃錦の引退する一九六〇年には四四・七パーセントまで上昇した。

〈15〉蛇の目というのは「力の踏み越しや踏み切りの有無を確認するためのもの」として土俵周りに巻かれた砂のことである（金指 2015: 141）。

〈16〉明文化されていないが、審判委員が協議内容の説明を行う際に、死に体と解釈したと説明されることがある。

〈17〉まったく同じかどうかは不明である。力士の身体の様子や影の様子を見る限り同じものと思われるが、掲載されたサイズと印刷状態が異なるので断定はできない。

〈18〉このような相撲内容を考慮して勝負判定の妥当性を吟味するのはルールからすれば適切ではない。スピードと切れのあるストレートをインコース低めギリギリに投げ込まれて打者が手も足も出なかったとしても、わずかでもストライクゾーンから外れていればボールとコールされなければならない。内容を考慮することはルールから外れた行為であり、それは誤審である。大相撲も同じである。しかし、大相撲の場合はどちらが先に土が付いた（土俵外に出た）かだけが判定基準なのではなく、本文中でも述べたように「死に体」かどうかが考慮される。つまり、解釈の余地がある。すぐ後で朝日が「体がないだろう」という若乃花のコメントを掲載しているが、それもまた解釈の余地において生じる大相撲的な表現である。

〈19〉「きのうの土俵から」と題された詳細を伝える記事で、見出しで一回、本文で二回、類似表現が繰り返されている（朝日　一九五九年三月一七日）。

〈20〉じつは、毎日の総評を書いたのは伊集院浩である。シャープ兄弟が来日し、力道山・木村政彦との試合で一挙にブームとなったプロレスのテレビ放送で解説を務めた伊集院浩である。伊集院は一九六三年に力道山との葛藤を抱えながら割腹自殺を遂げたため、ビデオ判定採用後の「機械化した審判」を見ないままになった。

〈21〉天竜は天竜（和久田）三郎。元力士で戦前に起きた春秋園事件の中心人物である。

〈22〉御手洗は御手洗辰雄で、元東京新聞主筆。この当時は日本相撲協会運営審議会委員でもあった。

〈23〉スポーツのエートスについては第5章を参照のこと。

〈24〉このことはトーナメント戦であろうとリーグ戦であろうと、また、その他の形態であろうと変わりない。同じ相手と繰り返し対戦することはあっても、一つ一つの試合はそれぞれに固有である。その固有性が第5章で見たように結果に革命性を帯びさせる。

〈25〉ここで言う「同じ試合を何度も繰り返す」はリーグ戦で同じ相手と何度も戦うのとは違う。リーグ戦で同じ相手との試合を連日繰り返したとしても、一つ一つの試合は固有の結果を生むのであり、それぞれの試合の一回性は不可侵である。

〈26〉これまで多くの試合は誤審が判明しても試合結果の変更を受けなかったが、これは試合の一回性が重んじられたからである。例外的に再試合が認められた例として知られているのは二〇〇五年サッカーのワールドカップアジア予選プレーオフでのウズベキスタンとバーレーンの試合である。また、サッカーでは女子のU-19欧州選手権予選で試合時間残り一八秒からの再試合が二〇一五年にあった。いずれもPKをやり直すべき場面をFKにした誤審であった。

〈27〉取り直しは他の競技の延長戦とは違う。延長戦に近い大相撲の制度は水入りである。取組時間が長くなり、両者がともに疲れて動きそうにない状態に陥ったときに下される裁定である。これは休憩後に水入り前と同じ態勢に戻して取組を再開する。勝負が終わらず途中で止めて、その途中から再開するのが水入りである。他方、取り直しはいったん勝負が終わっている。

〈28〉引分が完全に廃止されたわけではない。いったんは廃止されて必ず勝負がつくまで取り直しすることになっていたが、現在では水入りを二回繰り返しても勝負がつかないと、二番後取り直しで、そこでも勝負が決まらなければ引分となる。こうした引分はめったに生じないが、かつては頻繁に引分があり、有名なところでは一九〇七年五月場所で横綱大砲による出場した九日のすべて引分だった例がある。

〈29〉すでに彦山は亡く、その意味で、読売における大相撲紙面における誤審批判への積極的な姿勢は社の姿勢として根付いたものになっていたと見なせるだろう。

〈30〉前節で取り上げた一九五九年から本節の一九六七年までの間にも読売は他の二紙よりもこうした取組を取り上げることに積極的であった。たとえば、一九六〇年九州（一一月）場所六日目の柏戸―岩風は今回とまったく同じ状況であったが、取り直しという裁定を問題視したのは読売だけで（読売 一九六〇年一一月一九日）、毎日も朝日も大関柏戸が小結岩風に危うく勝ったという報道にとどまっていた（毎日 一九六〇年一一月一九日、朝日 一九六〇年一一月一九日）。

〈31〉『電通広告年鑑』昭和四六年版によれば、一九六七〜六九年はいずれも広告費の媒体別構成比のトップは新聞で三五パーセント台、二位はテレビで三二パーセント台で安定していた。

〈32〉横綱審議委員会には、新聞社から読売、朝日、毎日の他、中日、日経、東京、河北新報の肩書を持つ人々が名をつらねてきたが、放送局はＮＨＫだけである。

〈33〉大相撲の番付は過去の成績によって作成されるものであり、その場所での強さとは関係がない。だが、勝利と強さの不一致というスポーツの必然が生み出す仮象としての強さと弱さは番付のようなランキング表とは相性がいい。それは試合前の予想の材料になるし、結果が出た後も「順当勝ち」だの「番狂わせ」だのという評価材料にもなるだろう。

# 第8章　テニスとフェティシズム――間違わないテクノロジーの降臨

## はじめに

スポーツ哲学者バーナード・スーツは、前ゲーム的目標とそれを達成する効率的手段を禁止する構成的ルールをゲームの基本骨格と考えた。ゲームにあっては禁止がルールの第一の機能である。それを念頭にサッカーのテクノロジーを考えると、VARが見張っているのは、手を使っていないか、相手を押したり抱えたりしていないか、オフサイドポジションに侵入していないかったかなど、禁止の遵守である。つまり、VARは禁止がピッチ上に及んでいるかどうかを見るテクノロジーということになる。

一方、ゲームのルールはその条文のすべてが禁止というわけではない。サッカーの前ゲーム的目標はボールをゴールに入れることだが、ゴールインとはどのような事態のことかをルールは定義している。これは禁止のルールではなく、目標に関するルールである。これら目標に関するルールもまた禁止と同様にゲーム空間に作用していなければならない。ゴールをノーゴールと判定してはならない。GLTはそのような場面で稼働する判定テクノロジーである。現代のサッカーではＶＡＲと合わせて二種類の異なる機能のテクノロジーが稼働しているということになる。そして、この後者のタイプのテクノロジーを独特の仕方で運用しているのがテニスである。

二〇〇〇年代半ば、テニスはチャレンジというルールを設けることで、新しい判定テクノロジーを導入した。そこで採用されたのはホークアイイノベーションズ社のライン判定システム（以下、ホークアイ）である。ホークアイはラインとボールが触れているか否かを判定する。ホークアイに与えられた任務はごくごくシンプルなものである。しかし、ホークアイはその仕組みと特徴的な運用方法によって、あらゆる判定テクノロジーのなかで、もっともラディカルなものとなっている。ゆえに、ホークアイはスポーツにおいて、ルールのプレイへの適用を厳密に追求するときに何が起きるのかをもっとも明確に描き出す。

## ホークアイとビデオ判定

二〇〇五年、国際テニス連盟（ＩＴＦ）はライン判定にテクノロジーの採用を決めた。〈1〉そして、二〇〇六年からホークアイイノベーションズ社が開発したボールトラッキングシステムがプロテニスのツアーに採用されることになった。〈2〉

ホークアイはコートの周囲に設置された一〇台の高速度撮影が可能なカメラ（ウルトラモーションカメラ）によってボールを追尾する。一〇台もの高性能カメラで追尾することによって、ボールの位置は三次元的な位置とともに時間の経過による移動も描き出せる。ホークアイはこれらのカメラが記録した映像に基づき、ボールがコートに最初に接した瞬間からバウンドしてコートから離れるまでのボールマーク（ボールの落下痕）の形を推測する。ボールマークがラインの内側にあるかまたはラインと接していれば「ＩＮ」で、外側に離れていれば「ＯＵＴ」というわけである。

このホークアイには、他の競技で採用されているような、いわゆるビデオ判定と呼ばれるテクノロジーとは決定的に異なる特徴が二つある。一つは、それ自身で判定を下す点、もう一つは、自ら判定の根拠となる映像を作成して提示する点である。この二つの点によって他の判定テクノロジーに比べてホークアイは際立ったものになっている。この二点はそれぞれじっくり検討する必要があるので、まずは第一の点から確認しよう。

テニスにおけるホークアイの運用ルールはおよそ以下の通りである。ホークアイは選手からの異議申し立て（チャレンジ）をきっかけに始まる。審判がチャレンジを認めると、コートの近くに設置されたモニタ（スクリーン）に問題の場面が映し出される。それはホークアイのシステムが複数台のカメラ映像の情報に基づいて作り上げた３ＤのＣＧアニメ映像である。その映像を選手、審判、観客（視聴者）が同時に見つめるなか、映像の最後にＩＮかＯＵＴが表示される。プレイヤーに与えられたチャレンジの回数は一セット当たりで三回に制限されているが、チャレンジが成功した場合、回数は減らない。ホークアイの判定はルールによって最終的なものとされ、それへの異議は認められていない[3]。

ホークアイ以前に採用された判定テクノロジーは、個々の競技の事情による差異はあるにせよ、大まかに言えば、テクノロジーが与える材料を参考に審判が判定するという仕組みであった。電気審判機に依拠しないトゥシュ（有効打）判定ができないと決められているフェンシングも、トゥシュの判定そのものを下すのは電気審判機ではなく、主審である（国際フェンシング連盟競技規則t47-2hおよび54）。ところが、ホークアイは自ら審判にかわって判定を下す。ホークアイが示す「IN」「OUT」は正真正銘の最終的な判定として扱われる。ルールでそのように決められているからというだけではなく、誰もがそれに納得してしまうという意味でも最終的なのである。これは判定の補助などというレベルではない。このようなホークアイの運用は判定テクノロジーのあり方を一変する画期的な出来事だった。

## ホークアイ・フェティシズムと無謬性

ホークアイの仕組みがデータの収集と解析に基づいていることからもわかるように、ホークアイが提示する判定は計算処理に基づく推測値である。したがって、それは必ず誤差を含んでいる。誤差について、開発元ホークアイイノベーションズ社は公式ウェブサイト上のパンフ『Electronic Line Calling Technology; How it works（電子工学的ライン判定のテクノロジー　その機能）』で紹介している。それによれば、当初、二〇〇五年のテスト段階では平均三・六ミリだった誤差が、その後のハードウェア、ソフトウェアの進歩、および実際の大会での経験蓄積によっておよそ一〇年後に平均二・六ミリになったとある。ところが興味深いことに、同社のまったく同じサイト上にある別のパンフ『Electronic Line Calling FAQ（電子工学的ライン判定　よくある質問）』には次のような画像（図1）が掲載されており、そこにははっきりと「1mm IN」と書き込まれている。[4] 言うまでもなく、誤差が二・六ミリである以上、「1mm IN」

という判定はまったく信用できない。実際に大会で運用されている場面では具体的な数値表示がないので、この画像は明らかに宣伝用の画像なのだが、それにしても誤差が二・六ミリと公表していながらまるで一ミリでも判定できるかのように宣伝するのはいったいどういうことなのだろう。

あらかじめもっともありそうな素朴な批判を退けておこう。すなわち、同社の悪意によるものだという批判である。なるほど、二・六ミリの誤差のことを知りながら、あえて一ミリと表示して宣伝するのは悪意があるようにも見える。しかし、もし本当に悪意があれば、そもそも誤差に言及したり、公表したりするだろうか。たとえ公表したとしても自社のウェブサイトに誰もがアクセス可能な形で掲載するだろうか。誤差を隠して一ミリ表示だけが宣伝されているのなら悪意と見られても仕方ないが、前述の通り、同社は誤差の縮小をとてもポジティブに公開し、自らの技術の進歩を自画自賛している。しかも、二つのパンフがウェブ上のまったく同じ場所に置かれている以上、誤差を隠そうとする意図など読み取れない。「1mm IN」を同社の悪意の表れと解釈してしまうなら、ホークアイというテクノロジーの本質を見誤ることになる。では、どのように解釈するべきだろうか。悪意のかわりに見るべきは、開発者でさえ犯してしまう一種の取り違えの存在である。すなわち、「ホークアイの誤差が二・六ミリであることは知っている、しかし、ホークアイが 1mm IN と言った瞬間に誤差のことをすっかり忘れてあたかも本当に 1mm IN だったかのように受け取ってしまう」という取

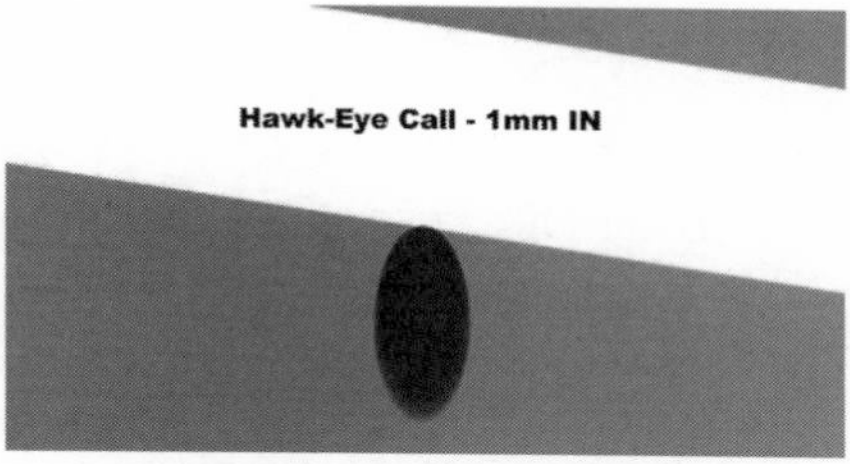

図１　『Electronic Line Calling FAQ』より

り違えである。

ここで言う取り違えは、単にAをBだと誤解するということではない。「Aであることを知っていながら、あたかもBであるかのように行為してしまう」という取り違えである。つまり、間違いは知識のレベルではなく、行為のレベルで起きている。誤差のことを知っていても、あたかも誤差などなかったかのように行為が遂行されて状況が進行するのである。ホークアイが僅差のボールマークを映し出して判定を下すと、その判定には信用できない可能性があることを知っているはずなのに、完全に正しい判定と受け取ったまま試合が進んでいく。このような取り違えにおいて、知識の正しさ、すなわち誤差があるという知識は行為の間違いを修正できない。なぜなら、すでに行為主体が正しい知識を持っているからである。そのために、行為レベルの間違いを修正する機会が訪れることはなく、いったんこのような取り違えが作動し始めると、強力に動き続けることになる。

ホークアイはその開発者にとってさえ無謬の装置として現れるのであり、それ以外の人々にとっては言うまでもない。実際の試合の場面で、ホークアイが僅差の判定を示したときに、しばしば観客から感嘆やどよめきの声が上がるが、この声が取り違えの何よりの証左である。本来なら僅差の判定が示されたときこそ疑ってかかるべきである。ところが、誤差の可能性にもっとも思い至るべきその瞬間に、正反対なことに、人々は思わずホークアイの能力を称賛してしまうのだ。1mm INなどという表示など合理的に考えれば掲載するのを躊躇するべきなのに、開発者ですら、ついパンフに載せてしまうほどホークアイの示す能力を称えずにおれないのである。[5] その意味で、ホークアイが下す判定の前では皆が平等である。誰もが取り違えてしまうのだから。

取り違えを通じて、誤差が忘却され、ホークアイの判定は無謬性を帯びるようになる。そうなると、ホークアイは全能の装置として現れる。そして、どんな場面でもホークアイなら正しい判定を下してくれるという期待が生じ、審判のホークアイへの置換が待望される。あらゆる場面で、審判ではなくホークアイに判定を任せたい。ホークアイにはいつでもそこにいてほしい。こうしてホークアイへの偏愛が顕在化してくる。

この偏愛はすでに具現しつつある。それがすべてのライン判定をホークアイが行うシステム、ホークアイライブである。二〇二〇年時点ではまだテスト段階ではあるが、開発がホークアイイノベーションズ社と男子プロテニス協会（ATP）の間で進められている。[6] ホークアイライブのテストされた大会では、当然だが線審（ラインパースン）が置かれていない。これに関して、ホークアイの担当者の一人はホークアイライブによって、線審の費用を節約できるので、差し引きすると導入コストは高くないという旨の発言をしている。[7] 開発側の人間がコスト面を強調するのは経済的には合理的な行動であるだろうし、よく理解できる。彼らはシステムを売りたいのだから。行為の理由や動機を、それが真実かどうかとは別にもっともらしく説明できる一群の言葉を指して「動機の語い」と言う。動機の語いは、そのもっともらしさのおかげで真の動機を覆い隠すことができる。相対的なコストの低さはじつにもっともらしい売り込み文句であるだろう。だからこそこの発言が一種の動機の語いとして機能している可能性を指摘しなければならない。すなわち、開発者自身さえホークアイを偏愛しているという真の動機を忘却＝隠蔽するために、経済的理由というもっともらしい説明が動機の語いから選択された可能性を、見逃すべきではない。

ホークアイが自ら判定を下すということの先に明らかになるのは、ホークアイをめぐる取り違えと偏愛である。ホークアイの示す答えは無条件で正しい（取り違え）、正しい答えを教えてくれるホークアイは素晴らしい（偏愛）。これは集合的なレベルで生じているフェティシズムの一例である。これをホークアイ・フェティシズムと名付けよう。〈8〉本章の分析は、このホークアイ・フェティシズムのなかへと分け入ることになる。

## フェティシズム装置としての動画

ホークアイ・フェティシズムに分け入るにあたって、その入り口はすでに示されている。ホークアイを独特のものにしている二つの特徴のうちの後者の方、すなわち、ホークアイが自ら判定の根拠を示すという点がそれである。

ホークアイは自らの判定に先立って3DのCGアニメ映像を見せる。判定はその映像の最後＝エンディングに表示される。われわれの興味を引くのはその映像が実写ではなくCGであること、そして、静止画ではなく動画であることである。CGアニメ動画であるにもかかわらず、その映像は動かしがたい「事実」として選手、審判、観客たちに受け入れられる。しかも、その映像には明らかな脚色、もっと言えば非現実的な脚色さえ施されているが、それでもホークアイの判定はその真正さとともに受け入れられる。

典型的なホークアイの動画のシークエンスは次のようなものだ。コート上を飛ぶボール。ボールは空中に軌跡を残しながら飛び、それを追いかけるように視点が移動する。ボールがコートにバウンドすると、ボールは画面の外へと飛び去り、コート上にボールマークが残される。視点はボールマークの真上に移動する。真上で固定した視点は、次にボールマークとラインの関係が明瞭になるところまで近づき、ズームアップする。最後に視点は静止し、INないしOUTと表示されて動画が終わる。〈9〉

ホークアイの映像は動画である。判定テクノロジーとして求められていることからすれば、動画である必然性はない。ボールマークとラインの関係さえ明らかになればいいのだから、それがわかる静止画があれば十分なはずだ。しかし、ホークアイは動画で提供される。動画であることは正しい判定を得るという本来の目的から見ればまったくもって余計なものであり、過剰なことである。だが、ホークアイは導入以来ずっと動画で提供され続けてきた。そのことを誰も疑問に思うことなく、すなわち、動画の必要があるかどうかの検討を加えることなく、受け入れ続けてきた。ホークアイが動画で提供される直接的な理由は後述するように、ツアー競技の規則で定められているからだ。だから、単純に考えれば、動画で提供されることは規則がそう定めているからにすぎないということになる。だが、これは求める答えではない。問われているのは、なぜ規則は動画での提供を定めているのかであり、また、提供された動画をなぜ選手も審判も観客もすんなり受け入れるのかである。つまり、ホークアイが動画であることから生じる意味はいったい何かということである。その問いを考えることが、ホークアイ・フェティシズムを知ることになる。そのためには、この過剰としての動画の中身を分析しなければならない。

ホークアイの動画について、着目すべきは二点ある。一つは、視点の移動、そして、もう一つは、画作りにおける演出である。まずは視点の移動から考えよう。

ホークアイはその多くが飛翔中のボールから動画を始めるが、そのボールをあたかもドローンで追跡するかのように視点が移動する。落下地点まで来ると、今度は視点がボールマークの真上へと移動する。そこからは水平方向への視点移動はなくなるが、ボールマークとラインとの関係をクローズアップするために垂直方向に視点が移動する。こうした連続的な視点移動は最後の静止場面まで続く。視点は動画の間じゅうずっと移動し続けている。移動には何の制限もない。空間のあらゆる場所から、あらゆる角度とズームで見ることができる。それに、視点がそのように移動しなければならない必然性もない。視点位置に関して唯一必然的なのはボールマークの真上に視点がくる最後の静止場面のみである。

この無根拠で自由な視点の移動の効果はホークアイの優越的視点の誇示である。ホークアイならこんなふうにあらゆる瞬間のボールをどこからでも見ていますよ、というわけだ。3Dであることもここから説明できるだろう。死角なき万能の視点を持つことを示すためには2Dではなく、3Dこそがふさわしい。

では、もう一つの点、画作りにおける演出についてはどうだろうか。ホークアイの動画は、コンピュータによって合成されたものであるため、ヒトの目には見えなかったものを描き加えることができるし、実際に描き加えられている。その代表は、何よりもボールの軌跡である。その軌跡はまるで流れ星の尾のように描かれる。しかも、ご丁寧に軌跡にはしばしば影まで付けられており、軌跡が消えるのに合わせてその影もいっしょに消えるという演出まで施されている。[10]

ホークアイは最終的にラインとボールマークの関係を示すわけだが、ボールマークはコート上に見えているわけではない。[11]見えていないから、ボールマークは描き加えられなければならない。ボールマークはボールが軌跡とその影を伴いながら動いてコート上に接したところ、すなわち、軌跡と影が重なったコート上にくっきり残る形で示される〈12〉。この演出の目的は見えないはずのボールマークを違和感なく描き出すためであろうが、作り手の意図はできあがった映像の意味を決めるものではない。

では、そろそろなぜホークアイが動画なのかという疑問の答えを導くことにしよう。答えは動画によって本当のところ、見せられているものは何かを考えることから導かれる。それは二つある。順に見ていく。

一つ目は、ここまでのホークアイの万能の視点の議論と審判の存在論的権威（第5章）に関する議論とから導かれる。すなわち、ホークアイが動画を通して見せるのは、自由自在の万能の視点を見せることによって優越的視点がすでに審判にはなく、ホークアイ自身にあることである。ホークアイは自身の優越的視点を全員に見せつける。ホークアイが呼び出されるチャレンジの場面で、誰もが知りたいのはＩＮかＯＵＴかである。それを示すまでの数秒間、つまり、誰もがホークアイに注意を向ける数秒間、ホークアイは自らの優越性を誇示するための動画を見せる。ただし、無理やり見せているわけではない。審判も選手も観客も全員が関心を持ってホークアイを見つめている。関心をホークアイに注ぎながら見つめるという行為を審判ら自身にホークアイは経験させているわけだ。動画の内容とそれを集合的に見る行為。これによって、ホークアイの認識論的特権は揺るがぬものとなり、ホークアイは存在論的権威を帯びる。

ここで見逃してならないのは、動画が終わるとき、すなわちＩＮかＯＵＴかが判明するエンディングにおいて、それが元の判定通りであろうと判定を覆していようとどちらにしても、審判の存在論的権威はホークアイに移動してしまっているということである。判定結果とは関係なく、ホークアイがこのような形で動画を見せること自体によって認識論的特権（優越的視点）がホークアイに宿るのである。審判さえもホークアイの動画を見つめて「正しい判定」を教えてもらうという場面そのもの、審判が正しかった、あるいは間違っていたと確認する場面そのものが、認識論的特権の所在を指し示し、存在論的権威の移動を表す[13]。

ただし、この説明はホークアイの認識論的特権と存在論的権威を説明できるが、ホークアイの判定を誰もが信じてしまうことまでは説明できていない。ホークアイ以前、審判たちは存在論的権威を持っていたのに誤審だと批判を浴びてきた。存在論的権威だけでは人々はその判定を信じてくれない。ホークアイの判定は審判の判定とは次元の違う正しさ、すなわち、無謬性を持っているのだった。そのことが説明されねばならない。そこで二つ目が重要になる。

二つ目は、ホークアイが動画を通じて、われわれが見たいと欲するものを見せているということである。見たいと欲するものとは、もちろん「正しい判定」である。しかし、われわれは誤差のせいでホークアイが必ずしも正しい判定ができるわけではないことをすでに確認した。それでもホークアイは「正しい判定」を示すし、示さなければならない。そこで演出が必要となる。動画のなかでボールの軌道が可視化されるのは、あらゆる瞬間のボールの位置を把握できることを示すためである。ホークアイが「すべてを見ていた」とこれによって示される。しかも軌道の可視化は、ホークアイの目が不可視のものさえ見える目であることも示す。ホークアイが見ていたのはすべてどころではない。われわれに見えないものさえ含んだ「すべて」以上の「すべて」なのだ。これがホークアイの判定を特殊に正しい判定に変える。「すべて以上のすべてを見ていた」ホークアイが示す映像に対し、そのような目を持たないわれわれに疑念の余地は一切与えられない。ホークアイはそれを見越したように、見えないはずのボールマークを描き出す。

ようするに、ホークアイは動画であることによって、われわれに自身の圧倒的な能力を見せ、次に、自身の示すものに有無を言わさぬ説得力を与え、そして、それらを通じてわれわれの望む「正しい判定」を見せることができるということだ。もっとも、われわれが「正しい判定」を見たいと欲していると表現するのはやや不正確である。より正確にこう言い換えてみよう。すなわち、われわれは「正しい判定を見たと思うこと」を欲している。この欲求に答えるのがホークアイならではの優越的視点から描き出された動画である。「自分たちは正しい判定を見た」と思わせることは静止画にはできない。それは動画のなかにしか含まれていない。ホークアイはそのために動画で提供されるのであり、そういう動画であるからこそ人々の欲するものを見せることができるのである。こうして、先述の取り違えが引き起こされ、ホークアイは無謬の装置になる。

以上のように、誤差の忘却に始まるホークアイ・フェティシズムは動画形式において完成される。そこからホークアイが発するメッセージは「求めよ、さらば与えられん」である。誤差を忘却させ、無謬のものとして現れるホークアイに、われわれ人間は正しい判定が授けられることを願う。すると、ホークアイは自らの全能性を顕わにしながら求めるものを、その刻印＝ボールマークとともに与える。そのボールマークを見て感嘆したとき、われわれはすっかりホークアイ・フェティシズムに囚われているというわけである。

## ホークアイ動画の娯楽性

ホークアイの動画についてはその大衆文化的な娯楽性も合わせて指摘しておかねばならない。テニスに採用される以前、ホークアイのもともとの来歴はクリケットのテレビ放映への採用にあった。[14] ホークアイはクリケットのテレビ放映を充実させる素材としてわれわれの前に登場したのである。そして、それが持つ視覚的な娯楽性がテレビで受け入れられて定着した。テニスでもその娯楽性が発揮されている。前節に見たように、ホークアイの動画はエンディングで判定を示すのだが、それは次の規則に基づいている。「ＩＮ／ＯＵＴは動画のドラマ性を高めるために真上でズームするまで表示されない」(*ATP Official Rulebook* (2020), X. Exhibits, U. ELC Review Official Protocol, Video Board 傍点引用者)。ＡＴＰがプロテニスの組織として興行性を重視するのは当然だとしても、「ドラマ性を高めるために」とその目的まで明確に文言化しているのはかなり興味深い。ホークアイの動画ははじめからその娯楽性、「エンタメ」性を重視して作られていたわけである。ホークアイが動画であることやエンディングまで判定を見せないことはもちろんのこと、動画に盛り込まれた各種の演出、すなわち、飛ぶボールの軌道を描くとも、その軌道が消えることとも、影があることとも、全部が「ドラマ性を高めるため」なのである。

このように考えれば、ホークアイの動画が、どこかしら、われわれが知る視覚的な娯楽文化を想起させる特徴を持ち、「これはどこかで見たような……」という既視感をもたらすのもわかるだろう。それははじめからそのようなものとして作られていたのだ。

ボールの軌道はただ軌道として描き足されたのではない。軌道が流れ星が引く尾のように、また、発射されたミサイルの航跡のように描かれている。われわれが映画やドラマ、アニメや漫画を通してそのような映像表現を繰り返し見てきたからである。視点の絶え間ない移動も同じことである。例はいくらでもあるが、馴染み深いところで言えば、飛ぶ乗り物が頻繁に出てくる宮崎駿のアニメ作品である。メーヴェで飛ぶナウシカを追いかける視点の移動（『風の谷のナウシカ』）、ポルコ・ロッソとドナルド・カーチスの空中戦を追いかける視点の移動（『紅の豚』）などに、ホークアイ動画との類似を見ることができる。つまり、それらはホークアイ動画の膨大な引用元の一部ということである。

さらに、ボールが画面外へ飛び去ってからのボールマーク真上への視点移動、最後の判定場面の直前の視点移動では動いているのは視点だけである。ボール飛行中とは違って見る対象は静止し、視点だけが動いている。この場面では時間も静止している点が重要である。落下痕が残されたコートで時間を含めたすべてが静止した場面で視点だけが真上に移動する。この場面はバレットタイムとして知られる映画『マトリックス』シリーズの有名な弾丸場面の引用である。時間の静止した場面、瞬間で切り取った場面を視点だけが移動して「回し見る」。これがバレットタイムである。ホークアイ動画はバレットタイムの引用の後で判定＝エンディングを見せる。

ホークアイ動画の後半が「回し見る」なら、前半は「透かし見る」と言うことができるだろう。普通は見えないものを特殊な方法で可視化する技法の一つが「透かし見る」である。軌道や影は透かし見るというより描き加えではないかと言われそうだが、描き加えはマンガの効果線のようなものであり、ホークアイの「透かし見る」とは違う。マンガの効果線は、動きや感情を表現するためにないはずの線が描き加えられたものであって、もともと本当にないものである。一方、ボールはたしかに軌道を描いて飛んでいるのだし、ボールの影はコートを囲む複数の光源によってかき消されているだけだ。ホークアイではそれ独自の方法で透かし見ることによって軌道と影、ボールマークを可視化する。ところで、透かし見るとはどのような行為、営みなのだろう。その源流はX線写真、いわゆるレントゲン写真である。

写真史研究者の浜野志保によれば、「肉眼では見ることができないものを映し出すX線写真は、一般の人々の好奇心をも大いに刺激した」（浜野 2015: 51）。それは医療関係者を超えて、社会に衝撃を与えるものであったという。X線写真が「肉眼では見ることができないもの」を見せてくれたからだ。X線写真は念写などのオカルト的な副産物も生み出しながら、大衆文化のなかに「X線ショー」などの娯楽を通じて浸透し、「見えないから写す」（浜野 2015）という営みを社会全体に広げることになった。ホークアイ前半の映像はこのX線ショーの系譜に位置付けられよう。

さらに、X線の真骨頂は「透かし見る」にある。浜野によれば人気のあったX線写真は人間や動物の骨を透かし見た写真（リビング・レディオグラフ）であった（浜野 2015）。体内にある骨は外から見えない。見えないからX線で透かし見る。ホークアイも同じだ。ボールマークは見えない。見えないからホークアイで透かし見る。ホークアイ動画が進行するにつれて、画面にあったものが次々に透けていくのをわれわれは見ることになる。コート上の選手たちやコート周辺のすべてのものが透けていく。選手の身体などは早々に透けてしまうし、見えていたボールとその軌道＝尾やその影も次々と透けていく。そうして最後にボールマークとラインだけが残る。この二つがホークアイというX線ショーの骨である。〈15〉

## 正確な判定を求める態度

われわれは、ホークアイ・フェティシズムが動画からいかに生じるかについて知り、動画がわれわれを惹きつける娯楽性を備えていることを見た。しかし、これだけでは、ホークアイは誤差があるのにそれがないかのように人々を騙したうえ、その娯楽性の装いのもとで隠蔽するよう仕組まれているという、陰謀論的な見方になりかねない。このような見方は単純すぎるし、正しくもない。フェティシズムは陰謀論的に生じるものではないし、ホークアイに「偽りの透明性」（コリンズ）が見出せるとしても、それはホークアイにはじめから備わる属性ではない。偽りの透明性が作動するのは、ホークアイが差し出すものを積極的に誤読するフェティシストとしてのわれわれとホークアイとの共犯関係によってである。そこで次に検討すべきはわれわれの側にある共犯的態度である。

すでに前章までに何度か述べてきたように、スポーツのエートスは試合をして強さを決定することにある。勝敗が決まり、強さが決まる。もし勝敗が誤審によって歪められるとすれば、スポーツのエートスは妨げられる。したがって、正確な判定を求めるのはスポーツのエートスからすれば、まったく正しいし、当然の態度である。しかし、このような態度は、スポーツとともにずっと存在したわけではなかった。正確な判定を求める態度は、テレビ中継以前には顕在化していなかったのである。もちろん、各競技で正確な判定が必要であったことは変わりない。しかし、必要であったことと求められることは同じではない。

サッカーの例を思い出そう（第5章）。一九世紀後半、もともといなかったはずのレフェリーがサッカーのピッチ上に登場するようになったのも、興行的盛り上がりへの対応であった（藤井 2010）。レフェリーが登場すると観客たちは贔屓のチームに不利な判定に対して騒ぐようになり、騒動は増えたのだった。重要な点は、彼らが贔屓チームに不利な判定のときに限って騒いだことである。それは、まだスポーツではなく純粋に興行だった江戸時代の相撲においてお抱え力士たちの勝ちを主張した武家たちの振る舞いと同じである（新田 2010: 230）。正確な判定が求められたのは贔屓を勝たせるためだったのであり、本当に客観的でフェアな判定を求めたわけではない[16]。正確な判定は建て前として求められただけだった。

ところが、いまではわれわれの態度がすっかり変化してしまった。誤審だと騒ぐのは、相変わらず自分たちの応援する選手やチームが不利な判定を受けたときだったりもするが、それ以上にわれわれは誤審そのものの排除を求めるようになっている。いつのまにか正確な判定を求める態度をわれわれは身につけたのである。しかも、サッカーのテクノフィリアぶりが示すように、誤審排除の方法もテクノロジーの導入に限っている。正確な判定を求める態度が求めるのは、テクノロジーによってのみもたらされる超越的な審級としての判定である。テクノロジーはプレイにも勝敗にも関心を持たず、まさに「機械的に」判定を下す。だから判定テクノロジーは偏りなく中立性を担保しているように見える。

われわれがこうしたテクノロジーを求めるようになったのは、リプレイに代表される視覚テクノロジーの進化によって、誤審が誤審として現れるようになったことがきっかけだった。リプレイは誤審の発生を疑う余地なく見せることができた。はっきり再現された誤審は、贔屓とは関係なく、誤審そのものとして現れた。それ以前、誤審は方便のなかにあるものだった。本当に誤審だったかどうかは確認されないので、誤審は言説上のものにすぎなかった。しかし、視覚テクノロジーの登場は誤審をリアルのものとして見せつけることで、われわれのスポーツとの関わり方を変えた。われわれは以前よりもスポーツのエートスに従順になり、誤審による勝敗決定の失敗とそれに伴う強さの決定の失敗を「正しく」問題視するようになった。ルールが瑕疵なく適用されねばならないという信念をわれわれは抱くようになっている。

この信念をより大きな公正世界信念（公正世界仮説）の一部、ないしはそのバリエーションと見ることができる。この世界は公正であり因果応報が成り立つはずだという認知バイアスないし思い込みのことを公正世界信念という。ルール破り（反則）にはペナルティが与えられなければならないし、結果（勝敗）は選手のプレイがそれに値するものでなければならないというのが公正世界信念に基づいた見方である。結果のすべてを選手のプレイに還元できるとすれば、スポーツの世界は理想的な公正世界になる。その世界ではルールが支配する限り、勝負の結果は選手（チーム）のプレイや力量に還元できる。その意味で、公正世界信念はスポーツとの相性がとてもよい。ただし、スポーツが公正世界であるのは、ルールが正しくすみずみまで適用されて、フェアネスが担保されている場合に限られる。誤審は公正世界としてのスポーツを根底でぶち壊してしまう。

われわれは以前よりスポーツのエートスに従順になり、スポーツに対して公正世界信念を抱くようになったようだ。[17] リプレイの登場がスポーツとわれわれの関係を変え、われわれをそうした信念をもった存在にしたことはすでに述べた。われわれは二〇〇〇年代以降、以前にもまして強く判定テクノロジーを欲望し、正しく判定がなされたと思いたがるようになっている。判定テクノロジーそのものは二〇世紀の、早いものなら半ばにすでに現れていたし、リプレイも二〇世紀後半のテレビでずっと流され続けてきたのだ。それなのに、われわれは二〇〇〇年代以降、急激に人が審判をすることに耐えられなくなってきている。

正確な判定を求める態度はそれ自体どこからどう見ても正しく倫理的である。それはルールの遵守を主張し、スポーツのエートスに忠実である。この態度は、他方で、人間の審判に対する耐えがたさを隠さず、テクノロジーを礼賛する。このような態度が一気に広がり、浸透してきた点を踏まえながら議論を進めていこう。

## 倫理的態度とフェティシズムの共犯

一種の思考実験として、次のような場面を考えてみたい。

プレイヤーAがラインぎりぎりを狙って放ったショット。思い通りに打ったAの見事なショットにプレイヤーBはまったく反応できない。ショットはAの狙い通り、ラインぎりぎりの位置でバウンドした。審判の判定はIN。ポイントを失ったBは、一か八か、チャレンジをする。ホークアイはほんの一ミリほどの差で外れた映像を示してOUTと判定した。そして、ポイントはBのものになった。さて、このポイントは本当にBのポイントでいいのだろうか〈18〉。

一つ目の反論を提出してみよう。この例で、ラリーを制したのはAである。テニス的強さを示したのはAなのだから、Aにポイントが与えられるべきではないのか。この反論には、たとえば、このように回答できる。すなわち、テニスはボールのINかOUTかでポイントが与えられ、勝敗が決まるわけだから、プレイの内容を判断して判定するのはルールに反する、と。たしかにその通りだ。この例ではこれくらいの反論を弄したところで、ホークアイがOUTと判定した以上、ポイントはBに与えられなければならない。

とはいうものの、ホークアイの判定はコリンズが「不確実性のゾーン」と呼んだ領域のなかにある。平均誤差二・六ミリのなかにあってホークアイの判定が正確だと言える保証はまったくない。そこで二つ目の反論を提出してみるとしよう。今度は、ルールそのものへの疑義を含めたものである。

不確実性のゾーン付近でバウンドした場合、ホークアイですら正確な判定である保証がないのであれば、それをホークアイではなく人間の審判に委ねてもいいのではないか。ルール上、テニスやバドミントンの線審には「見えなかった」という判定が許されている。[19] ホークアイが誠実ならば、落下地点が「不確実性のゾーン」だと推定できた場合そうすべきところである。そして、判断を人間の審判に委ねてもいいはずだろう。しかし、ホークアイは不誠実なことにそうしない。[20] なぜか。ホークアイの背後に、正確な判定を求める態度が存在しているせいである。その態度は人間の審判ではなくホークアイが判定することに公正世界の存在を見る。だから、ホークアイには「判定不能」と答えることが許されていないし、おそらくホークアイ自身も判定不能であると思っていないだろう。いかに不誠実であろうとも、すなわち、いかに不確実性のゾーンにあろうとも、ホークアイに判定をさせるのである。正確な判定を求める態度がホークアイに不誠実さを強いているわけだ。

正確な判定を求める態度はスポーツのエートスにその根拠を持っており、スポーツ倫理的には完全に正しい態度である。この正しい態度によって招聘されたのがホークアイである。ホークアイは無謬の装置としてテニスの世界に招き入れられた。審判はあのように判定したが、本当はOUTだったのかINだったのか。真実を知る唯一のものとしてホークアイはそこにいる。そのようなものとして振る舞うことがホークアイに求められ、ホークアイも応じる。すでに述べたように、ホークアイの動画は、正確な判定を求める正論の抱く欲望、ビデオリプレイ以上の「真実」を見たいという欲望に忠実である。この欲望は人間の目で見えていたものを見ることなど求めない。そうではなく、それ以上のものを見ること、見えなかったものを見せるよう求めている。だから、見えないはずのものたちが描かれても、それに対して虚偽ではないかなどという疑念を抱かない。われわれに見えなかった航跡のような尾もボールマークもホークアイには見えたのだ。だから、ホークアイの判定に従えばいい。これがスポーツ倫理に従順な態度の帰結である。

先のラリーの例に戻ってみよう。正確な判定を求める態度にとってみれば、ポイントを得るべきはB以外ない。ホークアイがOUTと判定したからだ。この態度にとって事実とホークアイの判定は一義的な関係にある。実際の試合でも、チャレンジの場面はホークアイによる「答え合わせ」の場面になっているが、それはホークアイ判定＝事実という了解が存在するからである。そして、そのことは正確な判定を求める態度がいまのテニスを支配していることを示している。

正確な判定を求めるという倫理的な態度がホークアイという判定テクノロジーをフェティッシュに変える。ホークアイはこの倫理的な要請に応えて、見事な動画を見せる。「このような軌道で飛んできたボールはこの場所に落ち、ラインからわずかに外れてＯＵＴでした。これがみなさんの知りたい事実です」。

## 決定不能であること

さて、スポーツ倫理的要請とホークアイの共犯関係のなかで置き去りにされたのは何だろうか。先のラリーの例にもう一度戻ってみよう。あの場面で、ボールマークは実際にはどこにあったのだろうか。ホークアイはＯＵＴだと判定したが、そこは二・六ミリ以下の不確実性のゾーンだった。審判はＩＮの判定だった。審判にはＩＮに見えたのだろう。たしかに、テニス的な強さを見せたのはプレイヤーＡだったかもしれないが、強さはポイントを決定してから、勝敗が決まってからはじめて決定できるものであり、強さ（のようなもの）を見せたからＡにポイントを与えるというのは本末転倒である。ルールに基づかない判定という意味で誤審でもある。では、どうすればいいのだろう。どうすることもできない。この場面はボールの落下地点が特定できない場面であり、端的に決定不能な場面である。ここにはＩＮという事実もＯＵＴという事実もない。どちらのポイントになってもそれはたまたまそうなっただけとしか言いようがない。ホークアイがＯＵＴと判定したが、不確実性のゾーンである以上ホークアイがそう判定したのはたまたまであるし、審判がＩＮと判定したのもたまたま審判にはそう見えたにすぎない。ホークアイならそれでもフェティシズムによってＯＵＴという事実があったとわれわれを誤認させることができるが、審判の判定だと疑問が残る場面になっただろう。現実にこういう場面は起きている。この場面、どちらとも判定できる本来的に決定不能な場面の存在こそ、共犯関係のなかで置き去りにされるものである。〈21〉ホークアイ・フェティシズムの中にいるわれわれはこの場面が決定不能な場面だと気づかないのである。

ワールドカップで西村やピターナが直面したPK判定の場面も、この本来的に決定不能な場面の例であった。その決定不能性が勝利と強さの同一化を妨げるものである。勝利と強さの同一化不可能性がスポーツの根源にあるものだった。われわれはそれを誤審の可能性と呼んだ（第6章）。決定不能性は誤審の可能性のもう一つの源泉である。決定不能性は微妙すぎてどちらかわからないという境界上の場面だけに生じるのではない。もう一つ、スポーツにおいて不可避のものがあり、それもまた決定不能性を生じさせる。それは偶然である。

スポーツでは偶然が勝敗を左右することがある。とりわけ、屋外で行われる競技の例がわかりやすい。そこでは自然がしばしば一方のチームや選手を有利／不利にする。飛球が追い風のおかげでホームランになったり、また反対に逆風のせいで外野フライになったりする。ファールが風のせいでホームランや長打になることもある。しかし、そういう場面に対して打撃時のボールの初速と角度を測定して計算し、風がなければどうなっていたかを示し、それに基づいて判定されるべきではないかなどとは誰も主張しない。〈22〉スキージャンプ競技ではすでに風がポイント化されているので、これはそれほど空想的な話ではない。野球における得点の重さは、一試合で多くのポイントを取り合うテニスの一ショットよりも重い。それなのになぜ、正確な判定を求める態度は、風による影響を疑問視しないのか。〈23〉

風が運んだホームラン、風に押し戻された外野フライ。たしかにボールはスタンドインし、また、グラブに収まった。目に見えることだけで言えばホームランと外野フライで判定に間違いはない。だが、これらに対する判定は本当に「正確」なのか。これら間違いがないように見える判定の背後には、自然による偶然の作用がなければ異なる結果になっていたかもしれない可能性が隠れている。そのホームランは本当にホームランと判定されてしかるべき打球だったのか。本当は投手の力量がわずかに打者の力量に勝って外野フライとなるべきものではなかったのか。判定に間違いはない。だが、しかし……。このような形で、偶然は誤審の可能性を開く。

誤審が批判されるのは、それがルールを適用し損なうせいで勝ち負けがちゃんと決まらなくなるからだ。そのせいで正しく強さを決定するというスポーツのエートスが侵されるからだ。では、偶然によって決まった勝ち負けは正しく強さを決定していることになるだろうか。誤審と同様、偶然の作用は選手（チーム）のトレーニングによって得られた能力と何の関係もないのではないか。誤審も偶然も同じようにスポーツのエートスを侵害している。ところが、正確な判定を求める態度はこの種の偶然をまったく気に留めない。見えたものが見えたままであればそれでいいのだ。だから、そのような態度は二重に誤審の可能性を消し去ってしまう。決定不能な場面ではホークアイ・フェティシズムに積極的に囚われることによって、また、偶然に対してはそれを意に介さないことによって。この態度が不寛容になるのは決定不能な場面の判定が審判に委ねられるときである。これが正確な判定を求めるという倫理的な態度に潜む恣意的な欺瞞である。

急いで補足しておこう。正確な判定を求める態度が、「明らかな」誤審を批判するのはまったく正当である。明らかな誤審は正されるべきであるのは言うまでもない。問題は誤審を正そうとするこの態度が容易に別の姿勢に転化してしまうことにある。それはどこまでも正確な判定が可能であるかのように主張する。可能性としての誤審はスポーツにおける勝利と強さの不一致という本質的な条件の基礎をなすものであり、われわれはどこかで正確な判定の不可能性と向き合うことになり、それを甘受しなければならない。いかなる場面でも正確な判定が可能などというのはありえない。ホークアイにも限界がある。しかし、その限界は正確な判定を求める態度がのめり込むフェティシズムのなかで無視されてしまう。正確な判定がありうるという前提が正確な判定を求める態度を肥大させ、正確な判定を教える装置としてホークアイのフェティッシュ化を加速させる。

## 有限のゲームと無限のゲーム

フェティシズムであろうとも、欺瞞を含んでいようとも、正しい判定がなされるのはよいことではないのか。誤審は悪であるという前提に立つ限りにおいて、この疑問はまったく正当な疑問であるだろう。しかし、この疑問はその背後に前節までに見たような欺瞞も隠し持っている。判定テクノロジーを導入すれば誤審がなくなると期待するのは、端的に言って、無邪気である。それは、ホークアイの不確実性のゾーンにおける判定のようなこれまでにない形の、そして不可視化されるという意味でより厄介な誤審をスポーツのなかに生み出すことでもある。その意味で、判定テクノロジーの導入は誤審を排除するのではなく、新たな形の誤審を作ったうえにそれを見えなくさせるだけとすら言えてしまう〈24〉。だから、控えめに次のように言うべきであろう。すなわち、正しい判定がなされるのはよいことだ、ただし、判定テクノロジーが必ずしもそれを実現してくれるわけではないのだが、と。

その一方、視覚テクノロジーを駆使して届けられるテレビ映像でスポーツを観戦するのが一般化したこの時代に、判定テクノロジーを単純に否定するのもまた無邪気であるだろう。だから、判定テクノロジーの可否を論じるのは簡単ではない。そこで、判定テクノロジーの登場がスポーツの新たな側面をわれわれに見せていること自体をもっと観察しよう。手がかりになるのは、宗教学者ジェームズ・P・カースの「有限のゲーム／無限のゲーム」という概念である。

カースによる有限のゲームと無限のゲームそれぞれのもっともシンプルな定義は次の通りである。

「有限のゲームは勝つためにプレイされ、無限のゲームはプレイを続けるためにプレイされる」(Carse 1986: 3)。

有限のゲームには終わりがある。終わりに至ったとき、そのゲームには勝者と敗者が生まれている。プレイヤーが自分を勝者としてゲームを終わらせるためにプレイするのが有限のゲームである。一般にゲームという言葉でわれわれがイメージするのはこの有限のゲームである。スーツが定義したゲームも有限のゲームであった。当然ながら、スポーツもこの有限のゲームの定義によく馴染む。ゲームの終了時に歓喜とともに勝利の側にいることもあれば、悲嘆とともに敗北の側にいることもあっただろう。歓喜と悲嘆が生まれるのは、それが有限のゲームであって、もう終わってしまったゲームだからである。では、無限のゲームはどうだろう。

カースは無限のゲームの特徴としてプレイ自体を目的とすることに見た。これはよく知られた遊びの自己目的性に通じるものである。遊びはそれ自身のうちに目的を持ち、その外部に目的を持たないとよく言われてきた。ホイジンガはプロとしてプレイすることを遊びから排除したが、それはプロとしての活動が遊び以外の目的（お金を稼ぐ）を持ったものであり、自己目的的ではないからだった。遊びの自己目的性と言うとこういう形で排他的に理解されることが多い。しかし、カースの無限のゲームは遊びの自己目的性をもっとラディカルにかつ包摂的に解釈する。「無限のゲームの唯一の目的は終わりを到来させないことであり、誰もがプレイを続けることである」（Carse 1986: 6-7）。無限のゲームは制約のないオープンなものである。だから、自分がゲームから離脱しても、新たな参入者がゲームを持続できればいいのだ。

また、カースは次のように言う。「無限のゲームのルールはプレイの途中で書き換えられねばならない。（略）無限のゲームのルールは誰かがゲームに勝ってしまわないように書き換えられるのであり、できるだけ多くの人がプレイできるように書き換えられるのだ」（Carse 1986: 9）。たとえば、サッカーを例に考えてみよう。サッカーの最初のルールとされるものは、一八六三年のイングランドサッカー協会（ＦＡ）の結成に伴う形で整備された。もし、いまわれわれが一八六三年のルールで行われている試合を見たら、それがサッカーだとわかるだろうか。われわれの知るサッカーは手の使用を厳密に禁じている。だが、その試合にはフィールドプレイヤーによるフェアキャッチの場面があるだろう。また、われわれの知るサッカーはボールがラインから出た時点でプレイが止まる。プレイが止まることを審判がホイッスルを吹いて知らせる。しかし、当時のルールではボールがラインから出たとき、最初に触れた側に再開時のボールの権利があるため、ラインの外までプレイは続く。だから、当時の試合では目印となるものが置かれてあるだけで実際の白線は引かれておらず、ラインは仮想的に存在するだけだった。

そして審判もいなかった。だから、ホイッスルも吹かれない。どうだろうか。これを見ていまのわれわれは彼らがサッカーをプレイしているとすぐに理解できるだろうか。だが、一八六三年のルールで行われたのは紛れもなくサッカーである。これが無限のゲームとしてサッカーを理解することである。[25]

無限のゲームはゲームを続けることが目指される。最終的な勝者が現れること、プレイヤーがいなくなることを回避しなければならない。そのためにルールの変更に対して躊躇がない。われわれはこうやって一八六三年以来、またはもっと以前から、サッカーという無限のゲームをやり続けてきたのだ。サッカーだけではない。テニスも、野球も、バスケットボールも、柔道も、ずっとルールを書き換えながら、続けられてきた。[26]それが終わらないように、それをプレイする者たちが次々生まれてくるように、ルールが書き換えられてきたのである。だから、歴史を経てきたあらゆる競技は無限のゲームでもある。

有限のゲームと無限のゲームは、その対照的な名前から互いに相容れないもののように思われたかもしれない。スポーツが有限のゲームでもあり、かつ無限のゲームでもあるという説明に戸惑うかもしれない。しかし、カースは「無限のゲームの内部で有限のゲームはプレイできる」と言い、無限のゲームと有限のゲームの包含的な関係を示す（Carse 1986: 7）。このことは次のように理解できる。すなわち、一つの試合、一つの大会は、それぞれ有限のゲームとしてプレイされるが、同時にそれは、その競技そのものという無限のゲームのなかで行われている、と。だから、ウインブルドンのコートに立つプレイヤーたちは、全英オープンの一試合を有限のゲームとして勝利を目指し、そしてその先の優勝を目指してプレイしながら、同時にテニスという無限のゲームをプレイしている。[27]このような視点からホークアイの存在と意味を考えてみればどうなるだろうか。

ホークアイは一つ一つのプレイに決着をつけるものとして期待されている。ホークアイが最終的な「正しい判定」を与える以上、ポイントは正しくどちらかに与えられるはずであり、決着がつけられるはずだ。フェティシズムが作動するなかでホークアイは疑問の余地を残さない形で判定を下してくれる。ホークアイがあれば誰もが試合結果を承認するだろう。この点でカースの有限のゲームに関する次の指摘は的確だ。「誰かが勝つのは全プレイヤーが誰かが勝ったと承認するときである」(Carse 1986: 3)。したがって、ホークアイはテニスの試合が有限のゲームであることを象徴する装置であり、有限のゲーム性を維持させる装置である。眼の前のこの試合、いま開催されているこの大会は一回限りで、もう二度とやってこない。有限のゲームとしてのテニスは一つ一つの試合や大会を反復不能な一回限りのものとしてプレイさせる。だから、その試合、その大会には絶対的な希少性がこびりついている。

テニスに限ったことではなく、他の競技でも同じことだ。勝つにしろ負けるにしろ、その試合の勝利や敗北はそれ固有の勝利であり敗北である。ここには何も特別なものはない。プレイヤーはその勝利が固有の勝利だからこそ力を尽くしてプレイするだろう。勝利による強さの決定というスポーツのエートスはこの有限性とともにある。一つ一つの試合結果が持つ革命性(川谷 2012)はその試合が固有の反復不能なものであるからこそ備わるのである。この点で、有限のゲームゆえにスポーツ固有の面白さが生まれていること、そして、スポーツ独特の倫理性が生まれていることは間違いない。

さらに、有限のゲームであることにわれわれは現代のスポーツを支えるある仕組みの源泉を見出す。それは放映権料の理論的源泉である。固有で一回限りの試合という希少性からそれを見たいという欲望が喚起されて財としての放映権が生じ、その売買が可能になる。〈28〉放映権料はスポーツが有限のゲームであるからこそ成立可能なのだ。オリンピックやワールドカップのような特別な巨大スポーツイベントは開催頻度も低く、選手にとってもその出場機会は限られるので、その希少性はいっそう高く、したがって放映権料も高額になる。このことを他面から見れば、スポーツはテレビというメディアとの遭遇によって、有限のゲームとしての側面を強化されたとも言える。テレビは一回限りのその試合を見逃すなというメッセージを発している。

放映権料の高騰はスポーツの有限のゲーム性がそれだけ高まったことの表れでもある。「あの試合の時間には通りから人の姿が消えた」という類の神話の流通は、スポーツの有限のゲーム性とテレビとの強い絆を物語っている。この絆は、放映権料を生み出すのみならず、選手の身体を含めたスポーツ空間そのものを広告媒体とすることによって巨大な広告費も生んできた。このように二〇世紀最後の四半世紀から顕著になったスポーツの商業化、巨大ビジネス化は、スポーツが有限のゲームであるがゆえに帯びる特有の面白さとテレビの相性のよさの結果である。

このように考えれば、テレビとの関係を深めた先に、ホークアイという視覚的な判定テクノロジーが登場してきたことに何の不思議もないことがわかる。スポーツを有限のゲームとして一つ一つの試合を作り上げることに貢献するホークアイは、「正確な判定」という幻想を振りまきながら勝敗という結果に真正性を与え、視聴者の関心をつなぎとめることをその隠れた役割として担っているということだ。テレビはホークアイが登場する前から、リプレイを映し続けてきた。リプレイされる場面は、いつもポイントや得点が入ったり防がれたり、決定的な反則がなされたり疑われたりする場面ばかりだったが、それはこれらの場面が試合の有限のゲーム性を顕著に指し示す場面だったからだ。そこに、ホークアイがやってきた。「正確な判定」でどんな微妙な判定でも決着をつけて勝敗を決めてくれる装置である。

先述のようにホークアイの最初の仕事はクリケットのテレビ中継だった。判定を下すことが仕事だったのではなく、クリケット中継の娯楽性を高めることがホークアイの最初の仕事だったのである。ホークアイがたとえば他のビデオ判定とまったく異なる仕組みを持ちながらひとくくりに「ビデオ」判定と呼ばれてきたのもこれが理由である。つまり、テレビ向けだからである。そして、ＡＴＰがホークアイの映像の見せ方を定めていたのもはじめからテレビ視聴者の存在が想定されていたからである。

だがスポーツは、無限のゲームでもあるのだった。一つの勝利は一つの有限のゲームを終わらせるが、無限のゲームとしてのスポーツは勝敗を宙吊りにする。勝敗が宙吊りになるのは判定が宙吊りになるからである。つまり、無限のゲームは判定に誤審の可能性を潜ませる。

それにしても、なぜスポーツは無限のゲームでありうるのだろうか。経験的歴史的にスポーツが無限のゲームとして続いてきたことは先に見た通りだが、ここでは理論的な面からスポーツが無限のゲームである根拠を挙げておこう。それは結局のところ、勝利が強さを表象しそこねるからである。勝利による強さの決定というスポーツのテロスはつねに挫かれる。スポーツは強さを勝利によって表現しようとするが、強さは勝利という表象に還元できない余剰を生みながら逃れ続ける。一つの試合が終わっても、「本当の強さ」はわからない。その逃れ去る強さを改めて取り込むべく、さらなる試合が行われる。だから、スポーツは無限のゲームなのである。

## まとめ

ルールをプレイに適用する。一見シンプルで当然のことのように思えるが、それを厳密に追求すると思わぬものが待ち構えている。ラインに触れたのか触れていないのか。INなのかOUTなのか。この差は思うほど明確ではなく、INとOUTを正確に区別できるものはない。ルールをプレイに適用しようにも、必ずその不可能性に突き当たらざるを得ない。ただし、その不可能性そのものはスポーツにとって破壊的というようなものではない。だいたいの場面でINとOUTは区別できる。微妙な場面はまれに訪れるだけだし、これまでそういう場面では存在論的権威を発揮して審判が行為遂行的にINやOUTという事実を生み出してきた。もちろん、文句も出るがそれでスポーツという営みは続けられてきた。その営みをまったく違う形に作り変えるのが本章で追いかけてきたホークアイである。

ホークアイは、自身が召喚される場面になると、独特のフェティシズムをその開発者でさえ魅了されるほど高い強度で作動させる。ホークアイは無謬の装置という外見を得て、すべての人間を平伏させる。こうした一連の「儀式」を経て、ホークアイは一つ一つのプレイに決着をつけていく。フェティシズムであろうと、誤審がスポーツの目的にとって破壊的に作用する以上、正確な判定を求めることはまったくスポーツ倫理的に正当である。ただし、その正当性はスポーツの無限のゲーム性を後景化し、有限ゲーム性を前景化させる。はじめからテレビと結びついていたホークアイが放つもう一つのメッセージは「案ずるな、正しく決着はつくから、この一度限りの勝負を見よ」である。[29]

一九八四年のロサンゼルス・オリンピック以降、多くの競技やプロリーグの放映権料が高騰し始めた。高騰する放映権料を追いかけるようにさまざまな競技やプロリーグが判定テクノロジーの導入へと向かった。テクノロジーの技術水準と競技特性が折り合うまでの時間はそれぞれの事情によるが、二一世紀はテレビとスポーツの裕福な結婚から生まれた判定テクノロジーたちを積極的に迎え入れた。なかでもその娯楽性を十全に理解した運用ルールでテニスに迎え入れられたホークアイは、判定テクノロジーが潜ませるフェティシズムを存分に発揮し、いまやテニスにおいてもっとも待望される「生きた審判」（ホークアイライブ）となったのである。

### 注

〈1〉ＩＴＦのルールではエレクトロニック・レビュー・システムと呼ばれている。なお、二〇二〇年から、ホークアイとは異なり、実写映像を使ったFoxtennが運用されている。ただし、それによるルール変更等はとくに見られないので本書の議論ではホークアイのみを取り上げる。

〈2〉日本ではホークアイという呼称が定着しているが、ホークアイイノベーションズ社はこのシステムを「電子工学的ライン判定Electronic Line Calling」と呼んでいる。本章ではこのシステムの固有性に注目するので、一般名称的なライン判定システムではなく、ホークアイという呼称を採用する。

〈3〉「電子工学的レビューの判定は最終的なものであり、抗議できない」（ATP Official Rulebook（2020）7章The Competition 7.22 On-Court Procedures and Requirements L Electronic Review 9、WTA official Rulebook（2020）18章Standards C. Electronic Review 9.Final Decision）。

〈4〉いずれも、https://www.hawkeyeinnovations.com/products/ball-tracking/electronic-line-calling よりＰＤＦでダ

ウンロード可。（二〇一八年七月一四日閲覧）

〈5〉 1mm INの画像を掲載するのは、できないことをできるかのように宣伝していることになり、掲載するべきではないという判断が合理的であろう。逆に言えば、これをそのまま掲載している同社は、誠実であるとも言える。ホークアイの有するフェティシズムの力に自ら飲み込まれていることを隠さないのだから。

〈6〉 ホークアイライブの開発に関しては、ホークアイイノベーションズ社の開発担当者のインタビューで経緯等が語られている。http://www.sportspromedia.com/quick_fire_questions/hawk-eye-live-sam-green-on-the-future-of-officiating-aids-in-tennis-and-bey（二〇一八年七月一四日閲覧）

〈7〉 https://www.thestar.com/sports/tennis/2018/03/02/hawk-eye-live-may-reduce-tenniss-human-element.html（二〇一八年七月一四日閲覧）

〈8〉 ホークアイに関連してフェティシズムを見て取るのは本書がはじめてではない。コリンズが社会学者のロバート・エヴァンス、クリストファー・ヒギンスらと著した『悪い判定』(Collins, Evans and Higgins 2016) の第4章「軌道測定装置とテニス」のなかで、正確性がフェティッシュ化していることを論じている。ただし、そこで取り上げられているのは、人間の目と測定のズレの問題である。サーフェスに対して斜めに飛んできたボールがサーフェスに触れた瞬間にラインと接触していたとして、その接した瞬間はボールはまだ丸いままである。そこからボールは進行方向に伸びるようにひしゃげながらサーフェスに接地する。問題はボールがコートに接地してひしゃげているときにはラインから離れているように見えてしまうことである。このような場面は、人間の目にはOUTにしか見えない。しかし、ホークアイはそれをINと見る。ホークアイイノベーションズ社の『Electronic Line Calling FAQ』には、この一連の動きの連続写真が掲載されている。「ボールがちょうどラインに触れる」とされた瞬間から、ボールがひしゃげながら接地している間に、ボールは自らの勢いでラインから離れていく。だから、もっとも地面と大きく接している間、すなわち、ボールがもっともひしゃげている間はＯＵＴの場所にボールがある。「ボールはまだ地面上にあるが、少なくとも一〇センチ（ラインの幅のぶん）、最初にラインに触れたところから越えている」というキャプションが『Electronic Line Calling FAQ』の写真に付されている。たしかに、これだけ離れたところでバウンドしていると、選手にも審判にもＯＵＴにしか見えないし、普通のリプレイでもＯＵＴに見えるだろう。だが、ホークアイはこれをＩＮと判定できる。誰の目にもＯＵＴにしか見えないものをＩＮと判定する「正確な」装置など必要ないのに求められてしまうことをコリンズらは正確性のフェティッシュと呼ぶ。

コリンズらと本書の違いはフェティシズムに至る取り違えをどこの水準に見るかである。コリンズらの場合、正確性が間違って求められるのは認識レベルであり、それゆえ、コリンズらは啓蒙が足りていないことを問題にする。しかし、本文中で指摘したように、フェティシズムは認識ではなく行為において生じる。コリンズらは啓蒙を通じてフェティシズムを克服することを目指すが、啓蒙によって克服できる程度のものをそもそもフェティシズムとは呼ばないというのが本書の立場である。

〈9〉 後の議論で見るように、ホークアイの動画の内容や見せ方について、ツアー競技では規則で定められている。動画であることも、判定を最後に示すことも、規則でそのように決められている。動画である理由をこの規則に求めることもできるが、本章での問いはその規則の向こう側に答えを求める。

〈10〉 すべてのホークアイ動画に軌跡と影が描かれているわけではないが、描かれていない例は少ない。

〈11〉 二〇一九シーズンまでは、コート上にボールマークが残るクレーコートではホークアイを使用しなかったが、二〇二〇シーズンから男女ともクレーコートでも使用することになった。

〈12〉 このボールマークの表現については、ボール表面の繊維のために、ボールの輪郭を正確に定義することができず、ボールマークの後端が十分に定義できなくなるという指摘もある（Cross 2014）。

〈13〉 生徒である審判が先生であるホークアイから○をもらったり×をもらったりするという関係ができあがっ

ているわけである。

〈14〉ホークアイイノベーションズ社https://www.hawkeyeinnovations.com/sports/cricketを参照。

〈15〉ただし、X線ショーなら骨は本当にそこにあるが、ホークアイの場合はボールマークが本当にそこにあるかどうか怪しい。その怪しいものを擬似的な造影剤によってそれらしく見せているのがホークアイ動画である。

〈16〉相撲は預かりという裁定を作り出し、勝負を曖昧にする装置として中改という審判的存在を置いて武家の圧力に対処した。正確な判定をする見せかけとして中改を置いたが、その実態は見かけと正反対だった。

〈17〉厳密に言えば、スポーツに対する公正世界信念の有無やその程度については経験的な研究による裏付けが必要である。したがって、ここでの議論はまだ裏付けのない仮説にとどまっていると理解されたい。

〈18〉この例において、ポイントがAに与えられるべきだと主張したいわけではない。そうではなく、すぐ後で述べるように、正確な判定というものが幻想かもしれない可能性を示唆しているのである。

〈19〉実際にそのような判定場面に遭遇することはめったにないし、そもそも審判たちは講習などでその判定をできるだけ避けるようにと指導されている。これについてはスポーツ社会学者の迫俊道氏にご教授いただいた。記して感謝申し上げる。

〈20〉もちろんホークアイにはこの種の誠実さが問題となるような自我はおそらくないわけだが。

〈21〉第6章で論じた二〇一八年ワールドカップ決勝のPKの判定も同じく、決定不能の場面である。

〈22〉その精度は別にして、ホークアイならその計算ができるだろう。

〈23〉これは屋外競技にはもっと風判定を取り入れるべきだなどという主張をしているわけではない。そういう主張はナンセンスである。しかし、決定不能な場面を審判に判定されると信用せず、ホークアイだと信用するのもまたナンセンスであろう。

〈24〉判定テクノロジーの導入によって誤審が減ることは間違いないし、何より、誤審だと文句を言う人々が現れる頻度も減るだろう。競技団体や運営団体にとってはそれだけでもメリットがある。とはいえ、頻度が減るのは誤審が減ったからのみならず、不可視化されたからでもあることは指摘しておきたい。

〈25〉この説明ではあたかもサッカーの始まりが一八六三年だったことになる。しかし、無限のゲームは始まりがはっきりない。「無限のゲームのプレイヤーはゲームがいつ始まったか知らないし、そんなことに関心もない」(Carse 1986: 6)。始まりも終わりもないのが無限のゲームである。

〈26〉テニスの仕組みはその構造によって無限のゲームとしての側面をとてもよく表しているように思われる。選手はポイントを取ることによってゲームを取る。六ゲーム先取するとセットを取れる。このセットをいくつか先取するとその試合を取る。試合を取り続けるとトーナメントの優勝者になる。プロでは、優勝者になれなくても当該トーナメントでの試合結果に応じたポイントが得られる。ポイントを得ることでランキングが上がる。これ全体がテニスである。はたして、この全体において有限のゲームはどれのことを指すのだろうか。セットの中のゲームだろうか。セットを取ることで終わる試合がゲームだろうか。負けたり優勝したりすることで終わるトーナメントだろうか。それとも、自分のポイントが消えるまであるランキングだろうか。

〈27〉だから、プロは自己目的的にプレイしていないのでプレイすることができないなどと狭量なことをカースは言わない。すでに大金を稼いだエリートのプロ選手たちが、ハードなトレーニングと節制を自らに課し続けて試合をするのは勝つためである。遊びの自己目的性とプロとして金銭目的にプレイすることは両立しうる。

〈28〉希少性は試合を観ることに価値を生じさせる理論的源泉である。それゆえ、まずは入場料(木戸銭)が生じるだろう。また、希少性だけが放映権料の発生根拠ではない。当然だが、人気の有無や高低も放映権料の発生に大きく影響する要因である。いずれにしても、有限のゲームであることが放映権料の発生する根本的な条件になっているのは間違いない。

〈29〉これに先立つメッセージは本文中で紹介したように、「求めよ、さらば与えられん」である。

# 第9章　スポーツの彼岸——デスマッチから見る風景

## はじめに

ここまでの議論の後に、本書が取り上げるのはプロレスである。スポーツを考察する本書がここでプロレスを取り上げることに違和感があるかもしれないが、それにはもちろん理由がある。

プロレスの外見はスポーツにおけるゲーム（格闘技）の形式に則っている。とはいえ、スポーツ風なのは形式だけであって、中身は別物である。プロレスは勝ち負けを争っていない。たしかにルールがあって、そのルールの執行者たるレフェリーがいるし、レスラーたちの身体は格闘技技術を含めたトレーニングによって鍛え上げられているわけで、形式的にはスポーツとそっくりである。[1]しかし、プロレスには、勝つことによって強さを示そうというスポーツ特有のエートスがない。レスラーたちはあらかじめ決められた結末＝勝敗に向かってプロレスをする。技そのものやその受け方（受け身＝バンプ）を見せるものであり、また技の組み立て方や技の流れで客を魅了するという点で、プロレスの試合はパフォーマンスにも近いが、スポーツではないので、パフォーマンス（採点競技）でもない。つまり、プロレスはゲームの見かけを持ちつつゲームではなく、パフォーマンスのようにも見えるがパフォーマンスでもないという、なかなか特殊な営みなのである。[2]逆に、そのことによってプロレスはスポーツを裏側から眺める視点を提供する唯一のものとなる。本書がプロレスを取り上げるのは、これが理由である。すなわち、本書の議論を裏側から照らし、それによって新たな知見を示すことができるのはプロレスだけである。本章は、プロレスのなかでもデスマッチを取り上げるが、それはデスマッチこそが裏側から照らすもっとも強い光源となりうると考えるからである。

## 非スポーツとしてのプロレス

デスマッチはプロレスで長く使用され、広く浸透している言葉であるが、定義のさほど明確ではない和製英語である。[3]いまでは特別な道具がリングに持ち込まれて流血しながら闘う試合というイメージが浸透しているが、もともとは遺恨などのような、試合の背景を構成するストーリー（アングル）をもったレスラー同士が決着をつけるために行った引き分けのないルール設定の特別な試合を、日本でデスマッチと呼んだ。かつて、時間制限付きの三本勝負が当たり前だった時代には時間無制限一本勝負という試合形式そのものの珍しさもあって、そういう試合をデスマッチと呼ぶようになったのである。ここにはプロレス特有の矛盾が含まれている。それは決着をめぐる矛盾である。プロレスはどのような試合であれ、決着をつけるために試合をするわけではない。[4]にもかかわらず、デスマッチは決着をつけると言いながら行われる。まずはこの点から考察を開始しよう。

プロレスがはじめからリアルファイト（真剣勝負、シュート）でなかったわけではない。かつては本当に勝ち負けを競っていた時代があった。だが、そういう試合は、互いに相手に攻め込まれることを恐れるせいで、膠着状態が生まれやすい。いったん膠着状態になるとお互いなかなか動けず時間ばかりが過ぎるという展開になった。こういう試合に客はしばしば退屈し、満足しなかった。興行として成立させるには、客が退屈する真剣勝負よりも、楽しませることのできるよう事前に打ち合わせた試合（ワーク）をする方が都合がよかったのである。[5] プロレス史研究者のスコット・M・ビークマンの推測によれば、一九一六年七月の、ジョー・ステッカー対エド・ルイスの試合が「真剣になされたおそらく最後のタイトル争奪戦だった」（ビークマン 2008: 89）。ステッカーは自称チャンピオンたちが多数現れて分裂していた状態をまとめて自らチャンピオンとなった実力者で、対戦相手のルイスも一九一〇年代から二〇年代にかけてトップレスラーとして活躍したレスラーである。この試合が最後の真剣勝負というわけではないかもしれないが、およそ一九一〇年代にプロレスはシュートの時代を終えてワークの時代に入ったと見ていいだろう。ただし、ワークであるからといって、勝負がすべて予定通りだったわけではなく、予定が裏切られるようなことは珍しくなかった。

たとえば、一九二五年に起きた有名な裏切り事件がある。若手レスラー、ウェイン・マンを売り出す方針が打ち出される。マンをチャンピオンにするため、チャンピオンのルイスがマンに敗れ、タイトルが移動する。さらに、若いマンに箔をつけるため、その当時、名の通った実力派レスラーの一人だったスタニスラウス・ズビスコがマンのタイトルに挑戦して敗退するということに決まっていた。ルイス、ズビスコといった二人のスターレスラーに勝利することでマンは名実ともにトップレスラーになるという筋書きだった。しかし、「ズビスコは新人のマンにまったくレスリングをさせず、無言のまま何度もピンフォールを奪い続けた」（斎藤 2016: 429）。これはタイトルを自分の支配下に取り戻そうとするステッカー側のプロモーターがズビスコと通じて仕掛けたものだった。ズビスコは奪ったタイトルを、予定通り一ヵ月後にステッカーに明け渡している。発端となったマンとズビスコの試合は、いわゆる八百長にはならなかったが、だからといって、真剣勝負でもない。あくまでワークの裏切りであって、ワークだと思って試合に臨んだうえにズビスコより技量の劣っていたマンには為す術がなかっただけである。だが、マン側のプロモーターの期待に反して、決着はついてしまった。マンとズビスコの力の差がはっきりしてしまい、マンの売出しは失敗してしまったのである。

似たようなことは、昭和の巌流島決戦と言われた一九五四年の力道山 対 木村政彦にも言えるだろう。ワークとして試合に挑んだ木村は、途中でシュートを仕掛けてきた力道山に反撃することができず、一方的に負けてしまった。マンが無様な負けによってその価値を大きく落としてしまったのと同じように、木村もこの負けによって、力道山との間に「決着」がついてしまった。

プロレスの勝ち負けについて、もう少し考えておこう。プロレスにも形の上では勝ち負けはある。レフェリーがいて、3カウントやギブアップ、ときには反則によって勝敗を宣告する。だが、プロレスには統括する組織はなく、統一ルールもない。ルールがない以上、レフェリーの主たる仕事は公平な判定などではないし、レフェリーの身体はスポーツの審判のようなルール的身体とは無関係である。また、ルールがない以上、レスラーたちはリング上でルールに従ってプロレスをしているわけではない。彼らが従うのは事前の取り決めである。その事前の取り決めのうちの慣習的な部分、つまり、「3カウントでフォール」とか「反則は5カウント以内」などの事項が外見上はルールに見えるというだけである。それでも特別ルールと呼ばれるものがプロレスには設定されたり、採用されたりする。もちろん、これは興行を盛り上げるというのが第一の理由だが、このとき重要なのは、採用されるルールが観客にその試合の解釈の仕方を教えるという点である。たとえば、場外でもフォールを認めるというエニウェアフォールルールというのがある。このルールを知らされると、観客は前もってその試合には場外乱闘が生じることと、どのように試合が終わるのかを理解できる。そしてこれはプロレスの慣習的ルールにも当てはまる。したがって、プロレスにおいてルールと呼ばれるものはレスラーの行為を観客が理解するためにあるということだ〈6〉。

## かつてのデスマッチ

プロレスにはギミックという言葉がある。もともとはレスラーに与えられた偽の見かけがギミックと呼ばれていた。たとえば、兄弟ではないのに兄弟と称したり、日系というだけで下駄を履いたり相撲パフォーマンスをしたりするのがギミックである。謎の覆面レスラーなどというのもギミックであるし、特訓により会得したとかいういわく付きの必殺技などというのもギミックである〈7〉。プロレスにおいて、レスラーは生身のレスラーとしてリングに上がるのではなく、多かれ少なかれ、何かしらのギミックとともにリングに上がる〈8〉。試合自体をスポーツらしく見せかけているプロレスはその本質においてギミックだらけなのだ。[9]そもそも、勝ち負けを争っていないにもかかわらず、チャンピオンが存在すること自体がおかしなことであり、プロレスではチャンピオンというのもギミックである。ようするに、プロレスにおいては、設定されたフィクションをそれらしく見せる言葉やモノや振る舞い全般が広くギミックである。そして、決着をつけるという謳い文句（これもギミックである）のために試合自体にギミックが満載されているのがデスマッチである。

客を呼ぶためにシュートからワークに移行したプロレスにとって、一九三〇年代の世界恐慌の時代は大きな試練となった。プロレスに客を呼ぶためであればレスリングの技量などより見た目のインパクトを重視したプロモーターたちは、プロレスをフリークショーに変えていった（ビークマン 2008：126–130、ボール 1993：64–66）。デスマッチはプロモーターたちのそうしたメンタリティによって考え出されたさまざまなギミックと結びついたものだった。[10]たとえば、レスラー同士が離れられないよう革紐で互いの片手を結びつけた状態で試合をするデスマッチがある。インディアン・ストラップ・マッチとして知られているもので、いかにもエスニックなステレオタイプを積極的に利用するプロレスらしいネーミングである。[11]そのネーミングが示唆する通り、ネイティブアメリカンのレスラーが得意なスタイルとされてきた。[12]普通は革紐を使うが、チェーンなど他のさまざまな素材で行われることもある。しかし、この方法は互いの手を結びつけ合うせいでそれぞれの動きが制限されるという難があり、その難のせいか、またたは、ネイティブアメリカンという属性と縁遠いせいか、日本のプロレスではあまり採用されてこなかった。逆に、ある時期以降、日本で発展することになったのは、レスラー同士に何かを仕掛けるギミックではなく、リング自体の設定に仕掛けられたギミックである。詳しく見ていこう。[13]

リング内決着を目指し、レスラーを閉じ込めるようなギミックが作られた。そのもっとも簡便なものがランバージャック（ランバージル）である。これは、試合を行う二人以外のレスラーがリングを取り囲み、リング外に出たり落下したりしたレスラーをすぐさまリング内に押し戻すことで、リング内で決着をつけさせるというものである。リングの周囲をレスラーたちが取り囲むという、一種のバトルロイヤルのような見慣れない光景は、客にこの試合が特別であることをわかりやすく示す。だが、リング外のレスラーたちが素直に仕事をするわけではない。このギミックの面白いところは、外のレスラーたちにもそれぞれのキャラクターがあり、それぞれのストーリーなり背景があり、そして、試合をしないにもかかわらず客の前に登場してきたわけで、そんな彼らがリングから落ちたレスラーをリングに戻すという役割を素直に遂行するわけがないというところにある。ランバージャックでは最初から場外乱闘が予定されているのだ。だから、結局、決着どころではない。

ランバージャックでは、レスラーがリング外に落ちることがはじめから織り込まれているわけだが、本当に外に出ることができないようなギミックも使われた。なかでも古くからあるのが、現在もＷＷＥ（アメリカにある世界最大のプロレス団体）などでよく使われる金網である。[14] 日本では一九七〇年にラッシャー木村が行ったのが最初とされる。[15] じつは日本ではランバージャック（一九七三年）よりも金網デスマッチの方が先に行われた。[16] その後、ラッシャー木村は一九七〇年代を通じて、「金網の鬼」として頻繁に金網デスマッチを行った。金網はリングの閉鎖性を客に直感させるとともに、金網を支える鉄骨や金網そのものを凶器として利用することができる点でも優れたギミックであった。[17]

ラッシャー木村が金網デスマッチを繰り返していた頃、アントニオ猪木と上田馬之助はリングの周囲に釘板を敷き詰めた釘板デスマッチを行った(一九七八年)。釘が何本も打ち付けられ、尖った方が上を向いた状態にある釘板は、十分に客の想像を刺激する。釘板というギミックはリング内での決着というフィクションに合致するとともに、「もし落ちたら」という想像も刺激する。このときの試合では何度も落ちそうになりながら、両者とも一度も釘の上には落ちずに試合を終えている。この試合で釘板はレスラーをリング内に閉じ込める装置として機能していた。その意味で、釘板や金網は完全決着という謳い文句にも合致していた。もちろん、勝ち負けに真正性のないプロレスにおいてリング内での決着などほとんど重みはなく、ラッシャー木村や猪木の勝利は予定通りの勝利でしかないのだが。

一九七〇年代を通じて、ラッシャー木村を擁する国際プロレスは興行的な事情から金網デスマッチを乱発するようになり、金網デスマッチそのものがインフレ状態になる。そして、ラッシャー木村自身、一九八一年を最後に金網デスマッチから離れる。一九八〇年代の日本のプロレス界はデスマッチを必要としない興行環境のもとでデスマッチをしなくなる。[18]デスマッチが再起動し、そのあり方が一新されるのは大仁田厚によってである。

## 有刺鉄線との出合い

大仁田を象徴するデスマッチと言えば、一九九〇年に始まるノーロープ有刺鉄線電流爆破マッチであるが、はじめて有刺鉄線がプロレスのリングに登場したのはその前年一九八九年一二月のことだった。[19]大仁田の団体の経済的な事情から大掛かりなものが用意できないため、安価に購入でき設置も容易な有刺鉄線が選ばれたのは、いわば、偶然である。経済的な余裕があれば別の選択がありえただろう。しかし、この偶然はデスマッチを考えるうえで、決定的なものであった。有刺鉄線の登場以前と以後でデスマッチはまったく別のものになった。

有刺鉄線は、金網がそうであったように、レスラーをリング内に閉じ込めるギミックである。一九八九年の最初の試合では、有刺鉄線はロープの外側、四本の鉄柱を支柱にするように張られていた。[20] この試合で大仁田は有刺鉄線に触れて腕から流血した。この流血の瞬間こそ、閉じ込め装置だったはずの有刺鉄線がその凶器性を見せ、大仁田がそのポテンシャルに気づいた瞬間だった。しかし、有刺鉄線がデスマッチの装置としてその能力を真に開花させたのは、ロープにかわって有刺鉄線が張られたデスマッチ、すなわち、ノーロープ有刺鉄線デスマッチからである。

有刺鉄線は、多数の鋭利な金属性のトゲによって近づくことすら躊躇させる点で金網以上に強烈にリングの内と外という境界を指し示す。それゆえ、ロープのかわりに張られた有刺鉄線は、レスラーをリング内にとどめるものとして純粋に機能する。金網ならそれに触れたぐらいでは大したダメージを受けないし、よじ登ることもできるが、有刺鉄線は下手に近づくとはずみでどんなケガをするかわからない。そのため、ノーロープ有刺鉄線デスマッチはプロレスに不可欠で基本的な動きであるロープに飛ぶ／飛ばされるというムーブを困難にする。しかし、ここに大仁田がデスマッチを一新する萌芽があった。すなわち、最初の経験で有刺鉄線に身体を曝すことの可能性に気づいていた大仁田は有刺鉄線のロープに自ら飛び込んだ。この瞬間、有刺鉄線はレスラーをリング内にとどめるための装置であることをやめ、大仁田をはじめレスラーたちにケガをさせ、流血させる装置へと昇華した。

デスマッチがそれ以前と以降に分かれるのはここだ。デスマッチのリングを作り上げるギミックは、このとき、それ自体が直接レスラーの身体に本当にダメージを与える凶器へと進化した。ロープに飛ぶ／飛ばされるというプロレス的ムーブだけで、レスラーの身体は傷つき血まみれになっていく。相手をロープ際に押し込むというプロレス的には何の変哲もない動きもロープが有刺鉄線に変わるだけで、緊張感のある動きとなり、そして、有刺鉄線に押し付けられる身体が血まみれになっていく。

有刺鉄線以前のデスマッチで設定されたギミックと有刺鉄線とはまったく別のものである。かつてのデスマッチのギミックは、ギミックそのものの凶器性がそれほど高くないか（金網や革紐など）、高い場合でも、そのギミックはただそこにあるだけ（釘板）だった。凶器性の高いギミックは身体から遠くにあるだけで、身体と接するのはそれ自体の凶器性が低いものに限られていた。しかし、大仁田はそうした暗黙の序列を無効にし、凶器性の高いギミックに進んで自らの身体を委ねていった。この有刺鉄線と大仁田の身体との遭遇がなければ、デスマッチは進化しなかったし、デスマッチのポテンシャルが開花することもなかっただろう。

## 痛さ、流血、凶器

プロレスは勝つことを目指していないので、相手に深いダメージを負わせるような技を出すことは控えられるし、力も加減される。しかし、そのことが観客に伝わってしまっては興ざめである。ダメージはなくともダメージがありそうな技を出しているように見せなければいけないし、受ける方もダメージがあったかのように見せなければいけない。ダメージを回避する受け身の技術が重要になるのは言うまでもないが、ここでのポイントはそうした見えない技術ではなく、ダメージや痛さを見せる技術、つまり、痛さのパフォーマンスである〈21〉。

痛いというのは個人的で主観的な経験である。それゆえ、痛さの伝達にはもともと難しさがある。レスラーたちは、自分の感じる実際の痛さの程度とは別の痛さを観客に伝えなければならない。痛さは試合の流れを示すための重要なメッセージであるからだ。

したがって、痛さのパフォーマンスではさまざまな資源が動員される。たとえば、互いの胸にチョップを打ち合うというプロレスの定番の場面がある。この場面で、チョップを打つ方はより大きな音が出るよう相手の胸に打ち込む。その方がダメージがあるように伝わるからだ。打撃の衝撃より重要なのは音の方である。打たれる方も胸を大きく張って相手が音を出しやすいように協力する。このとき汗をかいていれば、チョップの瞬間に汗が飛び散り、それがチョップの衝撃を視覚的に表現する。そして、このムーブでは胸を交互に張り合って互いの胸の部分がどんどん赤くなる。この生理学的な赤さも痛さを視覚的に表現する。このように、レスラーの動きに加えて、音、しぶき、色が痛さのパフォーマンスの資源になっている。また、痛さのパフォーマンスは一方が痛がるだけではないことに注意しておこう。攻撃する側も、手加減していないようにパフォーマンスし、受ける側は、ハードなダメージを受けたようにパフォーマンスする。この場面は一発ずつ攻守が交代するので痛さのパフォーマンスの相互の協力関係がよく表れる場面である。そして、流血もこうした痛さのパフォーマンスの一つである（cf. Hadley 2016）。

流血が痛さのパフォーマンスだと聞くと違和感を持たれるかもしれない。流血は本物の血であり、血糊などではないし、痛さのパフォーマンスという表現にはフェイクの含意があるからだ。しかし、その流血がレスラーによって意図されたもの、はじめから予定されたものであるとしたらどうだろう。試合中に隠し持ったカミソリで切ったり、控室であらかじめ切っておいたうえでの流血だとすれば、それが本当の傷口から流れ出た血であろうと、その流血はプロレス的なギミックであり、痛さのパフォーマンスとしての流血である。流される本物の血が観客を興奮させるために用意された小道具でもあるところにプロレスの特徴がある（Chow et al.（eds.）2017: 2）。

流血に関して押さえておくべきは、何が流血させるかという点である。通常の技では基本的に流血しない。では、何が流血をもたらすのか。それは凶器である。ほとんどすべてのプロレスの流血は何らかの凶器攻撃を受けた場合に生じる。凶器はパイプイス、栓抜き、鉄柱、フォーク等々何でもよいが、流血のきっかけには必ず凶器がある。

かつては凶器での攻撃といえば悪役レスラー（ヒール）の定番だった。隠し持った凶器をレフェリーの死角で（ただし観客には丸見えで）ヒールは相手レスラーに対して使い、流血を誘った。凶器と流血はヒールの「悪」を際立たせ、それによって興奮した観客の憎悪がヒールに向けられることで試合は盛り上がった。しかし、現在のプロレスでは、かつてのような善と悪の役割は見られなくなっており、ヒールが凶器を使って流血試合を作るという痛さのパフォーマンスはほとんど見られない。ただし、いまでも凶器は使われ、レスラーたちは流血し続けている〈22〉。その主な舞台がデスマッチである。

## 流血のリアルとギミック

かつてのようなヒールがいなくなったことで、ヒールの道具から解放された凶器は、そのかわりにデスマッチのリングに組み込まれるようになった。この変化は大仁田以降のデスマッチのもっとも重要な点である。これにより凶器は悪役の使う道具という色を捨てて中立的になり、モノとしての凶器、すなわち、純粋な凶器そのものとなり、流血を作るためだけに存在するものとなる〈23〉。

大仁田の発明したノーロープ有刺鉄線デスマッチは、モノとしての凶器とレスラーの身体が対峙する場として生まれた。その進化型であるノーロープ有刺鉄線電流爆破デスマッチは、閃光と爆発音と煙を付け加えることでデスマッチをスペクタクルとして完成させたが、そのスペクタクルの中心に出現するのは、レスラーの傷ついた流血する身体である。プロレスや従来のデスマッチにはなかった新しいムーブとスペクタクルの創造、そして、その結果産み落とされる流血する身体、これこそが大仁田の作り出した新しいデスマッチの核である。

大仁田のデスマッチより前、プロレスの流血と言えば額からというのが定番だった。代表的なヒールの一人だったアブドラ・ザ・ブッチャーの額のギザギザを思い出そう。流血しない試合がなかったほど毎試合流血していたブッチャーは、身体のどこでもなく、額が傷だらけだったのである。しかし、大仁田以降のデスマッチレスラーの流血は額とは限らない。身体中から流血するのがデスマッチレスラーである。この違いは小さいようで大きい。なぜなら、ブッチャーの額は自傷によって作られた流血用の額であり、「ここから血を出しますよ」ということが一義的に指し示された記号であるからだ。だから、ブッチャーは額からしか流血しない。ブッチャーだけではない。大仁田以前のレスラーはみな、流血は額と決まっていた。あらゆる凶器に対して差し出されるのは額ばかりだった。額からの流血は視認性が高く、痛さのパフォーマンスとしてわかりやすかったからだ。しかし、大仁田は凶器に身体そのものを差し出すことを発明した。それによってレスラーの新しい身体、流血する身体を生み出したのである。

大仁田が新しいデスマッチを発明したのは、総合格闘技（Mixed Martial Arts: MMA）が世の中に登場しようというまさに前夜だった。[24]大仁田がＦＭＷを旗揚げする一年前に旗揚げした前田日明らによる第二次ＵＷＦ（一九八八〜一九九〇）は、その当時大ブームとなっていた。[25]そのリアルファイト風のプロレスは従来のプロレスファンにとって目新しく斬新なリアリティに満ちたもののように映っていた。[26]第二次ＵＷＦが求めたリアリティは格闘技的な痛さのリアリティだった。[27]その反対に、有刺鉄線と出合った大仁田は凶器と流血による痛さのリアリティに価値を見て、新しいデスマッチに行き着いた。したがって、流血する身体というデスマッチ独特の身体の登場は、痛さのパフォーマンスのリアリズムとでも呼ぶべきもののなかに位置付けることができる。

流血する身体につけられる傷もそこから流れ出す血も本物＝リアルである。痛くないのに痛いフリをしているのではなく、本当に痛い。痛みのリアリティを求めて自ら流血する身体となった大仁田は、しかし、本物の傷と血をギミックへと回収していく。すなわち、大仁田は流血する身体のリアルを自身の皮膚に施された縫合数によって謳い上げるのである。天龍源一郎とのノーロープ有刺鉄線電流爆破マッチ（一九九四年）で負った傷を治療した病院で医者からそれまでの縫合数を聞かれたとき、大仁田は

「七五一針です」と答え、さらに「千針突破記念パーティをやろうと思っている」「じゃあ先生、八百八十八針にしてくれませんか」などと吹いた（高山 2000：134-135）。

プロレスではレスラーたちがさまざまに自分の身体をギミックとともに誇示してきた。レスラーの身体はフィクショナルな物語を載せるメディアであった。たとえば、オランダ出身のアメリカ人ジョージ・モンバーグはナチスのギミックをその身体にまとうべく、ドイツ風のキラー・カール・クラップの名前でリングに上がり、その名前をコールされるとナチス式の敬礼をしてみせた。そこには一つもリアルな裏付けはない。すべてフィクションのギミックであり、それがプロレスであった。だが、大仁田はギミックを自らの皮膚に刻み込んでみせた。傷ついた皮膚そのものをギミックに変え、縫合数を売り文句にしたのだ。大仁田のギミックはギミックであるにもかかわらずフィクションではない。それは覆面レスラーの覆面のように脱ぐことはできない。それが流血する身体のありようである。大仁田はプロレスのフィクショナルなギミックではなく、自らの身体のリアルをギミックとして差し出すことによってデスマッチを演じたのである。だから、流血する身体とは、ただの血まみれの身体なのではなく、全身で傷を受けながら流血という痛さのパフォーマンスを演じてみせる身体なのである。

## パロディという視点

勝ち負けの記録が意味を持たないプロレスでは、近代スポーツの特徴の一つである数量（記録）化は空虚な過剰性に置換される。たとえば、一九五〇年代のＮＷＡチャンピオン、ルー・テーズによる七年以上かけて「九三六連勝という記録をつくることができた」という言葉がそれだ（テーズ 2008: 119)。たとえテーズが同時代のレスラーたちに比べて、レスリングとサブミッション（関節技）のとくに優れた技量の持ち主であったとしても、年に一〇〇試合以上も試合をしつつ七年以上すべて勝ち続けたなどという話はプロレスならではのファンタジーである。スポーツではバカバカしすぎてありえない話だ。われわれは連勝記録を語るテーズに、記録（数字）を重宝がるスポーツのパロディとしてのプロレスの姿を透かし見ることができる。

九三六連勝という極端な数字は、その馬鹿げた過剰さによってスポーツにおける数量偏重、記録偏重を浮かび上がらせる。同時に、スポーツではありえない数字は類似よりもむしろ差異を目立たせてもいる。比較文学者のリンダ・ハッチオンによる「類似よりも差異を際立たせる批評的距離を置いた反復」というパロディの定義を参照しよう（ハッチオン 1993: 16)。テーズの記録に関して類似しているのは、記録を重視する身振りの一点だけだ。わずか一点だけであることによって生じるわずかな類似と大きな差異が、それをパロディにしている。同様のパロディはプロレスにはいくらでも見つかる。たとえば、反則に気づかないプロレスのレフェリーは誤審する審判のパロディ、素直にロープブレイクに応じるのはフェアプレイのパロディ、乱立するチャンピオンは国際大会を増やしたり毎週ツアーをして優勝者を生み続けたりする各種競技のパロディ、地元の善玉と外来の悪玉の図式はホームアンドアウェーやホームタウンディシジョン（地元びいき判定）のパロディ等々。プロレスはその表層的なギミック上にスポーツのパロディを展開する。芸術形式のパロディと違うのはプロレスには作品性がなく、作者もいないことだ。シュートからワークへという変化のなかで、プロモーターやレスラーたち自身が工夫したギミックは、「客に受ける」という彼らの意図を超えて、結果的にプロレスにパロディ的性格を付与することになった。

プロレスのパロディにさらに捻りを加えたのが大仁田である。プロレスのパロディはギミック上で展開するものであったが、それを自分の身体、皮膚というリアルに宿したのが大仁田である。テーズが九三六連勝と吹くのと違い、大仁田は本当に皮膚に傷を受け、縫合される。そして、その縫合数を本当に数え続けるのである。縫合のひと針はテーズの九三六連勝の一勝が持つ意味とほとんど同じであり、かつ、合計して七五一針とか千針などということのバカバカしさも同じである。違いはテーズの連勝記録がスポーツのパロディであるのに対し、大仁田のリアルな縫合数は空虚なファンタジーを語るプロレスそのもののパロディであることだ。かつての『ドリフ大爆笑』(フジテレビ系)のコント「もしもシリーズ」のようなものを思い浮かべるとデスマッチのパロディ性は理解しやすいだろう。大仁田は「もしもプロレスのロープが有刺鉄線だったら」というコントを、血だらけになってやってみせたのだ。「お約束」だらけのプロレスのお約束中のお約束たる「ロープに飛ぶ/飛ばされる」をやることによって。〈28〉

ハッチオンのパロディの定義のもう少し詳細なバージョンも参照しておこう。それはパロディを「様々な約束事との皮肉な戯れ、批評的距離を置いた拡張的反復」として定義するものだった(ハッチオン 1993: 21)。デスマッチはまさにこの定義に基づくパロディである。この点を確認したうえで、さらに考察を進めていこう。

## 自立するデスマッチアイテム

ビッグイベントのとき、大仁田は必ずノーロープ有刺鉄線電流爆破マッチのリングに上がった。それはその試合自体の持つインパクトがとても強く、客を呼べたからだ。すると、デスマッチを行うための遺恨のストーリーなど希薄になる。デスマッチを行う必然性は遺恨があるからではなく、ビッグイベントだからだ。その一方で、リング下にも有刺鉄線や爆弾を置いて「地雷」を追加したり、時間が来るとリング上で爆破される「時限爆弾」を付け加えるなど、ギミックが増えてデスマッチそのものは過激化していった。当然だが、大仁田らデスマッチレスラーたちは「地雷」の上には落ちるし、リングからの脱出は間に合わずに「時限爆弾」の爆破も食らう。こうして、ストーリーが後景に引き、デスマッチそのものが前景化する。デスマッチそのもののギミックとそれが生み出す流血する身体が客を呼ぶようになる。

かつて、ラッシャー木村が金網の鬼となったのも似たような事情からである。遺恨のストーリーとは関係なく、興行の目玉が金網デスマッチだったのだ。しかし、ラッシャー木村は大仁田のように成功しなかった。なぜだろうか。それは、大仁田がデスマッチのポテンシャルを自らの身体で発見し、リングがまとったギミックの魅力を自らの身体によって引き出したのに対し、ラッシャー木村にはそうしたことが一つもできなかったからだ。たとえば、金網という立体的なギミックで、金網によじ登って飛ぶダイナミックな攻撃をしてみせたのはラッシャー木村ではなく、対戦相手のジプシー・ジョーの方であり、しかも、ジプシー・ジョーはその技をラッシャー木村にかわされて自爆するところまでやってみせていた。ただ金網のなかでプロレスらしく額から流血することしかできなかったラッシャー木村は、それがいかに大流血であろうと、はるかに大仁田に及ばなかったのである。

デスマッチをプロレスのパロディとして描いてみせたのは大仁田だったが、そのデスマッチに潜在する別の可能性を切り開いたのは松永光弘である。松永は最初の有刺鉄線デスマッチで大仁田の対戦相手の一人だった。大仁田とは別団体に所属した時期に松永は大仁田のイメージが強すぎるノーロープ有刺鉄線電流爆破マッチにかわる新しいデスマッチを工夫していく。必ずしも興行的に成功したわけではなかったものの、ワニ、さそり、ピラニアなどの動物を使ったデスマッチや、画鋲、剣山、ガラスなどのアイテムを使ったデスマッチを考案していった。そこで発見された最高のアイテムが蛍光灯である。いまや蛍光灯は有刺鉄線と並ぶ、またはそれ以上のデスマッチ定番アイテムになった。蛍光灯が最初に登場したときは、照明器具にはめ込まれた状態で、蛍光灯そのものではなかった。が、徐々に蛍光灯自体がデスマッチのアイテムとして独立を果たしていく。蛍光灯が割れる瞬間、独特の破裂音とともにガラスが粉々に散る。その音と外見が電流爆破に匹敵するスペクタクル性を持っていた。それがデスマッチのリングによく映えたのだ。〈29〉

松永の功績は凶器をリングの仕掛けとしてのみならず、デスマッチアイテムとして独立した価値を与え、定着させたことにある。アイテムはその価値を高めるべく洗練されていった。たとえば、蛍光灯の本数を増やしたり、束ねたものを作ったりとデスマッチアイテムとしての蛍光灯の可能性が、松永や他のデスマッチレスラーたちによって追求された。その結果、蛍光灯で組み上げられたタワーや神輿のようなものまで現れるに至った。デスマッチにおいて、蛍光灯は明るくするためのものではなく、割るためのものである、束ねて振り回すものである、相手をその上に投げ飛ばすためのものである等々。すなわち、蛍光灯は流血する身体を生み出すモノ、純粋なデスマッチアイテムとして価値を得たのである。デスマッチにおいては、これらデスマッチアイテムとレスラーの身体が接触する瞬間こそがクライマックスとなる。

ここまでくると、もはやデスマッチには選手の遺恨からの決着というストーリーなど完全に不要であり、試合の勝ち負けへの興味も薄くなる。デスマッチにおいて記憶されるのは、勝ち負けよりデスマッチアイテムに自らの身体を差し出ていくレスラーたちのムーブである。勝ち負けが決まるということは試合終了の時間になったということを意味するにすぎない。そのかわりに観客は、デスマッチアイテムに身を委ね、それらに皮膚を切り裂かれ、血を流すレスラーたちの身体とムーブを見に来る。大仁田に始まったデスマッチは、このようにして松永らによりその可能性を切り開かれ、それ自体が独自の内実を持つ一つのジャンルへと生成変化しえたのである。

変化したデスマッチにおいてもはやレスラーは主役ではない。デスマッチの主役はリングに仕掛けられたデスマッチのギミックであり、デスマッチアイテムである。デスマッチはレスラーの名前で客を呼ぶのではなく、デスマッチの仕掛けとアイテムで客を呼ぶ。大仁田がビッグイベントでノーロープ有刺鉄線電流爆破マッチのリングに上がるのもそういうことである。主役は大仁田ではなく有刺鉄線と爆薬と火花なのだ。洗練されたデスマッチアイテムの主役ぶりは、それがレスラーとともに登場しながら、ここぞというときがくるまで使われないことにも表れている。そのデスマッチの最高のアイテムが試合の「トリ」を務めるのである。レスラーたちは主役であるデスマッチアイテムが映えるために、自らの身体を削り、血を流して、主役に奉仕する。

そうするなかで、デスマッチはレスラーの身体とさまざまに工夫されたデスマッチアイテムとが出合う場となり、そしてプロレスにはないデスマッチらしい新しいムーブが生まれる場となった。そこでは、プロレス的お約束は捻れながら強調される。プロレスの投げ技や極め技は相手レスラーとの協力関係がなければ成立しない。投げや技がちゃんと決まるように、相手は協力して投げられてあげるし、極められてあげる。こうした協力関係がプロレスのムーブを見応えのあるものにする。デスマッチレスラーたちもこのお約束＝協力関係を守る。ただし、それはデスマッチアイテムが映えるためである。だから、自分の投げられる先にあるのは、たとえば、蛍光灯の束である。デスマッチレスラーたちは蛍光灯の束が映えるように、プロレスの定番ムーブの通りに投げられる。その瞬間、マットに打ち付けられる音とともに蛍光灯の独特の破裂音が聞こえ、粉々に散る細かい破片がレスラーの身体の周りに広がる。ボディスラムやブレーンバスターのような古典的なプロレス技もデスマッチアイテムの上で行われると強烈なインパクトを伴った新しいムーブになる。

したがって、デスマッチのムーブはプロレス的ムーブの反復である。しかし、そこにはデスマッチアイテムが作り出す距離が介在する。その距離は、同じ動きを意味の違うムーブに変え、デスマッチレスラーのプロレスに対する批評的意識を目覚めさせる。〈30〉デスマッチとプロレスのパロディ的関係とはこういうことである。

パロディとしてのデスマッチは、プロレスがいろいろとカモフラージュしながら行っていたことをあからさまに行う。場外乱闘でたまたま長机の前に行ったレスラーがその長机を利用した攻撃をするのがプロレスである。デスマッチになると、長机ははじめからそのために用意され、そのときが来たときにリング上の適当な場所に設置され、一方のレスラーはその上に寝転んで技を受けてみせる。かつてのプロレスにおいて凶器はたまたまそこにあったから使われるか、こそこそ隠れながら使われるものだった。凶器攻撃を定番にするヒールでさえ、凶器は隠し持っていた。しかし、デスマッチではじめから凶器が丸見えになっている。大仁田がリングそのものを凶器化することから新しいデスマッチを始めた以上、隠すことに意味はない。逆に、どこにどのようなデスマッチアイテムがあるのかが客に示されたうえで試合が始まる。たとえば、蛍光灯デスマッチではリング上にはじめから蛍光灯が並べられるし、蛍光灯のオブジェが登場している。5カウント以内であれば反則が許されるのがプロレス、というよく知られたフレーズはデスマッチによって完全に無意味化される。かつてのデスマッチも「反則OK」を謳い文句にすることはあったが、大仁田以降の新しいデスマッチでは反則という概念そのものが無効化されており、そのような謳い文句も不要になった。

大仁田が本物の傷や血をギミック化した以上、デスマッチがプロレスをパロディ化するのは必然であった。「もしもロープが有刺鉄線だったら」は、「もしもリングに蛍光灯があったら」「もしもリングに画鋲が撒かれていたら」などの広がりを生み、さらに、松永の流れを汲むデスマッチレスラー葛西純によってさらに過激になった。すなわち、「もしもリングにカミソリボードがあったら」「もしもリングにノコギリラダーボードがあったら」といった具合である。カミソリボードやノコギリラダーボードなど、デスマッチ以外で耳にすることのない言葉であり、デスマッチアイテムである以外に何の用途もない完全なデスマッチアイテムである。その存在理由はただ一つ、流血する身体のためである。こうしてデスマッチアイテムが純粋化すればするだけ、デスマッチという営みはプロレスに対するパロディ的距離を自覚していく。そして、このパロディはデスマッチレスラーによる流血する身体の試合後のマイクパフォーマンスとともにオチを迎える。

## デスマッチからもう一つのプロレスへ

生成変化したデスマッチの奥行きは凶器の面だけではない。松永らが切り開いたのは多様な凶器の使用とともに、場外乱闘の無限定化でもあった。松永の名前が知られるようになったきっかけは、後楽園ホール二階バルコニー席から相手レスラーに対して放ったダイビング攻撃（バルコニーダイブ）であった（一九九二年）。場外乱闘は以前からプロレスに付き物だった。それゆえ、プロレスにおいて場外は「外」ではあるが「内」でもあった。そこはプロレス空間だったからだ。しかし、その会場の二階バルコニーまでが「場外」としてプロレス空間になるというのは松永以前にはなかったことである。リング内から場外（リング下）のレスラーにダイブを仕掛けるのと同じように、松永は二階からダイブした〈31〉。このダイブはあらゆる空間がプロレス空間になりうる可能性を開いた点で画期的なものであった。その可能性は二〇〇八年に高木三四郎によって本屋プロレスという形に結実していく。そして、さらにそれは書店以外の場所での開催へと広がり、路上プロレスと呼ばれるようになった。路上プロレスの最大の特徴はリングがないことである。試合は場外乱闘だけで構成される。デスマッチの内包していた無限定の場外乱闘という可能性を実現したのが路上プロレスである。

　松永から路上プロレスまでの間にはいくつかの流れがある。[32] 大仁田のライバルの一人としてノーロープ有刺鉄線電流爆破マッチのリングに何度も上がり、また、松永とも過激なデスマッチで対戦し続けたミスター・ポーゴが二〇〇〇年頃から自身の団体で見せたマラソンマッチという会場外に飛び出して行われる試合形式は、路上プロレスを考えるうえで重要である。マラソンマッチはリングでの攻防から場外乱闘に移り、そのまま会場の外まで出て路上で場外乱闘を続けるスタイルである。[33] 客もそれに合わせて移動していく。最後はまたリングに戻って試合が終わる。路上での乱闘では電柱や路上の看板が凶器として使われた。マラソンマッチはミスター・ポーゴがデスマッチの方向性を模索するなかで見出したスタイルである。そして、プロレス用のコスチュームではなく、ジーパンにTシャツといった私服のような格好で試合を行うストリートファイトマッチは大仁田がしばしば行っていた試合形式である。その意味でどこまでも続く場外乱闘という形式はデスマッチの系譜に位置づけられる。

　また、マラソンマッチに先立って、一九九五年に高野拳磁が行ったライブハウスでのプロレスイベントで、ライブ会場の外に出ての「場外」乱闘があった。[34] ポーゴのマラソンマッチのスタイルはその団体が活動していた数年間は定番化していたのに対し、高野のイベントは継続的なものではなかった。しかし、高野のイベントに参加していた若手レスラーの一人が、はじめての本屋プロレスを実施した高木であることを考えるなら、高野のイベントを一過性のものだからといって軽んじることはできないだろう。

　そして、高木ははじめての本屋プロレスで対戦相手の飯伏幸太にフォールを奪われた後、「古くはミスター・ポーゴ、大仁田厚から脈々と俺様に勝手に受け継がれてきた路上の王の地位をお前に託してやる」と飯伏に言い、周囲のファンたちを笑わせる。〈35〉このセリフはまったくの冗談でしかないが、ポーゴや大仁田の名前が登場することには留意しておかねばならない。馬場や猪木といった名前よりも、ポーゴや大仁田のようなデスマッチレスラーの名前の方が路上プロレスにはよく似合うということを高木もファンも理解している。

とはいえ、路上プロレスがデスマッチと異なる点も指摘しておかねばならない。路上プロレスは手当たり次第にモノを凶器に変える点でプロレス的であり、かつ、デスマッチ的であるように見える。そしてたしかに、路上プロレスに至る系譜上、デスマッチとの関係が深い。だが、路上プロレスに登場する凶器は、有刺鉄線や蛍光灯のような皮膚に突き刺さり引き裂くようなものではない。それゆえ、路上プロレスには流血する身体がほとんど見当たらない。デスマッチレスラーのポーゴのマラソンマッチにおいてさえ流血する身体がない。これはデスマッチとその他を分ける決定的な点である。

デスマッチの系譜にありながらそれとは異なるものとして路上プロレスが独自のジャンルに育ちつつあるのは、松永がデスマッチの可能性を押し広げたのと同じように、路上プロレスならではの可能性を押し広げてみせたレスラーがいたからだ。それは最初の本屋プロレスで高木の相手だった飯伏である。

飯伏が見せる路上プロレスにはデスマッチのムーブは一切ない。あるのはプロレスのムーブだけである。すなわち、飯伏は路上空間をあたかもそこがリングであるかのようなムーブで満たす。たとえば、コーナーポストから後ろ向きに飛んで相手の上に回転しながら落ちるムーンサルトプレスを、飯伏は商店街の自販機の上からやってみせる。飯伏の路上プロレスは、路上のモノを凶器に見立てるのではなく、路上空間をリングに見立てるのである。だから、路上であっても飯伏のムーブはプロレス的ムーブであって、凶器に身体を投げ出すようなデスマッチ的ムーブではない。技を受けるときもリング上で受けるときと同じように受けてみせるし、路上に散らばったダンボールの上でジャーマンスープレックスを決めてみせる。それは徹底的にプロレス的ムーブである。ここに、われわれはデスマッチに胚胎するもう一つのプロレスの可能性を見る。路上プロレスは、デスマッチが作り出したプロレスに対するパロディ的距離意識を内面化したうえで紡ぎ出されるもう一つのプロレスである〈36〉。

## パロディと強さ

プロレスはもともとスポーツのパロディであり、直接的には格闘技のパロディであった。そこでは「強さ」を示そうとするスポーツの営為が、その形式だけ抜き取られて演じられてきた。強さの裏付けとは無縁の「世界チャンピオン」にあふれ、ルールを宙吊りにした反則攻撃が行われ、謎の覆面レスラーまで登場して、強さおよびその不在と戯れるのがプロレスだった。いまもおおむねプロレスはそういうものである。

ゆえに、プロレスはやたらと言葉で強さを語ろうとする傾向を持ってきた。たとえば、プロレス以外の格闘家との異種格闘技戦を重ね、本当の世界一を決めるというＩＷＧＰ構想なるものを掲げた猪木はその典型例であろう。ほとんどの異種格闘技戦もじつは結末の決まったプロレスにすぎなかった猪木とその周辺では、誰が本当に強いのか、一番強い格闘技は何なのかなどといった強さに関する言説が重ねられていた。この類の言説の蓄積は、猪木から独立して格闘技風プロレスを作り出した第二次ＵＷＦにもつながっている。また、WWEは台本を作り込んだテレビ放送においてレスラーのセリフを重視するが、そこでレスラーから発せられる言葉も、結局は、いかに自分が強いか、相手が弱いかに集約される。勝敗を通じて強さを云々できないプロレスは、試合の外の言葉を通じて強さおよびその不在と戯れ続けているのである。

プロレスが延々と語り続ける強さに関して、哲学者の入不二基義はプロレスを「ここにはないイマジナリィな無限定の喧嘩そのもの」を仮構する営みとして説明した〈37〉(入不二 2009: 209)。この非現実的で想像的なものがプロレス的な強さの場であり、そこに向けて次々と言葉が投げ込まれていくことに入不二はプロレスの特徴を見たのである。ただし、強さを語りすぎるのはプロレスに限ったことではない。スポーツのエートスに従って目指される強さをわれわれはさまざまに実体化して語りがちなのであった。本来なら強さは試合を通してのみ表れるはずなのに、まるで試合前から強さがあるかのようにわれわれは語りたがる。そうした語りが生まれるのは勝利が強さを表象しきれないからだった。すなわち、スポーツのエートスが目指す強さもどこか「イマジナリィ」なのだ。プロレスはそれを本当にイマジナリィなものに変えて、強さを過剰に語る。ここにもスポーツのパロディとしてのプロレスが表れている。架空の強さを云々するレスラーたちは、試合前から強さをさんざん語ってしまうわれわれの鏡像である。そのプロレスからイマジナリィな強さの語りの源泉、「無限定の喧嘩そのもの」という空想の源泉を消し去ったのがデスマッチである。

凶器が必須のデスマッチは素手を前提にした「無限定の喧嘩」という幻想とははじめから相容れない。デスマッチの試合では、レスラーを痛めつけるのは相手選手の技ではなく、凶器である。レスラーの身体が格闘する相手は、有刺鉄線、蛍光灯、五寸釘、カミソリ、ノコギリ、パイプイス、長机等々である。それらに対して、レスラーたちが持つ格闘技の技術の一切は役に立たない。デスマッチにも相手との格闘はあるが、そのほとんどは凶器を介在させている。凶器と身体の対決は必ず身体が負ける。身体は傷つき、流血していく。試合が進むにつれて、身体はその弱さを露わにしていく。だから、流血する身体とは凶器との対決に敗れた身体のことでもある。相手と格闘しないのに格闘するフリをしてリングに上がるのはデスマッチもプロレスも同じだ。そして、勝ち負けが決まっているのもプロレスと同じだ。しかし、その意味はデスマッチにおいてずらされている。デスマッチにおいて負けるのはレスラーの脆弱な身体である。

プロレスは相手と格闘するフリをするのであって実際には格闘しない。一方、デスマッチは相手と格闘するフリをしながら凶器と格闘する。プロレスの勝ち負けは決まっているが、客は知らずに試合を見る。一方、デスマッチの勝ち負けははじめからレスラーの負けと客もわかっている。そして、「無限定の喧嘩」幻想のために強さを語り続けるプロレスに対し、デスマッチレスラーは強さを語らない。たとえば、大仁田は繰り返し自身を「邪道」と呼び続け、しばしば泣くことで「弱さ」を見せ続けた。デスマッチのレスラーたちは身体を凶器に曝して、ギミックとリアルが混じった痛さのパフォーマンスを繰り広げる。レスラーたちは、プロレスよりはるかに痛がり、弱さを見せる。〈38〉デスマッチはとことん、強さと無縁なのだ。

スポーツのパロディであったプロレスは、強さの幻想を持たないデスマッチによる新しいパロディの元ネタとなる。先に述べたように、デスマッチはプロレスのお約束を可視化した。プロレスにおいては次の技のための助走でしかないロープに振る／振られるというムーブは、ロープが有刺鉄線にかわったとたん、それ自体が一つの攻防として浮上してくる。いやがおうでも、ロープに振る／振られるというプロレス的行為を自覚せざるをえない。デスマッチがプロレスに持ち込んだ「もしも……だったら」というパロディシリーズは、こうしてさまざまなプロレス的行為への自覚を促し、反省に誘う。〈39〉

## デスマッチが照らすスポーツ

デスマッチを通してスポーツを見れば何が見えるだろうか。それは身体ならざるモノが競技空間に持ち込まれたときに生じる事態である。「もしもロープが有刺鉄線だったら」「もしもリング内に蛍光灯の束が落ちていたら」。デスマッチはそこで持ち込まれたモノが主役になり、モノに敗北するレスラーを見せる。これらは直接にはプロレスのパロディであるが、それ以上に元ネタの元ネタ、すなわち、スポーツのパロディである。プロレスはワーク化してスポーツを面白おかしく客受けするように演じるなかでスポーツのパロディという性質を獲得したが、デスマッチの反省性はプロレスの向こう側まで届く。そこで獲得するデスマッチのスポーツに対するパロディ性は、プロレスがスポーツに対して持つパロディよりずっと深刻かつ辛辣である。なぜなら、デスマッチは、スポーツがすでに競技空間にさまざまなモノを持ち込んでしまっていることの帰結を見せているからである。

スポーツを眺めてみれば、デスマッチ的なパロディ的設定で行われている競技がすでに多くあることがわかる。「もしもマラソンシューズにカーボンファイバープレートが入っていたら」（ナイキの厚底シューズ）は二〇一九年秋から二〇二〇年にかけて話題になった。その一〇年ほど前には「もしも着るだけで早く泳げる水着があったら」（レーザーレーサー）があった。モノだけではなく、ある種のテクノロジーや知も同様である。すなわち、「もしも審判がカメラとコンピュータだったら」（ホークアイ）とか、「もしもバッターがフライばかりを打ち始めたら」（フライボール革命）などは競技空間に電子工学的なモノや統計学的なモノが持ち込まれた場合である。〈40〉そして、もっともスポーツにとって厄介なのが生理学的なモノが持ち込まれた場合、「もしも筋肉が大きくなる薬を飲んだら」（ドーピング）である。

デスマッチの主役はデスマッチアイテム、すなわち、持ち込まれた身体ならざるモノである。そして、勝者も凶器である。レスラーは相手レスラーと闘うかわりに、それらの凶器と闘い、必ず血まみれになって敗れ去る。スポーツの世界ではそれはどのような形で現れるだろうか。二〇〇八年北京オリンピックの競泳を思い出そう。最大の勝者は誰だっただろうか。金メダル八個獲得のマイケル・フェルプスだと言いたくなるが、それは間違いだ。最大の勝者は圧倒的にレーザーレーサーである。〈41〉レーザーレーサーの圧倒的な勝利の前に、多くの選手の勝利は霞んでしまった。国際水泳連盟は慌てて水着の規制を作った（二〇一〇年）。同じことがマラソンシューズでも起きつつある。オリンピックイヤーになってから世界陸上競技連盟（ワールドアスレティックス：WA。二〇一九年に国際陸上競技連盟から改称）は規則を改正し、プレート入り厚底シューズに制限を加えた（二〇二〇年一月三一日、同七月二八日から有効）。世界陸連の慌てぶりに事態の深刻さが感じられるだろう。スポーツに入り込む身体ならざるモノはデスマッチの凶器のように「ヤバい」のである。

レーザーレーサーや厚底シューズの登場がもたらす「ヤバさ」は、それらなしでは選手が泳いだり走ったりできないということをバラしてしまうことにある。デスマッチが強さを誇っていたレスラーたちの身体の弱さを暴露してしまうように、これらのモノたちは、それなしには競争できないエリート選手たちの身体の弱さを暴露してしまうのである。モノが勝者になるとはそういうことである。

では、ホークアイのような電子工学的なモノやフライボール革命のような統計学的なモノの場合はどうだろう。それらも身体を敗北させるだろうか。答えはやはりイエスだ。今日の競技空間に持ち込まれた身体ならざるモノはデジタルデータであっても身体を敗北させる。テニスの試合を見る観客たちは選手が呼び出したホークアイの登場をしばしば手拍子で迎え、その判定に驚嘆し続けている。そのたびに審判が断罪される様子を観客たちは享楽している。

フライボール革命についてはイチローが引退会見で野球は「頭を使わなきゃできない競技」と述べたことを思い出せば十分だろう[42]。フライボール革命はもっとも優れたメジャーリーグの打者たちをただアッパースイングするだけの存在に変えた。誰もが同じようにアッパースイングをし、フライを打ち上げるか、三振する。転がる打球はすべて打ち損ねと見なされる。そんなメジャーリーグの打席に立っているのは誰だろう。そこにまだ固有名はあるだろうか。大谷翔平のホームランは大谷のものだろうか、それとも、フライボール革命が打たせたものだろうか。

身体ならざるモノによる敗北のなかでも、選手をもっとも残酷な形で敗北させるのがドーピングである。デスマッチが生み出す流血する身体以上の傷ついた身体がドーピングとの接触によって生まれる。傷つくのはその選手の生身の身体にとどまらず、社会的な次元（競技者として、家族として、国民として、市民として……）に及ぶ[43]。ドーピングはルール無用の振る舞いという点で、プロレスの反則概念すら無効化するデスマッチとよく似ている。ドーピングは意図的計画的な反則で、しかも入念に行われる。その点でもデスマッチとそっくりだ。しかし、徹底的に隠されて行われるドーピングは、スペクタクルとして徹底的に見られながら行われるデスマッチとは正反対である。デスマッチが批評的でパロディ的な距離を絶えず自覚する構造にあるのは「見られるもの」であるからだ。他方、視線を遮断するドーピングにそのような距離は生まれない。この差は選手のアイデンティティの問題に関わる。「蛍光灯があるとわかっていながら投げ（られ）る私」というデスマッチ的自己は、それ自体が「ボケ」＝見られる自己として生成し、それはもう一方の見る「私」によるツッコミの対象となる。この二つの間には距離がある。しかし、ドーピングの「薬を使ってまで勝とうとする私」はボケではない。そのドーピング的自己は「私」との間に距離を持たず、私自身になる。なぜなら、ドーピング的自己は私自身のうちに秘匿されたまま生成するからだ。この距離のない自己がドーピングに触れた身体の中心に作られる。だから、ドーピングによる傷は自己の深い部分、つまり社会的次元に及ぶ。

競技空間に身体ならざるモノを持ち込むことのもっとも深刻な帰結としてのドーピングを、例外として片付けたくなるかもしれない。ドーピング以外は合法なのであり、必要があればその都度新たなルールを作って規制すればいいだけだ、と。だが、デスマッチはそのことが間違いだと教えている。競技空間に持ち込まれたモノは必ず主役の座を奪い、身体を傷だらけにして放逐する。効率的手段を禁止すればよいというバーナード・スーツ的解決はここではうまくいかない。それがデスマッチが繰り返し演じてきたメッセージである。

## まとめ

パロディ的なプロレスから派生し、決して主流になることはなくとも、独自の内実をもつジャンルとなったのがデスマッチである。もともと大仁田が有刺鉄線を日本で発見したのではなく、海外遠征時の経験のなかから再発見したように、今日のデスマッチの萌芽となるものは広くプロレスのなかにあった〈44〉。過去を遡ると、大仁田とも関係が深く、ノーロープ有刺鉄線電流爆破デスマッチ（一九九三年）も行ったテリー・ファンクは、一九七〇年代にブッチャーとの試合で繰り返し大流血戦を見せていた。あるときは左腕をフォークで刺され、またあるときは割れた瓶で胸を刺されるなどして、流血する身体の先駆けとなっていた。しかし、テリーとブッチャーの試合は古典的な善悪の図式の中でのものであり、テリーが額以外からの流血を演じていても、それはまだデスマッチ的な流血する身体ではなかった。

デスマッチとプロレスを隔てるものは二つ、流血する身体の誕生と、デスマッチ的ムーブの誕生である。デスマッチ的ムーブは何も特別なムーブではない。凶器を介在させたプロレス的ムーブであるというだけだ。しかし、この凶器の介在しか違わないことが重要である。凶器の介在によってレスラーはデスマッチレスラーとしての自己を認識するからだ。たとえば、ニードロップを落とす場面。相手のレスラーの身体の上に蛍光灯があり、そこを狙ってニードロップを落とす。受ける方は蛍光灯が自分の身体から落ちないよう安定させながら相手のニードロップを待つ。ニードロップの瞬間、二人のレスラーの間で蛍光灯が破裂し、流血する身体が生まれる。このような攻防の連続がデスマッチ的自己を作り、デスマッチにパロディ的色合いを帯びさせる。蛍光灯があるとわかってニードロップを放つ私と待つ私。パロディならではのお約束を遂行するデスマッチ的自己たち。デスマッチ的自己はそれゆえ「ボケ」として形成される。

デスマッチ的自己という「ボケ」に対する「ツッコミ」の機能を担うのは試合後のマイクパフォーマンスである。デスマッチのマイクパフォーマンスに特徴的なのは笑いが許されることだ。強さを語ろうとするプロレスは笑いが生じると強さを語れなくなるが、弱さを見せるデスマッチなら平気だ。もっとも過激なデスマッチレスラーとして知られる葛西は一人称「オレっち」を使ってマイクパフォーマンスする。そこで名指される「オレっち」がデスマッチ的自己としての葛西である。マイクパフォーマンスの後も、「オレっち」葛西はグッズ売り場に立つ。〈45〉「血だるまで売店行って物販やって、シャワーを浴びて会場を出て、(略)。ここまでがデスマッチだと思い始めたんです」(高木・斎藤(編)2016:23)。

デスマッチのユニークさは、自己に向けたアイロニカルで冷静な視線を最初から最後まで失わずにいることにある。その視線はデスマッチとは何かとレスラーに問いかける。その止むことのない問いによって、デスマッチという営みのパロディ性は元ネタのプロレスを突き抜け、元ネタの元ネタであるスポーツにまで届く。つまるところ、デスマッチが照らし出すのは、有限のゲームへと切り縮められて、一つの試合、一つの大会の勝ち負けを過大視して煽り立てる放映権料経済に組み込まれたスポーツが、モノに取り囲まれた身体を窒息させている姿である。いまや身体はモノに支えられ、モノに包囲されてしかプレイすることが許されない。デスマッチはモノに従属する他ないアスリートたちの身体の苦悩を、凶器に囲まれたリングで流血する身体として上演するのである。

注

〈1〉プロレスは勝ち負けを争っていないので実際にはルールさえない。ルールがあるフリをしているにすぎない。

〈2〉筋書きがあるという点では演劇（ドラマ）にも近い。しかし、レスラーは役者ではない。役者たちはさまざまな役を、そのドラマ内での役名に従って演じるが、レスラーは基本的にどの試合でも同じキャラクターを維持する。それならロングラン公演や超長期の大河ドラマのようなものかとも思うが、プロレスの結末は基本的には勝ちと負けしかない。筋書きは、あくまで試合の筋書き以上ではない。そこに友情や恋愛などの人間ドラマを乗せることもあるが、そこまでするのは一部の団体に限られる。

〈3〉デスマッチはもともと和製英語であるが、一九九〇年代には逆輸入する形でアメリカのプロレスでも使われるようになっている。一九九七年にインディアナ州で第一回が行われたキング・オブ・デスマッチは途中開催しなかった年もあったが、いまも継続的に開催されている。その試合形式は本章で検討するデスマッチと同じである。

〈4〉例外がないわけではない。たとえば、かつての全日本女子プロレスの若手レスラーたちは、一定の時間が経過した後、独自の押さえ込みルールという真剣勝負がなされていたとも言われている（柳澤 2011: 46–47）。

〈5〉プロレスの前史としてカーニバル・レスリングがしばしば引き合いに出される。そこでは、レスラーが賞金付きで客の挑戦を受ける賞金マッチがよく行われていた。レスラーが負ければ賞金を客に支払わなければならない。それゆえ、レスラーたちには高い技量が求められた。彼らは強かったのである。しかし、強いとわかっていると誰も挑戦しない。そこで、レスラーたちは素人相手に危うく負けそうになる場面も演出していた。これがプロレスにおけるワークの原型になったと言われている（ビークマン 2008: 65–66）。

〈6〉これは、じつのところ、プロレス特有のことではなく、スポーツ全般に当てはまる。ルールのわからない競技は見ても選手が何をしているのか意味がわからないのだから。

〈7〉 たとえばスタン・ハンセンのウエスタン・ラリアット（クローズライン）はその一つである。その技で人気レスラーのブルーノ・サンマルチノの首を折ったという作り話と、自身がテキサス出身であること（それゆえ入場時はカウボーイスタイルというギミックだった）に基づいたウエスタンという形容によって、技そのものと技の名前がギミックとなっている。

〈8〉 インド出身という経歴をギミックにヒールを演じたタイガー・ジェット・シンはいつも入場時にサーベルを手に持っていたが、それもまたギミックである。インド周辺に見られる伝統的な刀（タルワール）のイメージだが、実際にはフェンシングのサーベルだった。

〈9〉 極端なことを言えば、スポーツという見かけがすでにプロレスのギミックである。

〈10〉 厳密には、デスマッチという語が当時のアメリカで使われていないので、ここでは適切な表現ではない。アメリカではそれぞれの試合形式の名前で呼ばれていたものが日本で行われるときにはデスマッチと呼ばれていたような試合という意味合いでここの議論を理解されたい。

〈11〉 エスニシティはアメリカのプロレスがとくに好むギミックの一つである。レスラーをキャラクター化するのにもっともわかりやすい資源として利用されてきた。

〈12〉 もちろん、それもギミックで、この設定があるためにインディアン・ストラップ・マッチではネイティブアメリカンのレスラーが強さを見せる試合になりがちだった。

〈13〉 本文中では取り上げないのでここで触れておくが、敗者に制裁を加えるギミックもある。髪切りや覆面剝ぎなどである。制裁を行うためには、勝敗が決する必要があり、その意味で、敗者制裁のギミックもリング内決着のためのギミックという面を持っている。

〈14〉 実際には外に出られないというわけではないし、ＷＷＥの金網では天井にも金網が貼られたタイプが用いられ、そのうえでのバトルも売りの一つである。

〈15〉この試合は前宣伝なしに突然実施された。デスマッチが集客のための興行上の理由から行われるものだとすれば、前宣伝なしというのは信じがたいことである（ベースボール・マガジン社（編）2014：233）。

〈16〉日本最初の金網デスマッチが行われる前年の一九六九年に放映されたアニメ『タイガーマスク』ではデスマッチという言葉が使われ、金網デスマッチのような試合が行われている（第6話「恐怖のデス・マッチ」）。そのなかに実況アナウンサーがデスマッチについての説明を行う場面がある。このアニメ作品では、全体を通してしばしばデスマッチという語が使われており、子どもの頃にこの作品に親しんだ世代が九〇年代以降の新しいデスマッチのファン層に含まれていた可能性も考えられる。

〈17〉総合格闘技のUFCが六角形のリングにロープではなく金網を置いている。プロレスとは異なり、スポーツライクに勝敗を決めるUFCにおいて金網を使った反則などありえないのでデスマッチではないが、勝負が決するまで外に出ることはできないという演出的意図を読み取ることは可能である。

〈18〉一九八〇年代の日本のプロレスの興行環境の特徴としていくつかの点が挙げられるだろうが、そのうちの一つは猪木が積極的に行った異種格闘技戦であろう。これは後の総合格闘技につながるものであった。もちろん、プロレスのリングで行われる異種格闘技戦もほとんどはプロレスであって、現在の総合格闘技のように勝ち負けを争うものではなかった。

〈19〉ここでは継続的にデスマッチとして有刺鉄線が使用されるきっかけを指している。有刺鉄線の使用については大仁田自身が一九八〇〜八二年の若手の海外修業時代の記憶で「ウィップ（鞭）と竹刀を使って、ロープに有刺鉄線を巻いて試合をしたけどなあ」と語っており、有刺鉄線がプロレスで使用されることは以前からあったことが確認できる（小森（編）2014：9）。

〈20〉このときの試合はタッグマッチで、相手は空手家で後にデスマッチレスラーとなる松永光弘らであった

（ベースボール・マガジン社（編）2014：463）。新たなデスマッチの始まりとなる有刺鉄線を使った試合が異種格闘技戦を謳った試合であった点は興味深い。

〈21〉言うまでもないことかもしれないが、勝つことを目指していれば自分のダメージを相手に見せないのが普通である。ボクシングなどでパンチをもらったボクサーが効いていないことを笑顔などでアピールすることがあるが、プロレスはこれとまったく逆のことをしているわけである。

〈22〉WWEは流血があると試合が止められ医療チームがリングに上がる。ときにはそのまま試合が終わることさえある。それゆえ、凶器と流血による痛さのパフォーマンスはWWEからはなくなっている。

〈23〉このような凶器の善悪からの中立性も大仁田以降の新しいデスマッチの特徴である。リング内に登場したモノ（凶器）はただモノとしてレスラーの身体を傷つけるのである。

〈24〉もっとも人気のある総合格闘技団体のUFCが活動を始めたのが一九九三年である。

〈25〉FMWのMがマーシャルアーツ（格闘技）のMであったように、大仁田も旗揚げ時点では格闘技路線を考えていた。最初の有刺鉄線デスマッチの相手が空手家であったのもそうした背景による。

〈26〉たとえば、第二次UWFの中心人物であった前田日明は手記をプロレス雑誌ではなく、格闘技専門誌『格闘技通信』に掲載するなど、第二次UWFのプロレスに格闘技的なリアリティを付与しようとしており、それはある程度成功もしていた（柳澤 2017：288–292）。

〈27〉格闘技的リアリティを追求したUWFでは関節技とキックに特徴があった。関節技は極まるとすぐにタップ（＝参った）するものであるというリアリティや、キック用のレガースを履くなどのリアリティによって痛さのパフォーマンスが構築されていた。これらはプロレスにおける痛さのパフォーマンスとしての新しい発明であったと評価できるだろう。第二次UWFがモデルとしたのはMMAがそれとして成立する以前の痛みのリアリティだったわけだが、格闘技からMMAに至るリアルファイトは、ずっとプロレスにとって痛さのパフォーマンスの資源なのである。

〈28〉お約束とパロディの関係については、清水（2011）を参照のこと。

〈29〉蛍光灯は割れるときの音と見た目がじつによく、レスラーの身体が凶器と接触した瞬間が派手に伝わるのである。これは、大仁田による電流爆破を経由したからこそである。つまり、身体との接触の瞬間の視覚的な演出ができる点がデスマッチに向いているということである。その意味で、デスマッチのスペクタクル性は、視覚的な娯楽の系譜に位置付けることができるだろう。

〈30〉デスマッチレスラー葛西純の「プロレスができる人間がデスマッチをやってこそ伝わる部分がある。（略）そういう意味では自分は胸を張って、デスマッチというものはプロレスの上にあるもんだって言いたいです」（高木・斎藤（編）2016：22）という発言は、これを裏付けるだろう。

〈31〉ノコギリラダーボードなどを登場させたデスマッチレスラー葛西もまたバルコニーダイブを定番のムーブとしている。その点でも無限定の場外乱闘はデスマッチの一つの特徴である。

〈32〉路上プロレスについては主としてウェブ上の観戦記などが参考になる。また、路上プロレスの歴史を振り返るようなものも散見されるが、比較的まとまった流れを示すものとしては以下がある。http://ringside.jugem.jp/?eid=24（二〇二〇年六月八日閲覧）

〈33〉マラソンマッチの様子についてはウェブ上の観戦記などを参照のこと。たとえば、http://www.asahi-net.or.jp/~qy3i-hmn/report/wws/200085.htm（二〇二〇年六月八日閲覧）。

〈34〉http://www.bekkoame.ne.jp/ro/chaparrita/saikin/s950423.html（二〇二〇年六月八日閲覧）

〈35〉この様子は以下の動画で確認できる。https://www.youtube.com/watch?v=6IHZ6Hhx25s&t=65s（二〇二〇年六月二日閲覧）

〈36〉もっとも、ここまで先鋭化した意識の先に生まれるプロレスを実践できるのは、意識だけでなく卓越した身体能力を併せ持つ飯伏のようなエリートレスラーに限られてしまうかもしれない。路上プロレスがデスマッチのような自立したジャンルにまで成長するのはその点で難しい。

〈37〉無限定と言いながらそれは武器を使わないという限定があるのだが、その意味でもそれはイマジナリィなものでまったく非現実的である。

〈38〉弱さを見せ続けることが強さの裏返しと言えるかもしれないが、その強さは「無限定の喧嘩」とは無関係の、凶器に身を曝す勇気というようなものである。

〈39〉デスマッチから派生したもう一つの流れである路上プロレスは、まだデスマッチほどジャンルとして成熟するには至っていないが、路上プロレスはデスマッチとはまた別のパロディ的な仕方でプロレスの強さ言説を元ネタにする。路上空間をプロレスに変換する路上プロレスは、「無限定の喧嘩」というここではないどこかの路上で行われるはずの喧嘩という空想そのものを解体する。路上プロレスにとって、「どこかの路上」はここである。空想のどこかは現実のここに引きずり降ろされる。そして、無限定の喧嘩が出現するべき路上に出現するのは、あろうことか、プロレスそのものである。無限定の喧嘩という空想によってプロレスでありえたプロレスは、この路上プロレスによってその幻想を消し去られる。強さの幻想を消し去ってなおプロレスとして振る舞うことのおかしさが、路上プロレスのパロディ性である。

〈40〉フライボール革命は、野球の統計分析であるセイバーメトリクスとビッグデータ（トラッキングデータの収集）の融合から生まれたバッティング戦略である。打者に合わせた守備シフトの浸透（これもセイバーメトリクスの成果に基づく）に対抗するのが守備シフトを無意味化するホームランである。ホームランを打つために打者はボールを上に向かって打つようになり、それがフライボール革命と呼ばれるようになった。ホームランが増える一方、三振も大きく増えることになった。

〈41〉レーザーレーサーを決勝で着用せずに金メダルを取ったのは女子二〇〇メートル自由形のフェデリカ・ペ

レグリニだけで、それ以外すべてレーザーレーサーを着用しての金メダルだった。
〈42〉 イチローの引退会見の全体は以下で見ることができる。https://www.youtube.com/watch?v=a4AtxQWhN6I（二〇二〇年六月二三日閲覧）
〈43〉 ドーピングは典型的な「作られた悪」であるという点は強調しておこう。そもそも、ドーピングにはそれを禁止するだけの合理的根拠を欠いている。それについて、ここで詳述する余裕はないが、詳しくはジャン＝ノエル・ミサとパスカル・ヌーヴェルが編んだ『ドーピングの哲学』（二〇一七）、とくにベンクト・カイザー論文や訳者解説を参照してもらいたい。簡単に言えば、健康被害やスポーツのフェアプレイ精神への侵害を根拠にしている反ドーピングだが、健康に害のないドーピングは問題がないのかということになるし、フェアプレイ精神に関しては、たとえば、経済的なアンフェアは商業主義化によって放置されている。ドーピングに対してはこのような形で二重基準が適用されており、禁止に十分な合理性はない。そのうえ、国によっては、ドーピングによって刑事裁判の対象にすらなる。犯罪扱いである。十分な合理性がないうえに犯罪にすらなりうるなど、ドーピングに与えられた負の意味は大きすぎる。
〈44〉 今日アメリカではハードコアと呼ばれるデスマッチと似たスタイルのプロレスがマイナー団体で行われている。ＦＭＷよりやや遅れて旗揚げしたＥＣＷ（一九九二〜二〇〇一年）がハードコアスタイルを牽引し、日本のデスマッチ系団体にレスラーが来日するなどの交流が行われていた。
〈45〉 これらはもちろん、「もしも血まみれの人がマイクパフォーマンスをしたら」「もしも血まみれの人が物販をしたら」というコント的場面である。

# 終章　スポーツがテクノロジーを愛しても、テクノロジーがスポーツを愛するわけではない

本書はルールを手がかりにスポーツを考えてきた。ルールを視点にすることによってこそ明らかになるものがあるという見込みで、本書はバーナード・スーツのゲーム論（第1、2章）を起点に、新体操（第3、4章）、サッカー（第5、6章）、大相撲（第7章）、テニス（第8章）、そしてデスマッチ（第9章）を取り上げた。

これらの考察から、明らかになったことを整理しておこう。

第一に、ルールと競技の関係の複数性。スポーツにおいて、ルールの競技に対する関わり方は一様ではない。とりわけ、パフォーマンス（採点競技）とゲームの違いが大きい（第1章）。パフォーマンスでは、前ゲーム的目標がないために、ゲーム内目標をルールによって設定しなければならない（第2章）。パフォーマンスにはルールの改正によって競技のあり方が大きく変容する可能性がある。美的なものへの志向を持つ競技にその影響が出やすいが、とりわけ新体操がそうだ（第3章）。新体操の四年サイクルのルール改正は、イデオロギー闘争や思想闘争の様相すら帯びる（第4章）。そのことのユニークさは、

新体操では採点がルール通りであったかどうか（誤審でなかったかどうか）ということに加えて、本当の勝者がこのパフォーマンスであるべきだったかということが問われるところに表れている。[1]勝負の結果に対して、「その採点はおかしい」という批判のみならず、「このルールじゃだめだ」という批判がありうるのが新体操である。

続いて、本書の考察はパフォーマンスからゲームへと進んだ。ゲームとルールの関係で本書が注目したのはルールをプレイに適用する局面、とくに誤審をめぐることがらが以下の第二以降を導いた。

第二に、判定におけるテクノロジーへの偏愛と、その裏返しとしての人間の審判への嫌悪。人間の審判は登場したときから誤審批判の的になっていたが、テレビによるリプレイの登場によってその傾向はますます強まった（第5章）。この傾向がはっきり見えたのがサッカーのAAR（人間）とGLT（テクノロジー）に対する正反対の欲望のされ方であった。後者こそが望まれ、後者がいれば前者は不要とされた。前者がいても後者の存在が望まれたのであった。

第三に、誤審の可能性。勝利と強さの不一致、勝利が強さを表象しきれないこと、この矛盾を抱えることがスポーツという営みの基本条件であるが、それを作り出すのが誤審の可能性である（第6章）。ゆえに、判定への懐疑の余地がスポーツという営みの条件になる。誤審の可能性は誤審が起きることと同じではない。この点を誤解してはならない。誤審の可能性にとって重要なのは、誤審かもしれないという懐疑の余地である。それを先駆的に制度化したものが大相撲のビデオ判定の運用である（第7章）。

第四に、テクノロジーに対する無謬信仰。テクノロジーへの偏愛が昂じると無謬性への無条件の信仰に至る（第8章）。間違いを減らすためのテクノロジーが、間違わないものへと取り違えられ懐疑の余地が消失する。テニスのホークアイはそのようなものとして運用されている。誤審の可能性との関係で注目すべきは、テクノロジーが正しいから誤審の可能性がなくなるのではないことである。そうではなく、人がテクノロジーは間違わないと誤認するせいで誤審の可能性は消えてしまうのだ。もし誤審のないスポーツの世界が登場するようなことがあるとすれば、それは人間の誤認から生まれることになる。

さらに、われわれは、スポーツの彼岸へと渡り、ルールのない擬似的なスポーツの世界を訪れた（第9章）。そこで取り上げたのは、反則が罰せられる身振りさえなく、ルールのなさを遠慮なく見せるデスマッチであった。デスマッチの世界はスポーツからは遠く離れたものでありながら、しかし、スポーツに対するアイロニックなパロディに満ちた世界である。デスマッチは、スポーツでもなくゲームでもない。だが、デスマッチの世界は「文脈に依存した」遊びの世界であった。遊びは流用的で、また攪乱的である。〈2〉デスマッチは別の有用物である有刺鉄線や蛍光灯をはじめ、あらゆるものを凶器として流用し、流血する身体を産出する。それらのモノたちがもともと持っていた機能や文脈はデスマッチによって攪乱される。そして、このデスマッチという遊びがそのもっとも深層のレベルで流用・攪乱していたのは、現代のスポーツだった。そのことが第五のことを気づかせた。すなわち、モノに囲まれ傷つき続けているスポーツする身体の現在、である。

以上が、本書の考察の簡単なまとめである。

本書は、テクノロジーを礼賛するものではもちろんないし、だからといって排すべしと単純に主張するものでもない。これまでの歴史を振り返っても、スポーツがテクノロジーと折り合うことは可能だし、もっと言えば、馴致することだってできるだろう。馴致というのは完全に手懐けることではない。破綻の恐れを抱えながら動物の獣性に人間が折り合いながら向き合うことだ。テクノロジーとスポーツの関係も同じで、馴致できても同時に破綻の恐れを消すことはできない。うまくすれば、テクノロジーによってその競技の未知の奥行きが明らかになることもあるだろう。想像もしなかった戦術や、フォーム、プレイなどがテクノロジーのおかげで出現するかもしれない。〈3〉そういうものの出現に立ち会うのはスポーツの喜びの一つである。だから、本書はテクノロジーを礼賛するわけでもないし、排斥すべきとも主張しない。

ただ、二一世紀のスポーツの現状はそうした両面的な態度を許すほど穏やかでもない。スポーツを飲み込み続ける資本主義の欲望は、ますます無限のゲームとしてのスポーツを遠ざけ、勝ち負けを決めて終わりとなる有限のゲームとしてのスポーツに肩入れし続けている。スポーツの試合がもつ勝敗の一回性は経済学的希少性へとすり替えられ、それによってオリンピックやワールドカップを筆頭にさまざまな大会や試合、さらには選手たちが高額で売り買いされる事態を招来した。現代のスポーツにおいてテクノロジーが主に関与するのはこの側面である。〈4〉テクノロジーはスポーツを進化＝深化させるためというよりも、資本主義の欲望に見合うものへとスポーツを鋳直すために活用されている。

各競技団体や連盟といった統括的組織によって策定・強制されるルールを持つことが近代スポーツのもっともベーシックな特徴である。ところが、誤審の可能性が示唆するのは、ルールがプレイを統制するという見かけの一方で、プレイがルールを出し抜き続けるということ、プレイがルールを超えていくということだ。プレイ＝遊びは、スポーツにあっても、流用的で、攪乱的である。ゆえに、組織的圧力に基づいて強制されたルールをもってしてもプレイを支配・統制できない。そこで、資本主義的欲望をスポンサーやメディアと分かち合う各競技団体がプレイを支配するべくルールに持たせた武器こそ判定テクノロジーである。それはルールを瑕疵なくプレイに適用できるという幻想を現実の夢として見せ、誤審を悪と信じる人々を陶酔に誘う。

スポーツに関わるテクノロジーは、判定テクノロジーを入り口にいまやプレイヤーのあらゆる動きから生理的情報まで捉えて、プレイする身体そのものに絡みついている。そうすることで、テクノロジーはプレイがルールを超えていくことのないよう束縛する。ようするに、一方ではプレイする身体そのものを縛り上げ、他方ではルールの支配力を高めるのが現代のスポーツにおけるテクノロジーである。こうして、スポーツは徹底的に無限のゲームから遠ざけられ、有限のゲームへと囲い込まれていく。

このように見てくると、スポーツがテクノロジーを馴致するというよりもむしろ、スポーツの方こそが資本主義的欲望によって力を得たテクノロジーによって飼いならされていると見るべきである。馴致する主体はスポーツではなくテクノロジーの方なのだ。そうであるなら、馴致する主体に恐れを抱かせるのはスポーツの方からでなければならない。スポーツがテクノロジーに対して見せるべき獣性、それはスポーツの原初的な遊びの衝動そのもののことであり、自らルールを創造し、書き換えんとするプレイの衝動である。

## 注

〈1〉とくに柔軟性主義イデオロギーが席巻していた二〇〇〇年代は顕著であった。その頃にトップレベルの選手だったアンナ・ベッソノワの演技は採点規則とは別のところで評価されていた（読売 二〇〇六月一一月二五日）。

〈2〉「遊びは流用的である」「遊びは攪乱的である」（シカール 2019: 30,34）。

〈3〉走り高跳びはかつて足から着地していた。どういう体勢で落ちても怪我をしないクッションがなかったからだ。クッションが開発されたことにより落ち方を気にする必要がなくなると、より高く跳び越えるための空中姿勢、フォームの開発が進む。それがかつては想像もしなかった背面跳びを生んだ。このような幸福な例がある一方で、そうでない例もある。フライボール革命はテクノロジーによって生まれた戦術であるが、それは野球をつまらなくプレイしながら勝つことが可能だと教えた。

〈4〉つまり、判定テクノロジーは、走り高跳びのマットのような、競技の可能性を広げるテクノロジーではないということである。

# あとがき

本書はスポーツについてルールから考える本である。本書のタイトルにルールとは一言も入っていないが、スポーツがますますテクノロジーに傾倒していく近年の現象をルールを視軸に検討してみようという本である。それをそのままタイトルにすると長過ぎるし、分析したいのは現象の方なのでこのようなタイトルになっている。ルールから考えるというのは、ルールを作る、改正する、それから、ルールを適用する、運用するという面からスポーツを考察しているということである。本書の根底にある問題意識は、スポーツ（とりわけエリートスポーツ）がいまどうなっていて、そして、これからどこへ行こうとしているのかという点にある。その問題にルールから迫ってやろうというのが本書の狙いである。

最初の二つの章は本書の理論的な面を担うべく、スポーツ哲学を扱っている。ここだけはやや抽象的で本書全体のなかでは読みにくいところかもしれない。そういう場合は、飛ばして後回しにしていただいてもかまわない。第3章以降は新体操、サッカー、大相撲、テニスときて最後にプロレス（デスマッチ）というように競技ごとに議論しているので、関心のある競技から読んでいただければと思う。

ルールという視点から見ると、新体操という競技の歴史がとてもダイナミックだとわかるし、サッカーを翻弄する欲望の危うさも見えてくる。また、伝統を強調する大相撲と文明の利器たるビデオ判定との関係はなかなかのものだし、テニスはテニスでかなりのことになっているということもわかってもらえるだろう。最後にデスマッチを取り上げているのは何も奇を衒ったわけではない。ルールからスポーツとテクノロジーの関係を考察してきた本書だからこそ、デスマッチを最後に論じなければならなかったのである。筆者としては前から順番に読まれることを前提に書いてはいるが、いきなりデスマッチから読んでいただいても全然かまわない。こんなことはあとがきではなく、もっと最初の方に書くべきだと思われるかもしれないが、私はあとがきから本を読むタイプだし、そういう人も多いと聞くので、ここで書いておくことにした。

大相撲、サッカー、テニスなどは本書のような人文系含めて多方面からの研究の蓄積があるが、新体操は体育学以外の研究書では取り上げることが少ないように思うし、日本語で読める本となればなかなかない。一方、プロレスは日本語で読めるすぐれた研究書がすでにいくつも書かれていて、英語圏ではプロレス研究の組織化も進みつつある。しかし、デスマッチを論じる研究書はまだ珍しい。デスマッチを取り上げたのは本書なりの問題意識からだが、何年も前に近所のプロレス会場で初めて見た蛍光灯デスマッチの衝撃が私自身ずっと気になっていた。本書を書くことであのときの衝撃をそれなりの形で位置づけられたと思っている。こういう方面に関心をお持ちの方にはぜひ本書を手にとっていただきたい。もちろん、サッカーやテニス、相撲がお好きな方に本書が届くことも願っている。一方で、認識不足や事実誤認などがあるかもしれない。もしそのような点があればぜひご教示願いたい。また、それ以外にも、本書にご意見ご批判をいただけるのであれば、著者として喜び以外の何ものでもない。

本書は多くの人のおかげで書かれた。すべての方のお名前を挙げることができないのは申し訳ないが、みなさんに感謝を申し上げたい。そのなかでも、大学院時代の恩師である井上俊先生にまずは感謝を申し上げたい。先生からは院生時代から長年に渡ってご指導を受けてきた。本書も初期の読むに堪えないような草稿段階から目を通して多くの助言をしてくださった。ありがとうございました。

清水学さん（神戸女学院大学）、城野充さん（追手門学院大学）、内海博文さん（ヴェネツィア・カフォスカリ大学）、河原和枝さん（甲南女子大学）には執筆前の段階からいろいろ有益なコメントや励ましをいただいた。お礼を申し上げたい。

本書は私の最初の単独の著書になる。だから、私には本を書くことの経験値が何もなかった。その私が本をまとめることができたのは世界思想社の皆さんのおかげだ。本書が多少なりとも読めるものになっているとすれば、それは編集部の方々が私の力不足を補って下さったからである。

なお、本書の出版にあたって、甲南女子大学の「学術研究及び教育振興奨励基金」による出版助成を受けている。記して謝意を表する。

最後に家族にお礼を言おう。母詔子、妻純子、子どもたち。いちばん長く家に居て自由に振る舞う私を許容してくれてありがとう。これからも許容してください。

オリンピックのないうるう年の暮に

柏原全孝

ミサ，J-N. ／ヌーヴェル，P.（編），橋本一径（訳），2017,『ドーピングの哲学——タブー視からの脱却』，新曜社.
水野祐子，2007,「新体操大国ロシア」，ユーラシア研究，36，38-42.
村田由香里，2011,「新体操の採点規則に関する哲学的研究——運動特性および競技性と採点規則との適合性を中心に」，日本体育大学紀要，41(1)，13-24.
村田由香里，2017,「新体操における障害の発生と競技ルールとの関連」，日本体育大学紀要，46(2)，151-157.
柳澤健，2011,『1985 年のクラッシュ・ギャルズ』，文藝春秋.
柳澤健，2017,『1984 年の UWF』，文藝春秋.
ユール，J.，松永伸司（訳），2016,『ハーフリアル——虚実のあいだのビデオゲーム』，ニューゲームズオーダー.
渡部愛都子，2009,『新体操はスポーツか芸術か』，幻冬舎ルネッサンス.

テーズ，L.，流智美（訳），2008,『鉄人ルー・テーズ自伝』，講談社＋α文庫.
西村秀樹，2012,『角界モラル考――戦前の大相撲は「おおらか」だった』，不昧堂出版.
西村秀樹，2016,「大相撲の文化性を問う――祝祭からスポーツへ」，スポーツ社会学研究，24(2)，5-20.
新田一郎，2010,『相撲の歴史』，講談社学術文庫.
ハッチオン，R.，辻麻子訳，1993,『パロディの理論』，未來社.
浜野志保，2015,『写真のボーダーランド――X線・心霊写真・念写』，青弓社.
樋口聡，1994,『遊戯する身体――スポーツの美・批評の諸問題』，大学教育出版.
ビークマン，S. M.，鳥見真生（訳），2008,『リングサイド――プロレスから見えるアメリカの真実』，早川書房.
フェルロヴァー，D.，前田一子（監修）・大竹国弘（訳），1984,『新体操の基礎』，ベースボール・マガジン社.
藤井翔太，2010,「近代イギリスにおけるフットボール審判員制度の歴史的変遷」，スポーツ史研究，23，13-26.
ベースボール・マガジン社（編），2014,『日本プロレス全史』，ベースボール・マガジン社.
ホイジンガ，J.，高橋英夫（訳），1973,『ホモ・ルーデンス』，中公文庫.
ボール，M. R.，江夏健一（監訳）・山田奈緒子（訳），1993,『プロレス社会学――アメリカの大衆文化と儀礼ドラマ』，同文舘出版.
町田樹，2018,「アーティスティック・スポーツプロダクトから文化芸術市場への〈ジャンル間転送〉現象の考察――フィギュアスケート鑑賞者の消費行動分析を主軸として」，文化経済学，15(2)，20-31.
松浦たか子，2008,『新体操の光と影――通訳が語る25年間』，日本エディタースクール出版部.
松村俊三郎・朝倉正昭，1995,「苦節40年新体操の歩み」(『日本体操協会60年史』，150-152).

*Contemporary and Applied Phylosophy*, 4，65-78.
金池妍・内海祐吾・福井利勝・朝倉正昭，2001,「新体操個人競技における採点規則についての一考察」，国士舘大学体育研究所報，20，21-40.
小林正幸，2011,『力道山をめぐる体験――プロレスから見るメディアと社会』，風塵社.
小森典広（編），2014,『プロレスデスマッチ血闘録』，ベースボール・マガジン社.
斎藤文彦，2016『プロレス入門』，ビジネス社.
サレン，K.／ジマーマン，E.，山本貴光（訳），2011,『ルールズ・オブ・プレイ――ゲームデザインの基礎（上）』，ソフトバンククリエイティブ.
シカール，M.，松永伸司訳，2019,『プレイ・マターズ』，フィルムアート社.
ジジェク，S., 2000，鈴木晶（訳），『イデオロギーの崇高な対象』，河出書房新社.
清水学，2011,「現代マンガと約束事の世界――コンベンションとコミック・リテラシー」，追手門学院大学社会学部紀要，5，23-63.
志村一郎・福田和夫・山脇久彦・谷村洋・佐々木巌，1957,「相撲の駒どり放送」，テレビジョン，11(10)，444-448.
菅井京子，2006,「体操改革運動の後継および発展としてのメダウの体操体系について」，びわこ成蹊スポーツ大学研究紀要，3，97-104.
スーツ，B.，川谷茂樹・山田貴裕（訳），2015,『キリギリスの哲学――ゲームプレイと理想の人生』，ナカニシヤ出版.
胎中千鶴，2019,『叱られ，愛され，大相撲！「国技」と「興行」の一〇〇年史』，講談社.
高木晃彦・斎藤岬（編），2016,『Death Match extreme book　戦々狂兇』，サイゾー.
高橋衣代，2000,「新体操の歴史的変遷と採点規則の変化について」，東京女子体育大学紀要，35，59-79.
高山文彦，2000,『愚か者の伝説――大仁田厚という男』，講談社.

Thomson, G., 1998, *The Man in Black: A History of the Football Referee*, Prion Books.

Toledo, E. and Antualpa, K., 2016, 'The Appreciation of Artistic Aspects of the Code of Points in Rhythmic Gymnastics: An Analysis of the Last Three Decades', *Revista Brasileira de Educação Física e Esporte*, 30(1), 119–131.

井上俊，1977,『遊びの社会学』，世界思想社.

猪瀬直樹，1994,『欲望のメディア』，新潮文庫.

今福龍太，2020,『サッカー批評原論——ブラジルのホモ・ルーデンス』，コトニ社.

入不二基義，2009,「「ほんとうの本物の問題」としてのプロレス——プロレスの哲学的考察」(入不二基義『足の裏に影はあるか？ないか？』，朝日出版社，198–225).

内田隆三，2013,「スポーツの夢と社会過程——神話作用とその消失点をめぐって」(日本スポーツ社会学会編『21 世紀のスポーツ社会学』，創文企画，41–65).

浦谷郁子，2011,「新体操における美の理論に関する一考察——採点規則との関係において」，日本体育大学紀要，40(2)，57–68.

浦谷郁子，2012,「新体操の採点規則批判——柔軟性に関する内容を中心に」，日本体育大学紀要，41(2)，117–123.

大迫明伸，2012,「審判員として見たロンドンオリンピック」，近代柔道，34(10)，ベースボール・マガジン社，25–26.

カイヨワ，R.，多田道太郎・塚崎幹夫訳，1990,『遊びと人間』，講談社学術文庫.

柏原全孝，2018,「スポーツとテクノロジー——ホークアイシステムの場合」，甲南女子大学研究紀要 人間科学編，54，145–154.

金指基・公益財団法人日本相撲協会（監修)，2015,『相撲大事典 第四版』，現代書館.

川谷茂樹，2005,『スポーツ倫理学講義』，ナカニシヤ出版.

川谷茂樹，2012,「スポーツのエートス再考——「決定」について」，

317–325.

Hurka, T., 2019, 'Suits on Games: Slightly Revised, Slightly Restricted', in *Games, Sports, and Play: Philosophical Essays*, Hurka, T.(ed.), Oxford Univ. Press.

Kobiela, F., 2018, 'Should chess and other mind sports be regarded as sports ?, *Journal of the Philosophy of Sport*, 45(3), 279–295.

Kretchmar, R. S., 1989, 'On Beautiful Games', *Journal of the Philosophy of Sport*, 16(1), 34–43.

Kretchmar, R. S., 2019, 'A Revised Definition of Games: An Analysis of Grasshopper Errors, Omissions, and Ambiguities', *Sports, Ethics and Philosophy*, 13(3–4), 277–292.

Meier, K. V., 1988, 'Triad Trickery: Playing with Sport and Games', *Journal of the Philosophy of Sport*, 15(1), 11–30.

Moskowitz, T. J. and Wertheim, L. J., 2011, *Scorecasting: The Hidden Influences behind How Sports are Played and Games are Won*, Crown Archetype.

Nlandu ,T., 2012 , 'The Fallacies of the Assumptions Behind the Arguments for Goal-Line Technology in Soccer', *Sport, Ethics and Philosophy*, 6(4), 451–466.

Parsons, C. A., Sulaeman, J., Yates, M. C. and Hamermesh, D. S., 2011, 'Strike Three: Discrimination, Incentives, and Evaluation', *American Economic Review*, 101(4), 1410–1435.

Pettersson-Lidbom, P. and Priks, M., 2010, 'Behavior under Social Pressure: Empty Italian Stadiums and Referee Bias', *Economics Letters*, 108(2), 212–214.

Riezler, K., 1941, 'Play and Seriousness', *Journal of Philosophy*, 38(19), 505–517.

Suits, B., 1988, 'Tricky Triad: Games, Play, and Sport', *Journal of the Philosophy of Sport*, 15(1), 1–9.

Suits, B., 1989, 'The Trick of the Disappearing Goal', *Journal of the Philosophy of Sport*, 16(1), 1–12.

# 文　献


Best, D., 1974, 'The Aesthetic in Sport', *The British Journal of Aesthetics*, 14 (3), SUMMER 1974, 197–213.

Bordner, S. S., 2015, 'Call 'em as They Are: What's Wrong with Blown Calls and What to Do about them', *Journal of the Philosophy of Sport*, 42 (1), 101–120.

Carlson, C., 2013, 'The Reality of Fantasy Sports: A Metaphysical and Ethical Analysis', *Journal of the Philosophy of Sport*, 40 (2), 187–204.

Carse, J. P., 1986, *Finite and Infinite Games: A Vision of Life as Play and Possibility*, Free Press.

Chow, B., Laine, E. and Warden, C. (eds.), 2017, *Performance and Professional Wrestling*, Routledge.

Collins, H., 2010, 'The Philosophy of Umpiring and the Introduction of Decision-Aid Technology', *Journal of the Philosophy of Sport*, 37 (2), 135–146.

Collins, H., Evans, R. and Higgins, C., 2016, *Bad Call: Technology's Attack on Referees and Umpires and How to Fix It*, The MIT Press.

Cross, R., 2014, 'The Footprint of a Tennis Ball', *Sports Engineering*, 17 (4), 239–247.

Elcombe, T. M., 2012, 'Sport, Aesthetic Experience, and Art as the Ideal Embodied Metaphor', *Journal of the Philosophy of Sport*, 39 (2), 201–217.

Hadley, J. J., 2016, 'The Hard Sell: The Performance of Pain in Professional Wrestling', in *Performance and Professional Wrestling*, Chow et al. (eds.)

Helsen, W. F., Gilis, B. and Weston, M., 2006, 'Errors in Judging "Offside" in Association Football: Test of the Optical Error versus the Perceptual Flash-lag Hypothesis', *Journal of Sports Sciences*, 24 (5), 521–528.

Hurka, T., 2015, 'On Judged Sports', *Journal of the Philosophy of Sport*, 42 (3),

# 初出一覧

第３章〜第９章については下記の論文をもとに，いずれも大幅に加筆し，修正している。

序章〜第２章　書き下ろし

第３章，第４章
「スポーツと美的なもの――新体操という困難から」，追手門学院大学社会学部紀要，４，2010，17-32.
一本の論文を２つに分割した。

第５章，第６章
「判定者について――審判と判定テクノロジーをめぐる社会学的考察」，追手門学院大学社会学部紀要，９，2015，１-15.
「可能性としての誤審」，追手門学院大学社会学部紀要，10，2016，１-16.
二本の論文をもとに再編した。

第７章
「大相撲のビデオ判定前史――1950年代のテレビ中継」，甲南女子大学研究紀要Ⅰ，56，2020，137-144.

第８章
「正しい判定を作りだすテクノロジー」，スポーツ社会学研究，26(2)，2018，９-23.

第９章
「デスマッチの社会学に向けて」，追手門学院大学社会学部紀要，11，2017，41-56.

終章　書き下ろし

## 著者紹介

**柏原全孝**（かしはら・まさたか）

1967年生まれ。大阪大学大学院人間科学研究科単位取得退学。
現　在　甲南女子大学人間科学部文化社会学科准教授。
主　著
『都市的世界（社会学ベーシックス4）』,『コミュニケーション社会学入門』（いずれも世界思想社，共著），『よくわかるスポーツ文化論』（ミネルヴァ書房，共著），「テクノロジーを愛するスポーツの現在地点」（『Fashion Talks...』Vol. 12 AUTUMN 2020，京都服飾文化研究財団）など。

スポーツが愛するテクノロジー

2021年2月28日　第1刷発行

定価はカバーに
表示しています

著　者　柏　原　全　孝

発行者　上　原　寿　明

世界思想社

京都市左京区岩倉南桑原町56　〒606-0031
電話　075(721)6500
振替　01000-6-2908
http://sekaishisosha.jp/



（印刷・製本　太洋社）

落丁・乱丁本はお取替えいたします。



ISBN978-4-7907-1752-2